# 『天才カルダーノの肖像』正誤表

下記、誤りがありました。謹んでお詫び申し上げます。

| 箇所 | 正 | 誤 |
|---|---|---|
| p.210　一行目 | 「多」plura は悪である | 「多」multa は悪である |

# 天才カルダーノの肖像

*Self-Portrait of a Genius*

## ルネサンスの自叙伝、占星術、夢解釈

*Girolamo Cardano and Renaissance Autobiography, Astrology and Dream Interpretation*

榎本恵美子

勁草書房

bibliotheca hermetica 叢書

# 天才カルダーノの肖像

ルネサンスの自叙伝、占星術、夢解釈

# bibliotheca hermetica 叢書の発刊によせて

ヒロ・ヒライ

従来、思想史・哲学史とよばれるジャンルでは特定のテクストの解釈に重点がおかれ、それぞれのテクストが成立する背景にあった「知のコスモス」の把握には必ずしも十分な関心がはらわれてこなかった。ある思想家を理解するためには、テクストを読みこむだけではなく、その背景にある歴史的な文脈（コンテクスト）を把握することが必須である。一方、歴史学では政治・経済・制度の研究が主流であったが、近年では文化的な側面もクローズ・アップされてきた。インテレクチュアル・ヒストリー（精神史）はその一歩先にあるものだ。そこでは、個々の思想家だけではなく、文学・芸術作品、さらには政治的な事象までもが研究の対象とされる。特徴的なのは、各作品や出来事が成立するさいの知的文脈の理解に大きな努力がはらわれることである。つまり、インテレクチュアル・ヒストリーとは歴史学と哲学のあいだに存在し、歴史学者の時間軸にたいする感性と哲学者のテクストのなかに入りこむ浸透力のふたつを同時に必要とするジャンルなのだ。

職業的専門家の出現により学問の細分化がおこなわれたのが近代ならば、それ以前の知的世界は多様な要素が複雑に絡みあっており、その探求にはおのずから分野横断的な視点が求められる。哲学、科学、宗教、文学、芸術といった各分野の枠内で論じられていた多様な主題が追求されなければならず、これらの主題はたがいに交錯しあい、密接に関連していたことが理解されるであろう。こうした時代の知的世界の研究にとってインテレクチュアル・ヒストリーの手法はうってつけといえる。

分野ごと、さらには対象となる文化圏ごとに縦割りにされがちな本邦の学問伝統においては、そのような方向性をもつ研究を発表する特別な場所の確立が真に望まれている。本叢書は、この要請に真摯にこたえようとするものである。研究者たちに発表の機会を提供するだけでなく、その成果を受けとるオーディエンスそのものを育てていくことも目的としている本叢書には、国内の研究者によるオリジナル作品とともに、海外の優れた研究書や重要な原典の翻訳がおさめられることになるだろう。

インテレクチュアル・ヒストリーを専門にあつかうインターネット・サイト『ヘルメスの図書館』bibliotheca hermetica（略称ＢＨ）http://www.geocities.jp/bhermes001/ が一九九九年に開設されてから十余年が経過し、その活動をとおして世界各地に散らばる希望の種子たちが出会い結びつくことで大きな知的ネットワークが生まれた。そこから育ったものたちは成果を世に問う段階に達している。おりしも、新しい研究者の組織 Japanese Association for Renaissance Studies（ＪＡＲＳ）が設立され、本邦における研究体制の基盤も整いつつある。本叢書の発刊は好機を得たといってよい。

天才カルダーノや放浪の医師パラケルスス、そして最後の万能人キルヒャーに代表される、あらゆる領域に手をそめ、優れた業績を残した人物やその作品世界を読み解くことは、分野横断的なインテレクチュアル・ヒストリーの独壇場である。本叢書が、この手法の豊かさと奥深さ、とくにその多様性をもってして、大いなる知の空間を表象する『ヘルメスの図書館』となることができれば幸いである。

# まえがき

本邦における西欧ルネサンス・初期近代期の精神史（インテレクチュアル・ヒストリー）研究のなかで、榎本恵美子さんは特別な役割を果たしてきたと思います。彼女の活動は、一九七〇年代の後半から二〇〇〇年代の長きにわたっています。本書に収録した作品のもとになったジローラモ・カルダーノにまつわる論考や翻訳のほか、残念ながら紙幅の関係から今回はとり込むことはできなかったヨハネス・ケプラーについての論考や翻訳など、多数の作品をさまざまな場所で発表されてきました。ひとまずカルダーノについてのものを集めてここに紹介できることは、このうえない喜びです。

榎本さんと交流するきっかけとなったのは、一九九九年に提出した僕の博士論文のなかの一章であつかったカルダーノについての文献案内をインターネット・サイト『ヘルメスの図書館』（略称ＢＨ）にまとめたことでした。そのなかで彼女の論考にも言及したわけですが、そのさいに表記の問題について連絡をいただいたのが最初だったと記憶しています。それから次第に榎本さんの作品世界の広がりに目をひらかれ、個々の作品を収集していく過程で、これらのものが多くの人の目に触れずに時間がたつにつれ忘れさられてしまうのは、なんとももったいないことだと感じるようになりました。

そうこうするうちに、二〇一〇年に勁草書房から新しい本のシリーズ『bibliotheca hermetica 叢書』についての相談を受けたときに頭に浮かんだアイデアのひとつは、榎本さんの作品を一冊の本に集めてひろく世に紹介するというものでした。そして、その年末に一時帰国したさいに熱海の『無蘆荘』にお邪魔し、学術的な編集サポートは僕が責任をもつので本を出しませんか？　とお誘いしたのでした。「自分の研究における到達点をまとめて後続の者たちにしめすというのが、どんな研究者にとっても大事な使命ですよ」というのが僕の心からのメッセージでした。

さいわいにも、最初は躊躇していた榎本さんもこの提案をこころよく受けとめ、ついに意を決してくれました。作業の第一段階は、それまで二〇年以上にわたって書きためた原稿を、まずは現代のパソコンで読みこめるように電子ファイル化してもらうことでした。そして、二〇一二年の二月には原稿一式を受けとりました。ついで出版社の担当である関戸さんにアイデアをもちかけ、原稿が準備できたら読んでもらうことになりました。僕の集中的な編集作業は同年八月から一一月までかかり、そのあいだに読者への贈り物として未発表の書下ろしの原稿を一本加えてもらうことができました。全体としては、カルダーノの自叙伝『わが人生の書』について研究した論考群に、彼の自然哲学の基礎を探るうえで避けてはとおれない論考『一について』の研究と翻訳をおさめることになりました。

この編集作業のなかで僕がおこなったのは、長い期間にわたって書かれた原稿にある表記や書式の不一致やユレを訂正・統一し、記述の繰り返しをできるだけ削り、原典や参考文献、そして引用をひとつひとつ丹念にチェックするということでした。議論が錯綜している部分は思い切ってナタを振るい、できるだけ原文に忠実でありながら、それでいてクセのない、読みやすくロジックのすっきりしている論述の展開にしたつもりです。そうして、これらの作業の結果がここに晴れて皆さんにお届けする本書となるわけです。

一部の専門家を例外として、現代人にはほとんど忘れさられてしまっているカルダーノですが、爛熟するルネサンス後期のイタリアで活躍し、ヨーロッパ中に天才としてその名をとどろかせました。数学や機械学から医学や自然誌、そして占星術までの百科全書的な知を網羅する優れた才能の持ち主であり、運命のいたずらに翻弄されながらも、生涯にわたって執筆活動を続けた類まれなる人物でした。哲学の分野では、フィチーノやピコ、そしてポンポナッツィからはじまり、フラカストロやテレジオをへてブルーノやカンパネッラにつながるイタリアの自然哲学・自然魔術の伝統においてカルダーノの名は燦然と輝いています。また僕が専門とする医学史の分野では、ヴェサリウスやパラケルススといった著名人たちとともに一六世紀の新しい潮流を語るうえでは避けてはとおれない人物なのです。どうか皆さん、本書をとおしてカルダーノの不思議な知の世界をこころゆくまで堪能してください。

二〇一二年一二月

ニューヨークにて

ヒロ・ヒライ

# 目次

## 第Ⅲ部　『一について』の研究　179



## 補遺　251

# 第Ⅰ部　カルダーノとは誰だったのか?

# 第一章　カルダーノの生涯と仕事

## 1　カルダーノの生涯とおもな著作

ミラノ出身の医師にして哲学者ジローラモ・カルダーノ（Girolamo Cardano, 1501–1576/77）は私生児としてパヴィアに生まれ、ミラノとその周辺で育った（図１）。博学な父親ファツィオ（Fazio Cardano, 1444/45–1524）から占星術をはじめとする最初の学問的な手ほどきをうけたのち、パヴィアとパドヴァ大学で医学をおさめた。ようやくミラノ医師会に入会を許されて正規の開業医としてスタートしたのは、両親が正式に結婚した後のことであった。やがてカルダーノは、パヴィアおよびボローニャ大学の医学部教授として教えた。医師としての評判は高く、一五五二年にはセントアンドリューズの大司教ジョン・ハミルトン（John Hamilton, 1512–1571）に招聘されて、スコットランドまで往診のための大旅行をしている。

図 1.　カルダーノの肖像　『精妙さについて』（リヨン、1554 年）から

その旅の途中にイングランドの若き国王エドワード六世（Edward VI, 1537–1553）と会談したカルダーノは、国王のために誕生ホロスコープ（出生時の天体配置図）を作成して、栄えある統治がながく続くことを予言した。少年王の急死によってこの予言は外れたことになり、カルダーノは弁明に努めねばならなかったが、だからといって占星術師としての評判がゆらぐことはなかった。当時の社会では、占星術は多方面に浸透して通俗化していた一方で、厳しい批判にもさらされていた。カルダーノはこの学問を改革する必要性を感じており、もっとも基本的な文献であるプトレマイオス（Ptolemaios, c. 90–c. 168）の『テトラビブロス』*Tetrabiblos* の注解書を著した。それを一五五四年に出版したのはコペルニクス（Nicolaus Copernicus, 1473–1543）の『天球の回転について』*De revolutionibus orbium coelestium*（ニュルンベルク、一五四三年）を出したヨハネス・ペトレイウス（Johannes Petreius, c. 1497–1550）であった。

同じ出版業者からの『大いなる術（アルス・マグナ）もしくは代数学の諸則』*Ars magna sive de regulis algebraicis*（ニュルンベルク、一五四五年）によって、カルダーノは近代代数学の創始者の一人としても名を残した[1]。しかし、その著書のなかでしめされた三次方程式の解法の先取権をめぐるニッコロ・タルターリア（Niccolò Fontana Tartaglia, 1499/1500–1557）との激しい論争をも数学史は伝えている（図2）。その二年前に出版されたコペルニクスの『天球の回転について』とヴェサリウス（Andreas Vesalius, 1514–1564）の『人体の構造について』*De humani corporis fabrica*（ヴェネツィア、一五四三年）は科学・医学史上における画期

（1） 近年 Girolamo Cardano, *Artis magnae sive de regulis algebraicis, liber unus*, ed. Massimo Tamborini（Milano: FrancoAngeli, 2011）というラテン語テクストの校訂版が出されている。

HIERONYMI CAR
DANI, PRÆSTANTISSIMI MATHE-
MATICI, PHILOSOPHI, AC MEDICI,

ARTIS MAGNÆ,

SIVE DE REGVLIS ALGEBRAICIS,
Lib. unus. Qui & totius operis de Arithmetica, quod
OPVS PERFECTVM
inscripsit, est in ordine Decimus.

HAbes in hoc libro, studiose Lector, Regulas Algebraicas (Itali, de la Cossa uocant) nouis adinuentionibus, ac demonstrationibus ab Authore ita locupletatas, ut pro pauculis antea uulgò tritis, iam septuaginta euaserint. Neque solum, ubi unus numerus alteri, aut duo uni, uerum etiam, ubi duo duobus, aut tres uni æquales fuerint, nodum explicant. Hunc aũt librum ideo seorsim edere placuit, ut hoc abstrusissimo, & planè inexhausto totius Arithmeticæ thesauro in lucem eruto, & quasi in theatro quodam omnibus ad spectandum exposito, Lectores incitarẽtur, ut reliquos Operis Perfecti libros, qui per Tomos edentur, tanto auidius amplectantur, ac minore fastidio perdiscant.

図 2.『アルス・マグナ』（ニュルンベルク、1545 年）の扉

的な作品であるが、『アルス・マグナ』はそれらとならぶルネサンス期を代表する代数学上の業績である。またカルダーノは、若いころ賭博に熱中したおかげで執筆した『サイコロ遊びについて』*De ludo aleae*（リヨン、一六六三年に死後出版）によって確率論の先駆者としても知られる(2)。

同様に論争をおこした自然哲学の分野における主著『精妙さについて』*De subtilitate*（ニュルンベルク、一五五〇年）は、その続編の『事物の多様性について』*De rerum varietate*（バーゼル、一五五七年）とともに一六世紀のベストセラーに数えられている。『精妙さについて』は四年間で五版を重ね、フランス語訳は八版を数えてさらに普及した。また、夢の分類とシンボルの解釈について独創性をしめした夢判断の書『シュネシオス派の夢の書』*Somniorum Synesiorum*（バーゼル、一五六二年）は、ラテン語版の公刊の翌年にはドイツ語訳が出版されてよく読まれた(3)。

モラリストとしての著作『慰めについて』*De consolatione*（ニュルンベルク、一五四二年）や『知恵について』*De sapientia*（ニュルンベルク、一五四四年）、および『逆境から得られる有用さについて』*De utilitate ex adversis capienda*（バーゼル、一五六一年）などもよく読まれた。

カルダーノは古代ギリシアの医学者ヒポクラテス（Hippocrates, c. 460–c. 370 BC）の症例集を学問的方法のモデルとして重視しており、占星術においても古代ローマの皇帝ネロ（Nero, 37–68）や哲学者キケロ（Cicero,

---

（2）本書も近年 Girolamo Cardano, *Liber de ludo aleae*, ed. Massimo Tamborini（Milano: FrancoAngeli, 2006）としてラテン語テクストの校訂版が出されている。

（3）本書の第五章を参照。

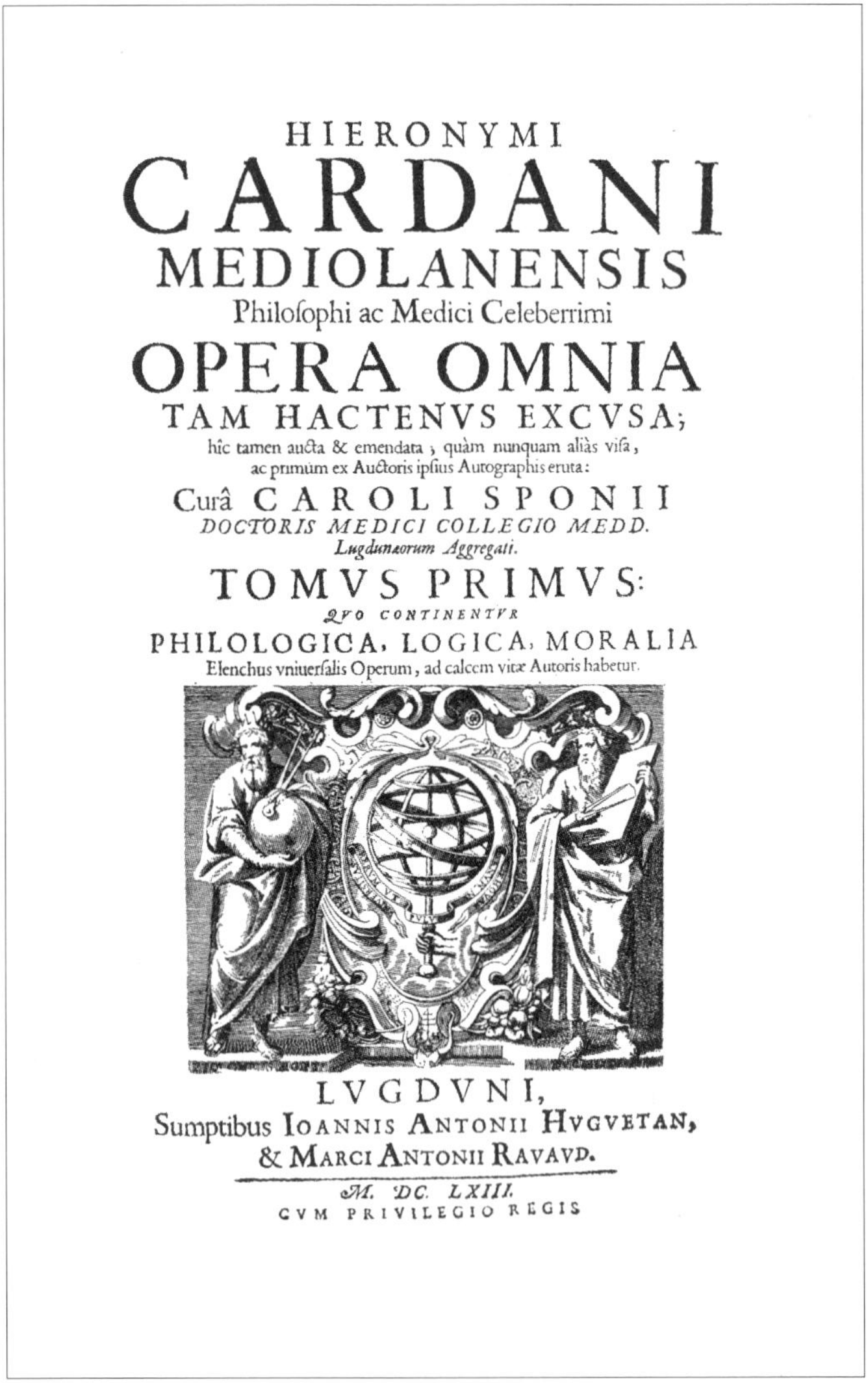

HIERONYMI
CARDANI
MEDIOLANENSIS
Philoſophi ac Medici Celeberrimi
OPERA OMNIA
TAM HACTENVS EXCVSA;
hîc tamen aucta & emendata ; quàm nunquam aliàs viſa,
ac primùm ex Auctoris ipſius Autographis eruta:
Curâ CAROLI SPONII
*DOCTORIS MEDICI COLLEGIO MEDD.*
*Lugdunæorum Aggregati.*
TOMVS PRIMVS:
*QVO CONTINENTVR*
PHILOLOGICA, LOGICA, MORALIA
Elenchus vniuerſalis Operum, ad calcem vitæ Autoris habetur.

LVGDVNI,
Sumptibus IOANNIS ANTONII HVGVETAN,
& MARCI ANTONII RAVAVD.
*M. DC. LXIII.*
CVM PRIVILEGIO REGIS

図 3. カルダーノ全集（リヨン、1663 年）の扉

106–43 BC）、そして彼の生きた時代に近い人文主義者ペトラルカ（Francesco Petrarca, 1304–1374）や宗教改革者ルター（Martin Luther, 1483–1546）ら著名人の性格と人生を解きあかす誕生ホロスコープ集を編んだ。このなかに自分自身の例をはじめ、自分の問題についてくり返し書いたために、多数の著作が自叙伝的な傾向をもっている。なかでも自著の成立の事情や内容を解説してまとめた知的自己の形成史ともいうべき書物が『自著について』*De libris propriis*（ニュルンベルク、一五四四年；リヨン、一五五七年；バーゼル、一五六二年）である。

一五七〇年にカルダーノはボローニャにおいて異端審問にかけられ、一時期のあいだ投獄された。キリストの誕生ホロスコープを作成したことがあり、キリスト教を他の宗教と比較して論じてもいたのである。ローマに居を移した最晩年のカルダーノは「自分の人生についての本」、すなわちのちに「カルダーノの自叙伝」とよばれるようになった『わが人生の書』*De vita propria*（パリ、一六四三年に死後出版）を残して一五七六年に死去した[4]（図3）。

（4） カルダーノの生涯とおもな著作に関しては：O・オア『カルダノの生涯：悪徳数学者の栄光と悲惨』安藤洋美訳（東京図書、一九七八年）；Markus Fierz, *Girolamo Cardano, 1501–1576: Physician, Natural Philosopher, Mathematician, Astrologer, and Interpreter of Dreams* (Boston: Birkhäuser, 1983); Nancy G. Siraisi, *The Clock and the Mirror: Girolamo Cardano and Renaissance Medicine* (Princeton: Princeton University Press, 1997)；A・グラフトン『カルダーノのコスモス：ルネサンスの占星術師』榎本恵美子・山本啓二訳（勁草書房、二〇〇七年）。

## 2　カルダーノの自然哲学

カルダーノは伝統的なアリストテレスの自然学体系を批判し、原理の組みかえを試みたフラカストロ(Girolamo Fracastoro, 1478–1553)、テレジオ(Bernardino Telesio, 1509–1588)、パトリッツィ(Francesco Patrizi, 1529–1597)、デッラ・ポルタ(Giovanni Battista Della Porta, c. 1535–1615)、カンパネッラ(Tommaso Campanella, 1568–1639)といった一連のイタリアの自然哲学者の一人とみなされてきた。その自然哲学の基盤となる観念は、著者が自然哲学書の前に読むべき入門書ないし序論として指定した『一について』*De uno*(バーゼル、一五六二年)および『自然について』*De natura*(リヨン、一六六三年の死後出版)において確認することができる(5)。

『一について』は、カルダーノの形而上学ともいうべき著作である。一と多をめぐる討論を主要部分とし、そのなかに人間と世界についての個別的な考察が挿入されている。最後に付記のようなかたちで、不思議な諸現象の例示と説明がある。討論部分では著者は始原としての一者を問題にせず、多を統一する「秩序」の概念を導入して、秩序こそ多のなかの一であるとする。そして、秩序が考察の対象であるという結論に達する。この秩序はどのようにして認識できるかといえば、われわれは世界について知りえなくとも、経験的に与えられたものから一であり個である人間の考察によって認識が可能となるとされる。いわく、「知解し、感じ、消化し、歩きまわる同一の人間は一にして不可分である(6)」。このモデルにしたがって世界にも一と多、つまり全体と諸部分の関係が考えられる。

ではこのような多くの諸部分、多くの個を秩序づける原因は何かといえば、「世界のなかにあるごとくに、われわれのなかにある」という霊魂にいきつく。(7) そして「秩序づけられたさまざまな諸部分を有するものは、すべて霊魂と生命を有する」と明言したことは、自然哲学においてなした重要な貢献であったとカルダーノはのちに記している。(8)

三部からなる『自然について』は構成と論証をアリストテレスの自然学に負いながらも、カルダーノに固有の哲学原理を提示している。(9) 著作の冒頭では、自己の自然哲学の大原則となる探求の対象としての自然とその生物的モデルについて表明している。すなわち、現実はひとつの全体として感覚に与えられているとされ、その全体は「人間や馬のように一なるものである」と表現される。つまり、人間や馬のように全体がつ

(5)『一について』のテクストはカルダーノの『全集』*Hieronymi Cardani Opera Omnia*（Lyon, 1663; repr. Hildesheim: Olms, 1967）, I, 277–283 に収録されている。邦訳と解説は本書の第Ⅲ部をみよ。

(6)『一について』（*Opera*, I, 278b）.

(7)『一について』（*Opera*, I, 279a）.

(8)『わが人生の書』第四四章［カルダーノ『わが人生の書』青木靖三・榎本恵美子訳（社会思想社、一九八〇年：現代教養文庫、一九八九年）、一九九頁］。

(9)『自然について』のテクストは *Opera*, II, 283-298 に収録。Cf. Eckhard Kessler, "Alles ist Eines wie der Mensch und das Pferd: Zu Cardanos Naturbegriff," in *Girolamo Cardano: Philosoph, Naturforscher, Arzt*, ed. Eckhard Kessler（Wiesbaden: Harrassowitz, 1994）, 91–114.

ねに感覚においてひとつのものとして与えられているという前提から自然の探求は出発することが主張される。このような観念は、日々患者に接していたカルダーノの医師としての実感から生じたとみる近年の評価がある。[10] 人間や馬のような有機体においては、個々の部分が一なる全体のために働く。全体としての世界およびその諸部分は、有機体的に構成されているからして、生成は子どもを生むことや成長、そして諸機能の相互関係からなる生物モデルにしたがう。そして生成と生命の原理として霊魂が存在する。カルダーノは自然哲学を「生き物（霊魂をもったもの）の考察」とし、自然哲学者を「霊魂について論ずる人」とよんで、数学者の行為と対立させた。[11]

このように世界全体を巨大な生き物とみなす世界観は、思想史家E・カッシーラーが指摘したように一五・一六世紀の西欧における自然哲学の核ともいえる観念であった。[12] そこには世界全体をひとつの秩序体、すなわち「コスモス」とみなす思想とともに、それを構成するふたつの世界たるマクロコスモス（宇宙）とミクロコスモス（人間）の照応、そこに内包される諸存在の連鎖、そしてそれらの諸存在のあいだにある「共感」sympathia と「反感」antipathia といった概念が共存する。遠く離れた物体同士、あるいは物体から人への影響の説明を可能にする共感と反感こそは、カルダーノが『一について』の最後に例示した磁石の働き、弦の共鳴、コハクの牽引といった不思議な諸現象を超自然的な諸力の介入を排して自然的な原因から解きあかすための説明原理であった。

## 3　自然についての百科全書

カルダーノの『精妙さについて』（図4）と『事物の多様性について』（図5）は自然についての百科全書とよべるが、自然といっても、それは広く世界の諸事象をさす。[13] まず主著の『精妙さについて』という表題は何を意味するのだろうか？　その第一巻の冒頭で、執筆の目的は「精妙さ」subtilitas について論ずることであるとされる。カルダーノによれば、「精妙さ」とは「諸感覚によっても、知性によっても把握することが困難である事物に内在する特殊な性状」であった。[14] それは自然物であれ、人工物であれ、あらゆる種類の困難でわかりにくい事物、「多様な事物」すべてにおいて見出されるものであり、自然のすべてと学芸のすべてを把握するカギであるとカルダーノはみなした。彼の意図は、この「精妙さ」を統一概念として、役に立たなくなった古代ローマの博物学者プリニウス（Gaius Plinius Secundus, 23–79）や中世の著作家による

---

（10）『自然について』第一章第一部（*Opera*, II, 283a). Cf. Kessler, “Alles ist Eines,” 96.

（11）『自然について』第一章第二部（*Opera*, II, 287b–288a). Cf. Kessler, “Alles ist Eines,” 98.

（12）有機体的世界の観念については、エルンスト・カッシーラー『認識問題』須田朗他訳（みすず書房、二〇一〇年）、第一巻、一八五頁以下を参照。

（13）『精妙さについて』と『事物の多様性について』のテクストは *Opera*, III, 357–713 と III, 1–356 に収録。

（14）『精妙さについて』第一巻（*Opera*, III, 357a).

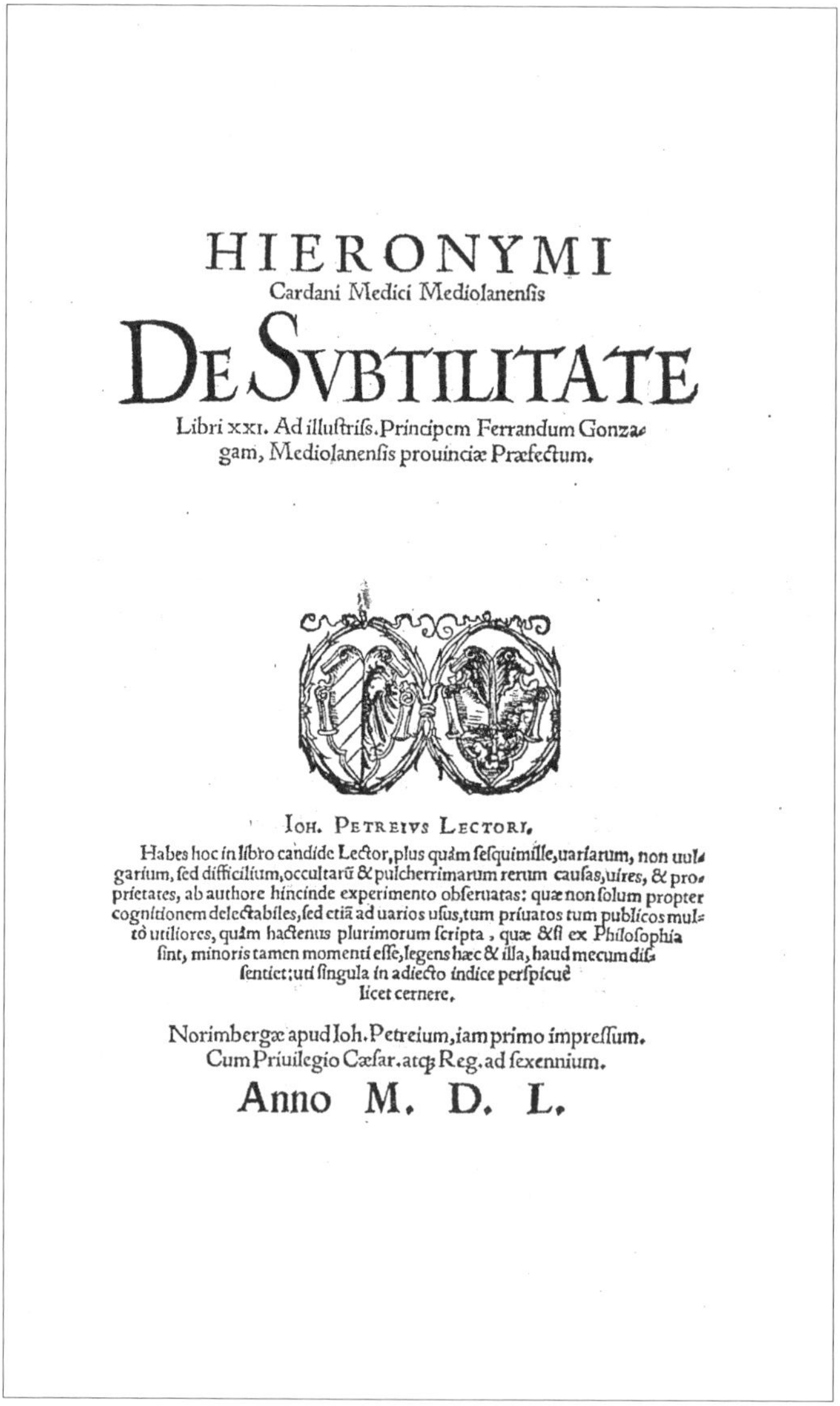
HIERONYMI
Cardani Medici Mediolanensis
DE SVBTILITATE
Libri XXI. Ad illustriss. Principem Ferrandum Gonzagam, Mediolanensis prouinciæ Præfectum.

IOH. PETREIVS LECTORI.
Habes hoc in libro candide Lector, plus quàm sesquimille, uariarum, non uulgarium, sed difficilium, occultarũ & pulcherrimarum rerum causas, uires, & proprietates, ab authore hincinde experimento obseruatas: quæ non solum propter cognitionem delectabiles, sed etiã ad uarios usus, tum priuatos tum publicos multò utiliores, quàm hactenus plurimorum scripta, quæ & si ex Philosophia sint, minoris tamen momenti esse, legens hæc & illa, haud mecum dissentiet; uti singula in adiecto indice perspicuè licet cernere.

Norimbergæ apud Ioh. Petreium, iam primo impressum.
Cum Priuilegio Cæsar. atq; Reg. ad sexennium.
Anno M. D. L.

図 4. 『精妙さについて』（パリ、1550 年）の扉

HIERONYMI CARDA
NI MEDIOLANENSIS MEDICI
DE RERVM VARIETATE
LIBRI XVII.

Adiectus eſt capitum, rerum & ſententiarum
notatu digniſsimarum Index.



Cum Cæſareæ Maieſtatis gratia & priuilegio.

Neq; deeſt illud Chriſtianiſsimi Gallia-
rum regis, ut uerſa pagina indicat.

BASILEÆ, ANNO M.D.LVII.

図 5. 『事物の多様性について』（バーゼル、1557 年）の扉

旧来の百科全書にかわる新機軸の百科全書を編むことにあった。

一五五一年のパリ版で全二一巻の完全版になった『精妙さについて』の内容は、自然を構成するレベルのひとつひとつを諸元素から神まで人工物も学芸や技術もふくめて網羅している。しかし読者はそこに著者が独自の原理にもとづいて世界の体系的な解明を展開しているなどと期待することは到底できないだろう。そこで、この一見して「自然哲学についての散漫なよせ集め」にみえる大著の内容を概観してみることにしよう[15]。第一巻は全巻の内容の要約のあと、自然の諸原理の議論にうつる。五つの原理、すなわち「質料」materia,「形相」forma,「霊魂」anima,「場所」locus,「運動」motus がある。運動の議論は種々の機械や装置の説明へとすすむ。第二巻は元素を論ずるが、カルダーノはアリストテレスの伝統的な四元素を「地」terra,「空気」aer,「水」aqua の三元素に減じた。「火」ignis は元素ではない。なぜならそれはつねに養分を必要とし、動きまわり、微細な物質からなり、何も生み出さないからである。火についての議論は煙突の構造やフイゴの有用性、火山、稲妻、火薬、爆弾、大砲の話題へと続く。腐敗もまた一種の熱であること、そこから湿ったもの、そして菌類と植物が生じたのち、ウジ虫と蛇が生ずることを論ずる。以上の第二巻まで が、伝統的な自然学を解体しようという意気ごみをしめすカルダーノ流の自然哲学の原理を述べた部分である。

第三巻からは天について議論され、ついで光についての巻がつづく。鉱物界の巻では鉱物、金属、石類も霊魂をもち、生きていること、したがって発生、成長、老化、死があることが論じられる。そして読者は、動植物の生命活動に比べてあまりにも微かで知覚しえないほどの、このような鉱物に存在する生命の様態こそ「精妙さ」であることを知るのである。[16] それから植物や動物についての巻がつづき、人間とその営みの巻がある。つぎの霊的存在や「神霊（ダイモーン）」daimon の巻では、父親ファツィオを訪れた霊についても読者は知ることができる。最後は神および宇宙について論じておわる。

「精妙さ」は自然と技芸を把握するカギではあっても、誰にでもわかるものではない。この「精妙さ」を感受する能力には、「守護霊」spiritus ないし「ゲニウス」genius とよばれる特定の個人にのみ好意をしめす霊的存在や「神閃」splendor という超自然的な力が関わっているとカルダーノは感じていた。[17] このような霊的な力とのつながりは、父ファツィオから受けついだきわめて個人的な知のチャンネルであった。

自然哲学では、パドヴァ大学の哲学者ピエトロ・ポンポナッツィ（Pietro Pomponazzi, 1462–1525）の『自

---

（15） なお、第一巻の英訳と解説は Myrtle Marguerite Cass, *The First Book of Jerome Cardan's* De subtilitate（Williamsport: Bayard, 1934）にある［また近年、第一巻から第四巻までの仏訳と解説が Mailis Paire, *Édition traduite et commentée des quatre premiers livres du* De subtilitate *de Jérôme Cardan*, thèse de doctorat（Université de Lyon III, 2004）という博士論文として提出され、第一巻から第七巻までのラテン語テクストの校訂版が Girolamo Cardano, *De subtilitate*, ed. Elio Nenci（Milan: FrancoAngeli, 2004）として出された］。

（16） Hiro Hirai, *Le concept de semence dans les théories de la matière à la Renaissance: de Marsile Ficin à Pierre Gassendi*,（Turnhout: Brepols, 2005）, 135–156 には第五巻から第七巻までの鉱物界についての議論に関する詳細な考察がある。

（17） カルダーノにおける守護霊については本書の第六章と Siraisi, *The Clock and the Mirror* の第七章を参照。

然の驚くべき事象についてあるいは魔術について』*De naturalium effectuum admirandorum causis sive de incantationibus*（一五二〇年に執筆）から、驚異的な事象を自然的な原因によって説明する「自然魔術」*magia naturalis* の伝統をカルダーノは引きついだ。すなわち天体の影響、人間の霊魂の諸力能、植物や動物、そして鉱物などに宿る隠れた特質といったものによって、これらの現象を説明する伝統である。自然魔術にはダイモーンが関与しないと考えることでは師ポンポナツィと一致したが、後者がダイモーンの存在を哲学的に完全に否定したことには同意しなかった[18]。『事物の多様性について』でしめされるカルダーノの立場は、ダイモーンや死者の霊の存在を理性で弁護するのは困難だが、経験には一致するというものであった[19]。そして、知識に確実性をあたえる証拠または権威として、自身や父親の個人的な霊的経験を著作のなかによく引きあいに出した。

医師としてはたらくカルダーノの実践には一種の実証主義が支配していたし、その自然哲学は感覚によって与えられたものを対象としていた。これは、純粋に感覚的な確認から科学的な認識へいたる歩みを踏襲しているようにみえる。すなわち、アリストテレス主義の伝統にたつ北イタリアのパドヴァ学派が、事物の原因の獲得と保証のために経験主義的な自然認識の方法論を発展させた歩みである。しかし、じつのところカルダーノの自然哲学の大部分は、超自然的な力や霊的存在の介入に頼っていたのである[20]。したがって、驚異的な事象の原因にたいする直観的な認識が客観的に保証され、証明されることは困難であった。そして無数の個別的な事例を秩序づけようとするならば、類似、照応、共感と反感といった一般原理に結びつけるしかなかった。

カルダーノは自分が提示した自然哲学の性格と限界を根源的なレベルで意識していた。まず霊的な存在の介入による知のチャンネルは、その役割が注意ぶかく制限されており、世界全体の解明へつながる道とはされていなかった。そして、物理的な現象にたいして数学の有効性をまったく認めず、自然哲学者の行為と数学者のそれを対立させていたカルダーノは、自然哲学の知と数学の知を対比させて両者の差異を鮮明にさせていた。真の知識とは、実際に第一原因の知にもとづいているもので、認識する精神が自分の認識の対象そのものをつくり出すかぎりにおいて与えられるものであった。人は数学においてはこれができるが、自然に関してはできない。カルダーノにとって、自然は個々の事物の多様性において感覚的にあらかじめ与えられていた。自然の知は世界についてであれ、世界を構成する個々の事物についてであれ、全体としての認識は本質的に許されず、たんにそれらの相互の関係として、あるいは他の部分との関係において、すなわち類似、比例、相互作用の関係として表面的に認識することができるだけであると、カルダーノは『永遠の神秘について』*De arcanis aeternitatis*（リヨン、一六六三年に死後出版）でいうのであった。[21]

---

（18） Siraisi, *The Clock and the Mirror*, 164-167. ポンポナツィの影響についてはAlfonso Ingegno, *Saggio sulla filosofia di Cardano*（Firenze: La Nuova Italia, 1980）, 60-61.

（19） 『事物の多様性について』第一六巻第九三章（*Opera*, III, 329a）.

（20） Kessler, "Alles ist Eines," 107.

（21） 『永遠の神秘について』第四章（*Opera*, X, 4b）; Kessler, "Alles ist Eines," 107; Eugenio Garin, *Storia della filosofia italiana*（Torino: Einaudi, 1966）, II, 622-623; エウジェニオ・ガレン『イタリアのヒューマニズム』清水純一訳（創文社、一九六〇年）、二〇三頁。

自然哲学における認識の関心の重点は、したがって個々の現象へと移り、それらの固有性と新奇さに焦点が向けられて探求がすすめられた。そして、調査の正しさを証明するものは医療の場合のように、経験的に正しいか、そして有用であるかどうかであった。カルダーノは、「自然の事物の観察を実用的な目的のために利用することを教えた」のは自分が初めてであると自慢した[22]。さらに一歩すすめて、自然の探求における主要な関心のひとつとして、自分自身のために自然を変える人間の能力への関心もしめした。人間について議論する『事物の多様性について』第八巻の冒頭では、人間の高貴さの三つの特性として、知性、理性に続いて「手」があげられた。手はもっとも高貴で、それによって世界を所有することができる道具であるから[23]。

カルダーノの自然哲学書は、読んで面白く、珍しいものにあふれ、実用的な目的に役立つことを目指していた。体系性や一貫性の欠如、あるいは事象や機械装置の経験科学的な解説と不思議な現象の隠秘主義的で主観的な説明の混在などは当時の読者には問題にならず、これらの書物が時代の好奇心と要求を満たしたことは、ラテン語版とフランス語版の大成功ぶりが物語っている。カルダーノの生きた時代は整理・体系化することの時代ではなく、発明と発見の時代であった。知識の拡大と利益や有用性という目的のために自然哲学の宣伝をしたのが、これらの百科全書であった。

『精妙さについて』をアリストテレスの方法と学問の立場から厳しく批判したユリウス・カエサル・スカリゲル（Julius Caesar Scaliger, 1484–1557）による『カルダーノの「精妙さについて」の顕教的演習』*Exotericae exercitationes... de subtilitate ad Hieronymum Cardanum*（パリ、一五五七年）は、アリストテレスの哲学を大学で教えるのに有益な教科書と認められて、一六六五年までに一一版を重ねた。その結果、この書をとおしてカルダーノの著書の内容がアカデミックな場でよく読まれることになった。そして熱心な読者のひとりであった若きヨハネス・ケプラー（Johannes Kepler, 1571–1630）に着想を与え、フランシス・ベイコン（Francis Bacon, 1561–1626）にも資料を提供したのであった。

カルダーノの関心と方法は、ガリレオ・ガリレイ（Galileo Galilei, 1564–1642）が目指した「自然の数学化」の方向とは無縁であり、壮大な体系化にもなじまなかった。個別の対象に目をこらし、多くの実例の集積が学問の基礎をかためると考えたが、実例を収集することで多くの問題を投げかけたままに残した。自然哲学において「精妙さ」に注目したカルダーノは、つねに些細なこと、つかの間のものを捉えようとし、それらを書きとめ、解釈しようとすることをやめなかった。そして何より、自分がおさめた多くの分野の学問と方法が世界だけでなく、自己を認識するために役立たねばならないと確信していた。

## 4　自分についての百科全書

「自分の人生についての本」を書くという最晩年の企て（一五七五－一五七六年ごろ執筆）は古人の例にならったと著者はいっており、「汝自身を知れ」のモットーを意識しながら筆がすすめられた。だがその書物の構成と内容は、著者の個性の構造に対応するような、それまでにない作品となっている[24]。現代におけるル

（22）『わが人生の書』第四四章、一九九頁。
（23）『事物の多様性について』第八巻第四〇章（*Opera*, III, 146a）. Cf. Garin, *Storia*, 625.

ネサンス研究の出発点となった著作『イタリア・ルネサンスの文化』のなかの有名な「世界と人間の発見」の章で歴史家J・ブルクハルトは、この時代になって個性的なるものへの感覚が発達し、人々は自分自身を主題にした書物を執筆しはじめたと指摘した。[25] しかし、その形式と内容はさまざまだった。カルダーノの作品は五四もの主題別の小さな章にわかれており、一見して混乱した雑多なよせ集めという印象を受ける。この点では同じ時代を生きたモンテーニュ（Michel de Montaigne, 1533–1592）の『随想録』*Essais*（ボルドー、一五八〇年）にもっともよく似ているかも知れない。だが著者が五四の各章に与えた表題をみると、出生からはじまり、身体、性質、社会的活動、夢と予知能力、守護霊などへとつづく項目が、あたかも自分自身についてのあらゆるレベルの情報を網羅した百科全書を編もうとしているかのようである。自分史というより、自分誌である。

じつは『わが人生の書』には、それまでにカルダーノが書いてきた三つの分野の自叙伝的な著作が流れこんでいる。ひとつ目はプトレマイオスの『テトラビブロス』に見られる個人のための占星術にもとづいた自己分析であり、『テトラビブロス』の第三巻と第四巻の構成が適用されている。原型は誕生ホロスコープ集におさめたカルダーノ自身による実例の解説である。占星術の厳格な規範によって拘束された図式と占星術師としてのみずからの義務感が、自分の望まれなかった惨めな出生の状況からはじまる自己の描写と分析を可能にした。[26] そしてこの図式が、古典の伝記の形式と組みあわされて、基本的な形式として作品全体の構造を支配している。

ふたつ目は自己の特異さ、天才ぶりをしめす高揚した調子の部分であり、名声への努力をテーマとしている。ここは三つの版をとおして発展させた自身の『自著について』に由来し、もともとは古代医学の権威ガレノス（Galenos, 129-c. 216）の同名書（ラテン語訳はバーゼルで一五三一年刊）をモデルにしたものであった。著作目録のような伝記形式に則っているが、エラスムス（Desiderius Erasmus, 1466?-1536）ら同時代の人文主義者の著作にも同じ形式が採用されているのが見受けられる。[27] カルダーノの場合、治療の成功をしめす症例集をとり入れ、また自身の天才ぶりの源泉である守護霊などの霊的な存在の介入について、さらには予言的な夢の話もおさめている。

そして三つ目は、モラリスト・カルダーノの静かな省察に由来するいくつかの章からなる。彼の自叙伝のお手本のひとつで、批判の対象でもあったストア派の皇帝マルクス・アウレリウス・アントニウス（Marcus Aurelius Antonius, 188-217）の『自省録』は、カルダーノが自叙伝の筆をとる数年前の一五六九年に翻訳・出版されていた。

(24) 『わが人生の書』のテクストは *Opera*, I, 1-54 に収録。自叙伝の歴史上での位置づけは Georg Misch, *Geschichte der Autobiographie IV-2: Von der Renaissance bis zu den autobiographischen Hauptwerken des 18. und 19. Jahrhunderts* (Frankfurt: Schulte-Bulmke, 1969), 574- を参照。

(25) J・ブルクハルト『イタリア・ルネサンスの文化』柴田治三郎訳、世界の名著四五（中央公論社、一九六六年）、三七二―三八二頁。

(26) カルダーノにおいて占星術の果たした役割については、本書の第三章とグラフトン『カルダーノのコスモス』、二七三―三〇六頁を参照。

(27) 本書の第四章を参照。

こうしていくつかの原型となる自著の材料を利用しながらも、カルダーノが文学的な自画像の筆をとるさいには、ふたたび自分の容貌を点検しなおし、残った歯の本数を数え、過去の出来事や夢の内容を解釈しなおして、それらを占星術の枠組みにおさめた。この文学的な自画像の筆づかいは、星辰が自分に課した制限のなかで、いかに自分自身の力で生きてきたかをしめす軌跡でもあった。

かつて自然哲学の入門書のなかで、人間を考察することが世界の秩序を知ることであると表明したカルダーノは、「知解し、感じ、歩きまわる一にして不可分なる人間」のもっとも身近な実例である自己の考察を徹底したのである。ギリシア・ローマの古典に学ぶよき人文主義者であり、しかも自然という書物の読解をとおして自己を探求する人であった。自然哲学者と医師の目で自分の身体と性格を観察し、はるかな星辰の運行をさぐる方式をもとに、自己吟味の成果をもる器をつくりあげた。占星術の図式を自己認識の基本的な表現の手段とすることにより、自己をコスモスに結びつけたのである。こうしてカルダーノは、自然についての大きな百科全書に対応するかのような、自分についての小さな百科全書を完成させた。それはコスモスの中心に立っていることを自覚していた人物のミクロコスモスとしての自己認識の書であった。

# 第Ⅱ部　『わが人生の書』の研究

# 第二章　自叙伝『わが人生の書』とは？

## 1　カルダーノの業績における位置づけ

ルネサンスの万能の天才とよぶにふさわしいカルダーノは、一六世紀のヨーロッパ全土で医師として高い評価を受けていただけでなく、数学者、自然哲学者、発明家、占星術師、モラリストとしても著名であった。通常「カルダーノの自叙伝」とよばれている『わが人生の書』は、そのカルダーノが最晩年に著した「自分の人生についての本」である。多くの分野にわたる膨大な量の著作は、当時はよく読まれたが、やがて他の一六世紀のラテン語文献と同様に忘れさられていった。そのなかで、この『わが人生の書』だけは現在も翻訳が改められて読みつがれている（図1）。

前章であげたカルダーノの著作群は当時の知識を知るうえで興味ぶかい宝庫であるが、科学の発展に貢献したような事柄を探そうとする人には役に立たないかもしれない。カルダーノは、むしろ自然研究が近代科学へとすすむ途中で脱ぎすてた古い世界に属していた。自然哲学者としては、ポンポナッツィの流れをくむ

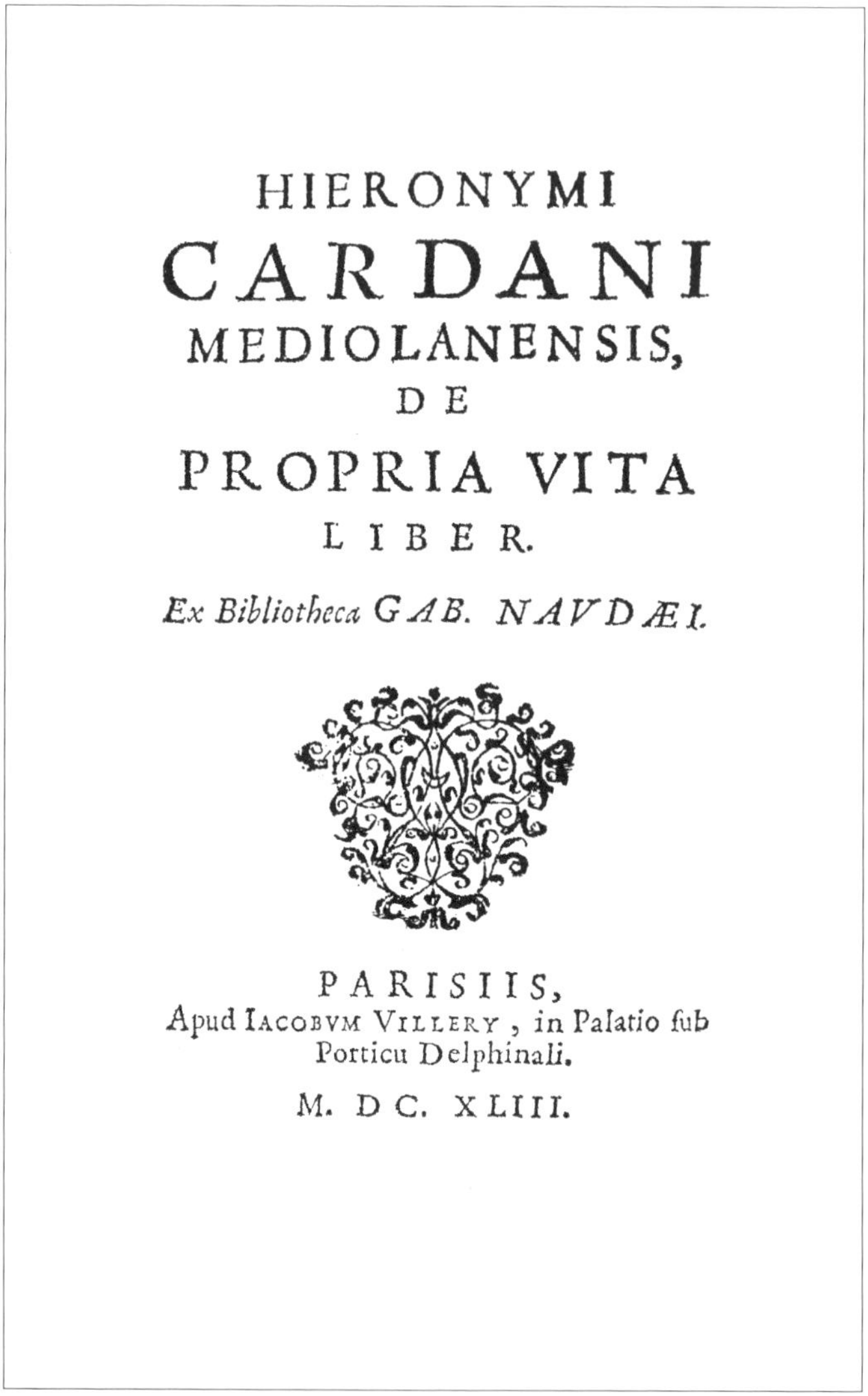
HIERONYMI
CARDANI
MEDIOLANENSIS,
DE
PROPRIA VITA
LIBER.
*Ex Bibliotheca GAB. NAVDÆI.*

PARISIIS,
Apud IACOBVM VILLERY, in Palatio sub
Porticu Delphinali.
M. DC. XLIII.

図1. 『わが人生の書』(パリ、1643年)の扉

アリストテレス主義者であった。しかもその伝統的な体系を攻撃し、原理の組みかえを試みた一連の自然哲学者たちの先頭に立っていた。自然の探究においてカルダーノが関心をもったことは、自然を人間の目的のために変えるということだった。自分の功績のなかでもっとも重要なこととして、『わが人生の書』の第四四章で「自然の事物の観察をば、実用的な目的のために利用することを教えた」ことをあげている。[1]しかも、このことは今までに誰もなしえなかったという自負があった。人間の目的のための自然の変容こそは、自然魔術の意図するところでもあった。

カルダーノの活躍期は、コペルニクスによる地動説の提唱の時期と重なっているのだが、天文学そのものには興味をしめさず、医師としての必須の術でもあった判断のための天文学、すなわち占星術に熱心だった。天文学史に名を残すティコ・ブラーエ（Tycho Brahe, 1546–1601）やケプラーも占星術で糧をえていたのだが、彼らは同時に伝統的な天文体系に疑問を抱いており、コペルニクスの新しい体系の受容のうえで重要な役割をはたした。それにたいし、カルダーノは占星術の宇宙に住みつづけた人々のひとりであった。人の運命を占い、予言することは手相術、観相術、夢解釈にまでわたった。

モラルの分野で評判がよかったのは一五四二年の『慰めについて』である。英訳が一五七三年と一五七六年に出版されて、類書のなかではもっともポピュラーな本となった。シェイクスピア（William Shakespeare, 1564–1616）学者たちは、『ハムレット』への影響を指摘している。[2]多くの分野で著作を残したカルダーノだ

（1）『わが人生の書』第四四章、一九九頁。

ったが、医業こそ自己の天職と心得ていた。医学関係の著書と註釈書は、全著作のうちもっとも大きな部分を占める。

七〇歳になってからの数ヶ月の獄中生活のあと、カルダーノは許されてローマに居を定めた。しかし、もう講義も出版も禁じられていた。『わが人生の書』は、こうした状況のなかで一五七五年から一五七六年にかけて執筆された。手稿のまま人の手から手へと渡ったのち、一六四三年にパリで初版が出版された。一六五四年にはアムステルダムで再版されたのち、リヨンで一六六三年に出版された一〇巻組のカルダーノ全集の第一巻の巻頭に収められた。近代語訳は一九世紀以来、イタリア語訳、独訳、英訳、仏訳、ポーランド語訳などがあり、二種類の邦訳もある(3)。

『わが人生の書』の筆をおいてまもなく、カルダーノは自分で予言したその日である一五七六年の九月二〇日に死んだと伝えられる。しかも、これは失敗の気まずさを感じないですむようにと、父ファツィオと同様に断食して死を早めた結果であるという。

## 2　人間の発見と『わが人生の書』

ルネサンス期のイタリアは世界と人間の発見の時代にあった。人間の発見とは、ある特定の個人の個性の発見にはじまる。この時期になってはじめて「個性的なるもの」への感覚が発達したと主張する歴史家J・ブルクハルトが『イタリア・ルネサンスの文化』のなかで彫金家チェッリーニ(Benvenuto Cellini,

1500–1571）の『自伝』とならべて紹介しているのが、カルダーノの『わが人生の書』である。そして、「それを読む者は誰でも、読みおわるまでには、この男に屈服してしまうにちがいない」といっている。[4] 一五・一六世紀のイタリアでは、伝記文学のなかで主人公たちが生き生きと個性をもって描かれるようになっただけではない。作者たちは、自分を主人公にして物語を書きはじめた。自分の人生の物語を、そして他人とは異なる自分自身のあり方を。こうして、のちの分類でいえば自叙伝とか自伝とよんでよいであろう著作が多くの人々により書かれた。

自己をみつめ、表現するのは文章だけによるのではない。肖像画の人物が個性を主張しはじめたのと同時に、自分自身の肖像画、すなわち自画像が一五世紀のイタリアではじめて描かれるようになった。レオナル

---

（2） Lily B. Campbell, *Shakespeare's Tragic Heroes*（London: University Paperbacks, 1930）; Hardin Craig, "Hamlet's Book," *Huntington Library Bulletin* 6（1934）, 17-37.

（3） Hermann Hefele, *Des Girolamo Cardano von Mailand eigene Lebensbeschreibung*（Jena: Diederichts, 1914）; Jean Stoner, *Jerome Cardan: The Book of My Life*（New York: Dutton, 1930; repr. New York: Dover, 1962）; Jean Dayre, *Jerôme Cardan: Ma vie*（Paris: Champion, 1936）; *Cardan, 1501–1576, ma vie*（Paris: Belin, 1991）; Paola Franchetti, *Gerolamo Cardano: Autobiografia*（Torino: Einaudi, 1945）; Alfonso Ingegno, *Gerolamo Cardano: Della mia vita*（Milano: Serra e Riva, 1982）. 邦訳には G・カルダーノ『カルダーノ自伝』清瀬卓・澤井繁男訳（海鳴社、一九八〇年：平凡社ライブラリー、一九九五年）もある。

（4） ブルクハルト『イタリア・ルネサンスの文化』、三七八頁。B・チェッリーニ『自伝：フィレンツェ彫金師一代記』黒田正利訳（現代思潮社、一九六七年）；B・チェッリーニ『わが生涯』大空幸子訳（新評論、一九八三年）も参照。

ド・ダ・ヴィンチ（Leonardo da Vinci, 1452–1519）やラファエロ（Rafaello Sanzio, 1483–1520）の自画像はその代表的なものであった。芸術家が自分の作品に署名することが一般的になったのも一五世紀からであった。自己表現の強い意欲と自分の存在を後世に残したいという願望が、人々の心をとらえた時代だった。こうしてルネサンス以来はじまった文章による自己表現である自叙伝と絵筆により描かれた自己表現である自画像は、平行して発展してゆくことになった。

ルネサンス期の自叙伝といっても、内容や形式ともにさまざまであった。共通する点は「自己を語る」という新しい行為であるが、この新しいと評価される行為を、著者たちはどのように認識していたのだろうか？　カルダーノは執筆の動機として、序文で「哲人アントニウスの例にならって、自分の人生についての本を書くことを企てた」といい、重ねて念をおしている。[5]このような動機の表明からすれば、カルダーノは「自己を語る」という行為を古人の生き方にならうという当時の人文主義の思潮として意識して筆をとったわけである。しかし結果的には、少しもお手本とは似ていない自己描写を生み出したし、著者自身もそれを承知していた。これにたいして、自分の行為の意味をはっきりと自覚していたのはモンテーニュであった。自分こそはじめて全存在としての自己を描くと『随想録』で宣言していた。[6]

では後世の自伝作家たちは、これらルネサンス期の著作をどのように見ていたのだろうか？　近代の自伝文学はジャン＝ジャック・ルソー（Jean-Jacques Rousseau, 1712–1778）の『告白』*Confessions*（ジュネーヴ、一七八二年）にはじまるといわれるが、そのルソーは、やはりモンテーニュを意識していた。『告白』の「初稿」のなかで、モンテーニュはかなり自分を似せて描いているが横顔だけだといったあと、おそらくはピエール・ベール（Pierre Bayle, 1647–1706）の『歴史批評辞典』*Dictionnaire historique et critique*（ロッテルダム、一六九七年）からの知識でカルダーノにも言及した。そしてカルダーノを「モンテーニュよりうぬぼれが強いが誠実な男」とみなしながら、「残念なことにこの男はあまりにも狂っていたので、その夢想からはいかなる教訓もひき出すことはできない」と評した。(7) 一七・一八世紀の合理主義と啓蒙主義の批判精神からみるならば、カルダーノは我慢ならない人物にうつったのだろう。しかしゲーテ（Johann Wolfgang von Goethe, 1749–1832）には、ルネサンスはより身近に感じられた。チェッリーニの『自伝』を自ら翻訳し、カルダーノをくり返し読んだ。『詩と真実、わが生涯より』を出生時の星々の配置からはじめたのは、『わが人生の書』の第二章に学んだものであった。(8)

もっとも、カルダーノとゲーテの二人の人生にたいして星辰の力のもつ意味が異なるように、一五・一六世紀の「個性」の表明は、近代的な「自我」へと直接的に結びつくことはなかった。外界および運命とのかかわりも当然様相を異にしていた。それでもなお、個性的な人間としての自己の自覚の表明は、中世以来の

---

（5）『わが人生の書』序文、一〇頁。

（6）モンテーニュ『随想録』第三巻第二章。

（7）ルソー「『告白』の草稿」断片一［Jean-Jacques Rousseau, "Ébauches des *Confessions*," in *Œuvres completes*, I (Paris: Gallimard, 1959), 1150].

（8）『詩と真実』についての Erich Trunz の解説の要約は、『ゲーテ全集　第一〇巻』（潮出版社、一九八〇年）の解説に収録されている。Cf. *Goethes Werke* (Hamburg: Wegner, 1955), X.

信仰告白としての自伝とは一線を画し、近代へとつづくものであった。ルネサンス期の自伝的著作は、近代自伝文学の源流として位置づけることができるだろう。

さて、自己表現の系譜のなかに『わが人生の書』をおいたとき、その特徴はなんであろうか？　ただちに指摘できるのは、いかにも科学者らしく項目をわけて、まるで診断書のように冷静に、客観的に自己を観察し、分析したことであろう。先述のブルクハルトいわく、これにより手本にした「『自省録』をも凌駕することができた」のであった[9]。ところが『わが人生の書』の特徴を、新しい時代の科学者の自己表現と評して、それでおわりにすることができるだろうか？　それでは、あの不可思議な前兆やら、自慢たらしい超自然的な能力の記述、守護霊の話などは、どう考えたらよいのだろうか？　当時の人々は総じて迷信にとらわれていたという一般論では納得できないものがある。ここでカルダーノの自己描写を、一六世紀の知識のあり方の問題と関連づけて考える必要がありそうである。

## 3　科学の知と魔術の知

実証的で科学的な観察と神秘的な事象の記述、この両者の関係はどうなっているのか？　それは『わが人生の書』の多くの読者がいだく疑問であろう。研究者もつねにこの点を問題にしてきた。カルダーノは新しい科学と魔術との境界線の興味ぶかい位置にいるなどといわれている。

フランスの歴史家Ｊ・Ｃ・マルゴランは、まずカルダーノの特徴の一面を「物質的な対象をとり扱い、それらに器具を適用し、また病気の器官を触診して、それらに薬剤を用いる人という手職人で医師、そして発明家として、一種の実証主義が彼の日常の一部をなしていた」と評している。[10] すなわちこの態度を、カルダーノは自己分析にもあてはめたのだった。経験知の重要さについては、彼は『わが人生の書』のいたるところで語っているし、奇蹟のようにみえる事象をもあえて合理的に説明しようとした（図2）。

ところが、カルダーノは個別的な観察と実証主義にもとづく説明だけで満足することはできなかった。そもそも彼が、みじめな境遇やら肉体的欠陥、あいつぐ不運にもうち勝って生きつづけてきたのは、終章でいわれる「真理への情熱」のゆえであった。『事物の多様性について』の序文では、「天界の秘密や自然の隠された深いところにある秘密、そして宇宙の秩序をつかさどる神的な知性を認識し、かつ理解することは人間が考えうる、あるいは望みうるもっとも大きな幸福であり喜びである」といっている。[11] 真理の探求に捧げた生涯のなかで、彼は無数の個別的な考察を秩序づけ、体系化しなくてはならなかった。だが、それらを結びつける原理とは何だったのか？「カルダーノは、類似（アナロジー）の教条主義（ドグマティズム）とよん

(9) ブルクハルト『イタリア・ルネサンスの文化』、三七八頁。
(10) Jean-Claude Margolin, "Analogie et causalité chez Jérôme Cardan," in *Science de la Renaissance*, ed. Jacques Roger (Paris: Vrin, 1973), 67–81: 77. Cf. idem, "Rationalisme et irrationalisme dans la pensée de Jérôme Cardan," *Revue de l'Université de Bruxelles* 21 (1969), 1–40; idem, "Cardan, interprète d'Aristote," in *Platon et Aristote à la Renaissance*, ed. Jean-Claude Margolin (Paris: Vrin, 1976), 307–333.
(11) Girolamo Cardano, *De rerum varietate* (Basel, 1557), sig. [aa 8 v]. なお、この序文は『事物の多様性について』が収録されている『全集』の第三巻には取りこまれていない。

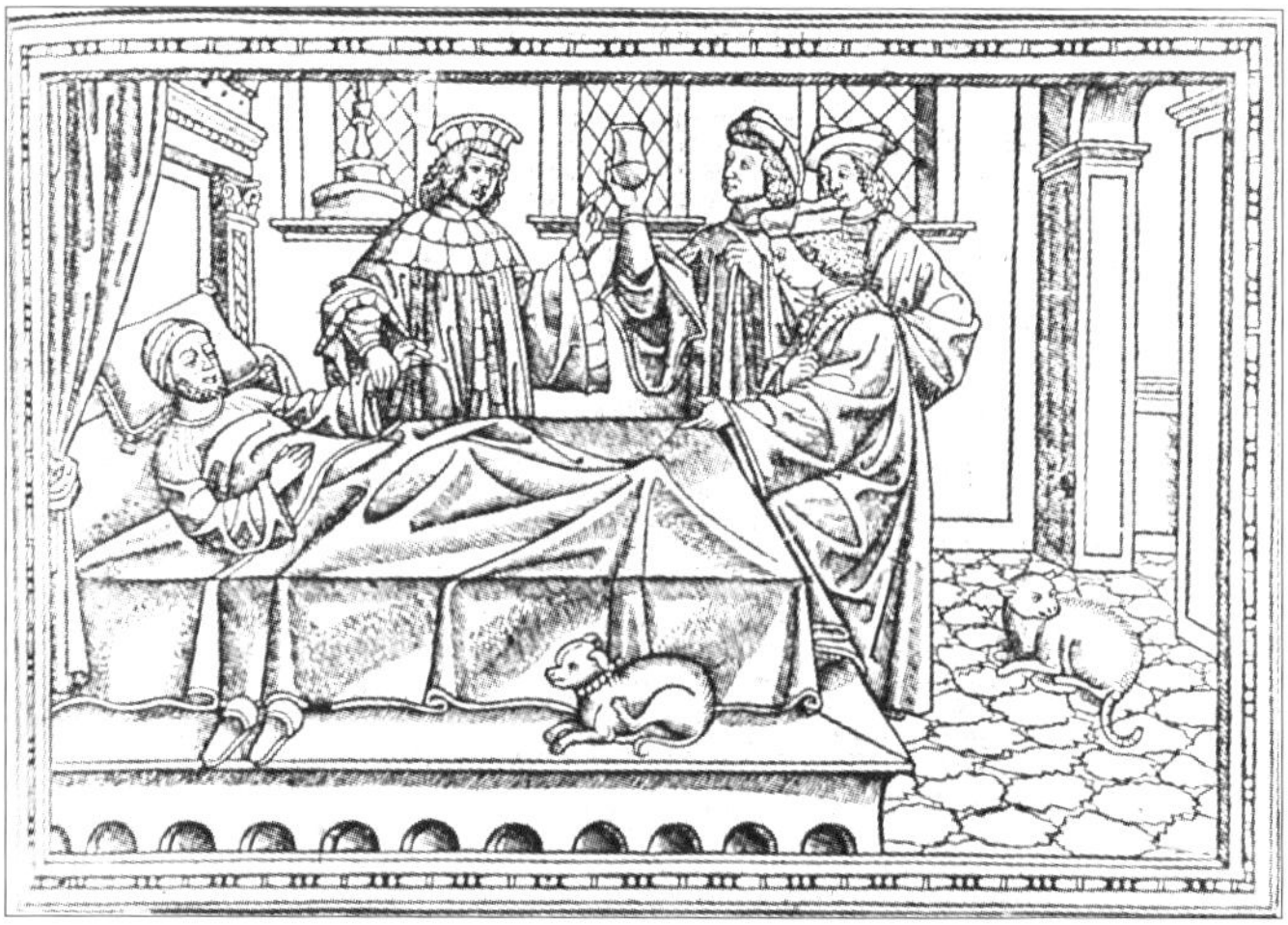

図 2.　診察中の医師（1520 年ごろ）

だほうがよい一般的な理論へ、個別的な考察を結びつけた」と先のマルゴランはいう。[12] 一般理論とは、類比、対応、共感と反感といった諸原理であり、占星術をふくむより広い一五・一六世紀の自然研究の思潮であった自然魔術（あるいは白魔術）を支えるものであった。これらの諸原理は、黒魔術のように悪霊などの神秘的かつ超自然的な諸存在の介入にたよらずに現象を説明するための原理なのであった。すなわちカルダーノは、個々の事象の実証的で合理的な考察をそれら諸原理に支えられた有機体的な全体像にはめこんでいるのであった。

カルダーノの描く全体像がどのようなものであったかを見るために、ここで自然魔術をつかさどる人、魔術師というよりは「智者」を意味する「マグス」magus の知恵が現代の常識ともなっている科学者の知識のあり方とどのように異なるかを、両者を比較して検討してみよう。

まず、科学が万人に開かれているのにたいし、マグスは個人の努力のすえに神的な啓示をうけたエリートであり、その仕事は個人的な術（アルス）に依存している。科学が方法を整備し、万人に理解され、その成果は人々の共有財産となることを目指しているのにたいして、魔術はその方法を凡人からは注意ぶかく隠し、秘密を守らねばならない。神聖な知であり、凡人の手にゆだねて悪用される危険を防ぐためである。したがってその著作も、レトリック上のカギをかけた難解な文章からなる。数学は数の神秘学としてとらえられており、物理的な現実の認識に関してはそれの有効性を認めない。なにしろ科学が通常の自然現象のなかに法

（12） Margolin, "Analogie et causalité," 70.

則性を見出そうと試みるのにたいして、魔術の思考は例外的なもの、奇蹟のようにみえる現象こそが自然の秘密をあきらかにすると考えたのだ。もっとも重要な相違はといえば、科学者の知があえて固有の領域にとどまるのにたいして、マグスは宇宙全体の把握をめざした。そしてその全体像は、科学者の機械じかけの世界像と異なり、霊魂をもった生き物と世界をみなす有機体的な世界像であった。しかし両者が共有する観念がある。それは自然を支配し、人間の目的のために役立てることである。そのためには経験や実験を重んじて、まず自然に服従し、その秩序を知らねばならない。

これらマグスの知への志向こそ、カルダーノの自然研究の特徴的な点であった。ひとりの人間が、同時に一流の数学者であり、あくなき自然の探究者であったのだが、またその同じ人は機械の発明家でもあったにもかかわらず、のちにガリレオ・ガリレイに代表される「自然の数学化」という近代的な科学の方向へはすすまなかった。カルダーノが住んでいたのは、精霊やダイモーンが活躍する余地のある生命にみちた世界だった。もっとも、代数学を集大成し、百科全書を著した壮年期のカルダーノは、獲得された知識は公表され、多くの人々によりさらに発展されるべきであると確信していた。しかし、『わが人生の書』にあらわれたのは最晩年のカルダーノであって、それは自然魔術のなかでもより神秘的な傾向を強めている。このようなカルダーノ像は、シェイクスピアの『テンペスト』におけるプロスペロー、そしてファウスト博士のイメージと重なるものである。

マグスたるカルダーノは自分と自分の人生を語る本のなかで、他の人々とは違う自己の特異性をしめさねばならなかった。経験と理性による認識を重んじ、努力と精進を重ねたのはもちろんのことだが、そのうえに、どうしても説明できないような神秘的な徴（しるし）が自分にはあらわれた。彼はそれを執拗に書きしるした。だが、それら驚くべき事実のうちでも、自然的なものと超自然的なものを注意ぶかく区別することは忘れなかった。そしてもっとも超自然的な徴がしめすものが、カルダーノだけに特別に好意をよせる守護霊（スピリトゥス）の加護なのであった。しかも守護霊の介入は、人間の能力による認識の不確実さとあいまいさを救うもっとも確実な認識をもたらす源なのだった。それならば、『わが人生の書』で描いた強烈な自己表現は、じつはマグスであるための証明であったのだろうか？　では、先にのべた近代的な「個性」の表明としての本書の位置づけはどうなるのだろうか？　カルダーノの『わが人生の書』は、近代のあけぼのに立つ科学者の鮮明なる自画像ではなく、闇に浮かぶマグスの幻であったのだろうか？

カルダーノの知的世界には、思考の枠組としてのアリストテレスの体系、魔術的原理と結びつく新プラトン主義、そしてさらに地理的世界の拡大と諸発見を正しく評価する新しい時代の科学者の精神とが共存していた。こうしてひき裂かれた自己を、あやうい均衡のなかで保ちつつ、古来の秩序が崩れかかり、しかも新しい秩序はいまだに確立しない一六世紀の世を生きていた。だがこのような特徴は、カルダーノひとりのものだったろうか？　あけぼのと闇の両面をもつ、後期ルネサンスという時代の精神そのものではないだろうか？　一六世紀の精神を生き、一人の人間の一生という形で統一したのがカルダーノであった。それを人生のおわり近くの目でわれわれに見せてくれたのが、『わが人生の書』なのである。

# 第三章　自叙伝の形式と占星術

## 1　はじめに

ルネサンスという時代は、きらびやかな才能がそれぞれに個性を主張しあった時代であった。肖像画の人物がいきいきとその人らしさを発揮してくるとともに、画家は自分自身の肖像画すなわち自画像を描きはじめた。人々の「伝記」vite のなかで人間像が鮮明に浮かびあがり、個性が讃えられるとともに、著作家たちは自分自身を主人公にして自分だけの「人生」vita を語り、意味づけ、自分とはいったい何だったのかを記述しはじめた。自分の名声を後世に残したいという意欲が人々の心をとらえていた。のちに私たちはこうした作品を「自叙伝」あるいは「自伝」というジャンルで分類するようになるだろう。

ひと口にルネサンス期の自叙伝といっても執筆の動機はそれぞれ異なるし、その種類はさまざまであった。そのかたちとなると、あらゆる形態がみられる。ある作品を「自叙伝」あるいは「自伝」と名づけると、ルソーの『告白』で典型的にしめされるような年代順の個人の生活と人格形成の物語という先入観から免れがたいが、じつはそのような例は自伝文学がゆきついた頂点であって、一四世紀から一六世紀にはそうした形態は豊かな多様性のなかのひとつにすぎなかった。自分と自分の人生を考察の対象にするのはよい。だがどのようにして？　各人は自分自身の固有の方法によって語りはじめ、書きはじめた。それぞれモデルも違っていたし、表現の形式自体が個性的だった。

ルネサンス期の自己描写のはじまりを人文主義者ペトラルカにおくならば、自叙伝的な著作のうち『後世宛書簡』*Posteritati* は書簡体であるし、『わが秘密』*Secretum* は聖アウグスティヌス（Augustinus, 354–430）との架空の対話篇である。また彫金家チェッリーニの『自伝』は冒険物語であり、モンテーニュの『随想録』は作者が創始したそれまでに見られない「エセー形式」である。これからその形式を詳しく考察するカルダーノの『わが人生の書』も年代順の物語ではなく、それぞれに表題をつけた短いエセーからなっており、一見してモンテーニュのものに近いかもしれない。(1) しかし全五四章からなる作品は、ブルクハルトは面白そうに紹介しているが、無秩序に議論が展開しているようで現代の読者には非常に読みにくい。どのような形式と構想にもとづいて書かれたものか見当がつかないからである。

自己を語るという行為においては古人の例にならうとしながら、カルダーノは「あるべき姿ではなく、ありのままを描く」という宣言のもとに独自の方法で筆をすすめ、独自の自己認識の世界を切り開いた。このとき作者が採用した方法を自叙伝の分析によって探ろうとするのが本章の目的である。より大きな目標としては、この時代の人々が「汝自身を知れ」のモットーのもとに到達した自己認識とは何であったのかを理解するひとつの手掛かりにすることである。

結論を先にいうと、占星術師でもあったカルダーノは誕生時の星辰の配置図であるホロスコープの解釈の手法を用いて自己分析を行い、それを『わが人生の書』のなかにもちこんだ。すなわち占星術の形式が文学形式として自叙伝のなかで使われているということを今からみていきたい。さらに形式だけでなく、自己描写のありかたも少しばかり吟味しよう。このような考察は占星術が一六世紀において厳しい批判をよそに、いかに人々の生活と思想のなかに浸透していたかを、絵画や建築物の装飾と同様に目にみえる痕跡として提示することだろう。占星術は人生を理論的に把握しようとするときの道具でもあったのだ。

## 2 自叙伝的な著作群

カルダーノは多くの分野にわたるほとんどすべての作品のなかで自分自身を語り、自分自身の問題を出発点や題材にして著作をあらわした。あるいは提唱する理論を証明するための実例として自分自身を提供した。カルダーノは自分のおさめる諸学問が世界を認識するためだけでなく、自分自身を認識するためにも役立たねばならないと確信していたようだ。彼は自分のことを書かずにはいられない作家でもあって、患者の病気

(1) モンテーニュの『随想録』との類似性については以下を参照:Helmut Pfeiffer, "Girolamo Cardano and the Melancholy of Writing," in *Materialities of Communication*, ed. Hans Ulrich Gumbrecht & K. Ludwig Pfeiffer (Stanford: Stanford University Press, 1994), 227-241. Cf. フィリップ・ルジュンヌ『フランスの自伝:自伝文学の主題と構造』小倉孝誠訳(法政大学出版局、一九九五年)。

について報告していても主人公は医師カルダーノだった。そして最後の作品『わが人生の書』は、著者が一連の著作活動をおえたあとの「諸々の作品のしめくくり」なのであった[2]。これらの諸作品は自叙伝的な傾向が高い順に、それぞれ異なった特徴をもった三つのグループにわけることができるだろう。

第一のグループは『自著について』*De libris propriis* に代表される[3]。これは広告宣伝のための自著の目録からはじまって三つの版（それぞれ一五四四年、一五五七年、一五六二年に出版）をへて発展した知的自叙伝である。著者は出版した作品や計画中の仕事について作品の構想や方法などを目録と逸話で説明した。ここでは年代順にすすんでいく記述の仕方がふさわしいと考えたようだ。第二版には医師カルダーノの医療実践から選ばれた症例集が収録されている。この作品は神秘的な傾向もふくみ、夢の話が執筆の動機として語られる。書物は不滅なる霊魂の記録であり、本を書くことは「名声を残す」ための行為であると著者は自覚していた。自慢げな高揚した調子が全体を支配している。

第二のグループはモラルの傾向をもつ著作群である。『慰めについて』（一五四二年）、『知恵について』（一五四四年）、『逆境から得られる有用さについて』（一五六一年）などの人生論的な考察であり、実例としても著者の体験がもりこまれている。危機的な場面に直面した著者が、気落ちしたり失望したりしている自分自身にたいして哲学の慰めを与えるために書いたものである。この種の書きものは成功し、『慰めについて』は英語訳がでて版をかさねた[4]。

第三のグループは占星術の分野における著作のうちのホロスコープ実例集である。『百の実例集』*Liber de exempli centum geniturarum*（ニュルンベルク、一五四七年）と『十二の実例集』*Liber XII geniturarum*

（バーゼル、一五五四年）のなかでカルダーノは歴史上の有名人や王侯だけでなく、父親、息子、後援者そして自分自身のホロスコープをあきらかにし、それらに解釈をつけ加えた(5)（図1と図2）。そしてもっとも詳細な解説を自分自身のものに付している。この解説の形式と記述が本章で考察する対象である。

以上みただけでも、多様な分野で多様な形式が使われているのがわかる。他にも『シュネシオス派の夢の書』（一五六二年）は夢解釈の理論をのべるだけでなく、自分の夢のコレクションを収録しているので「夢の自叙伝」とよんでもよいほどであるし、数学や自然学の分野の著作にも伝記的な情報が散在している(6)。諸作品のなかで著者はいくつかの同じ物語をくり返したが、少しずつ修正が加えられたり、解釈が変わってきている。カルダーノはちょうど画家が一枚の自画像では満足せず、異なった時期に、あるいは視点と手法を変えて何度も自らを描くように異なった形式と観点から自己を分析し描写したのだった。

これらの自叙伝的な傾向をもつ著作群の執筆年代は平行あるいはオーバーラップしていて時代順にはすす

（2）『わが人生の書』第四五章、二一七頁。
（3）『自著について』に関しては次章を参照。
（4）『慰めについて』の英訳版は *Cardanus Comforte*（London, 1573; 1576）および *Cardan, His Three Books of Consolation Englished*（London, 1683）［また『知恵について』は、近年 Girolamo Cardano, *De sapientia libri quinque*, ed. Marco Bracali（Firenze: Olschki, 2008）というラテン語テクストの校訂版が出された］。
（5）『百の実例集』と『十二の実例集』のテクストは『全集』*Opera*, V, 458-502 と 503-552 に収録。
（6）「夢の自伝」というジャンルについてはジャック・ル＝ゴフ『中世の夢』池上俊一訳（名古屋大学出版会、一九九二年）のなかの、とくに「キリスト教と夢：二世紀から七世紀」を参照。

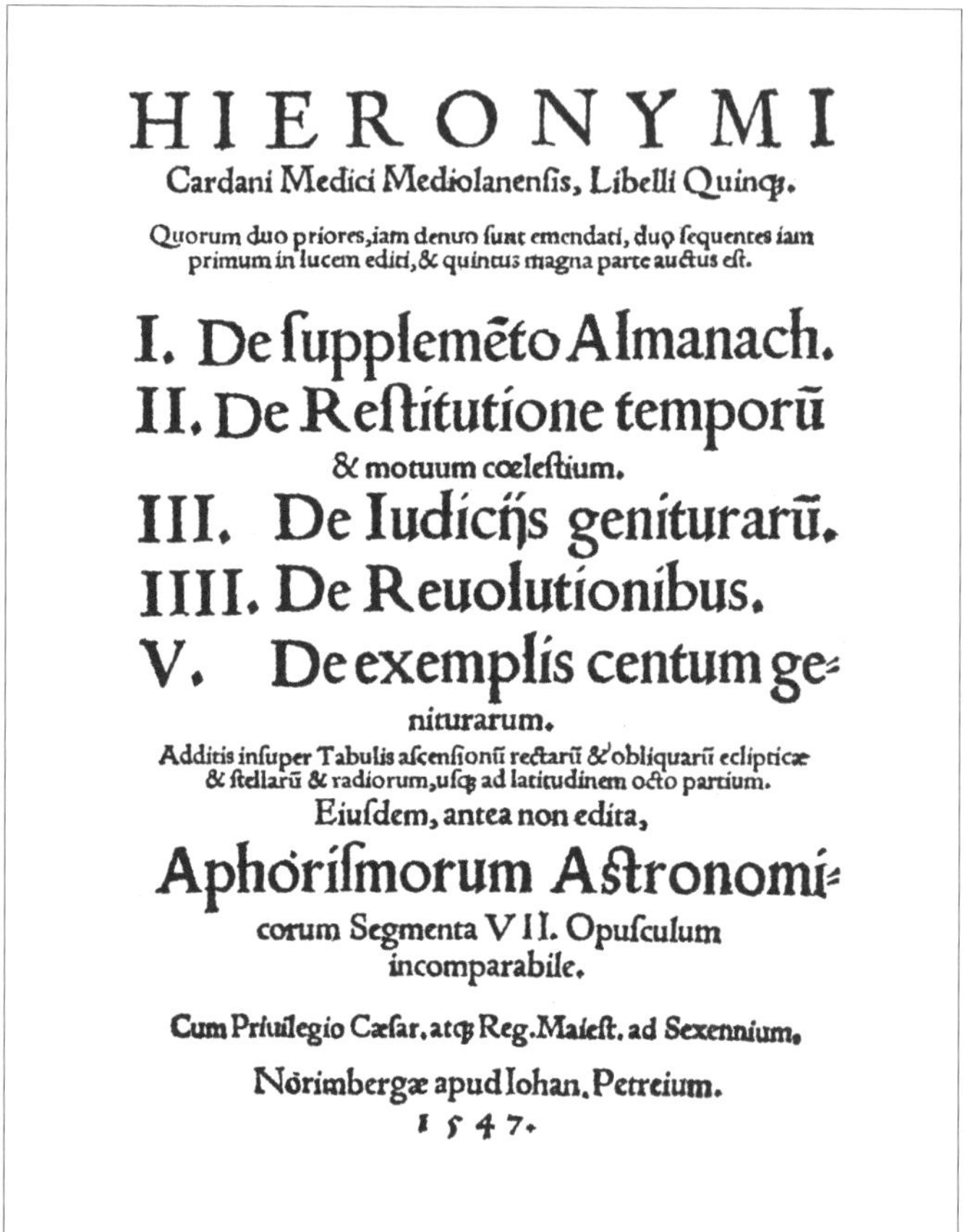

HIERONYMI
Cardani Medici Mediolanenſis, Libelli Quinq;.

Quorum duo priores, iam denuo ſunt emendati, duo ſequentes iam primum in lucem editi, & quintus magna parte auctus eſt.

I. De ſupplemēto Almanach.
II. De Reſtitutione temporū & motuum cœleſtium.
III. De Iudicijs geniturarū.
IIII. De Reuolutionibus.
V. De exemplis centum geniturarum.

Additis inſuper Tabulis aſcenſionū rectarū & obliquarū eclipticæ & ſtellarū & radiorum, uſq; ad latitudinem octo partium.
Eiuſdem, antea non edita,
Aphoriſmorum Aſtronomicorum Segmenta VII. Opuſculum incomparabile.

Cum Priuilegio Cæſar. atq; Reg. Maieſt. ad Sexennium.

Norimbergæ apud Iohan. Petreium.
1547.

図 1.『百の実例集』（ニュルンベルグ、1547 年）の扉

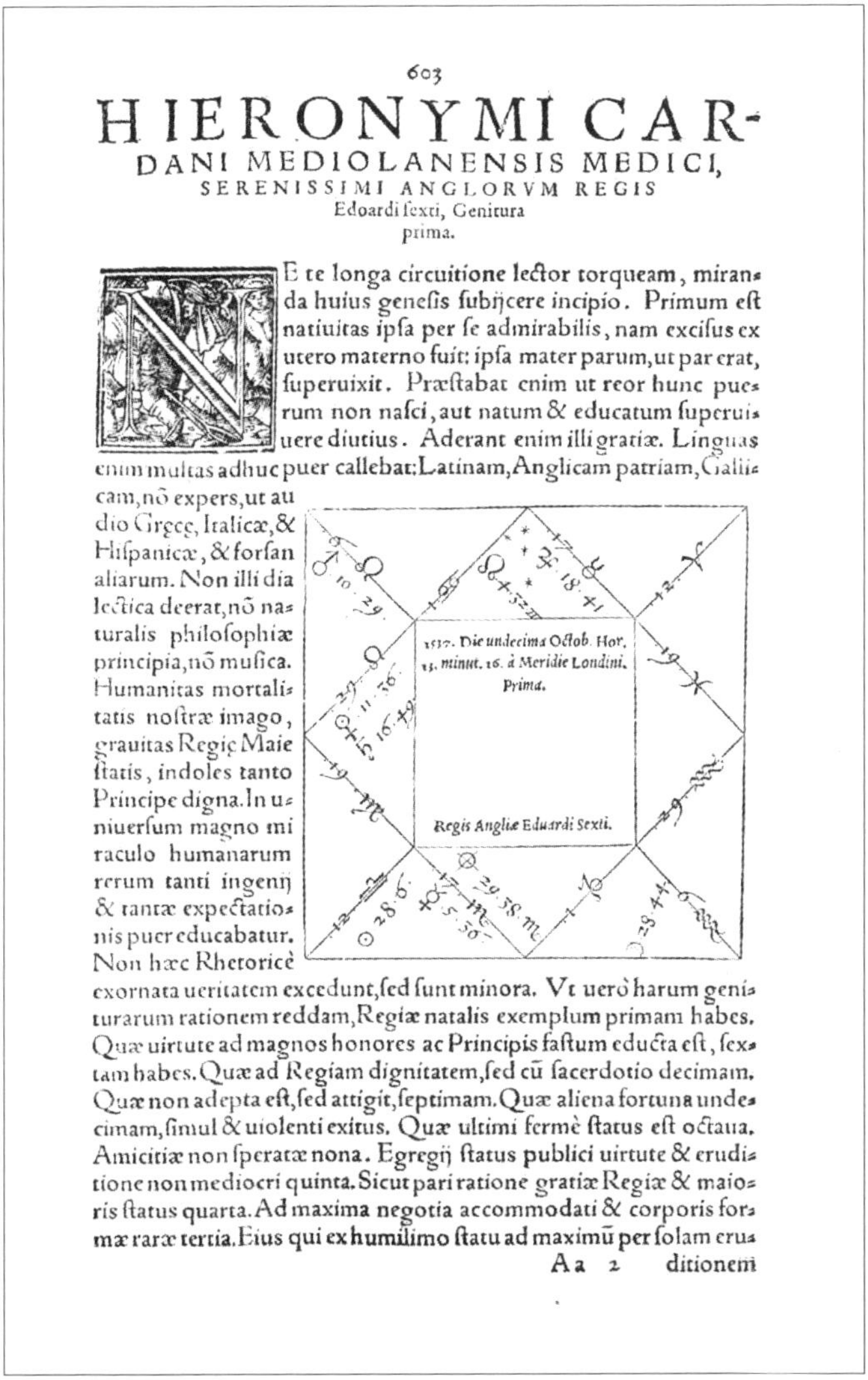

603

HIERONYMI CAR-
DANI MEDIOLANENSIS MEDICI,
SERENISSIMI ANGLORVM REGIS
Edoardi ſexti, Genitura
prima.

NE te longa circuitione lector torqueam, miranda huius geneſis ſubijcere incipio. Primum eſt natiuitas ipſa per ſe admirabilis, nam exciſus ex utero materno fuit: ipſa mater parum, ut par erat, ſuperuixit. Præſtabat enim ut reor hunc puerum non naſci, aut natum & educatum ſuperuiuere diutius. Aderant enim illi gratiæ. Linguas enim multas adhuc puer callebat: Latinam, Anglicam patriam, Gallicam, nõ expers, ut audio Grecę, Italicæ, & Hiſpanicæ, & forſan aliarum. Non illi dialectica deerat, nõ naturalis philoſophiæ principia, nõ muſica. Humanitas mortalitatis noſtræ imago, grauitas Regię Maieſtatis, indoles tanto Principe digna. In uniuerſum magno miraculo humanarum rerum tanti ingenij & tantæ expectationis puer educabatur. Non hæc Rhetoricè exornata ueritatem excedunt, ſed ſunt minora. Vt uerò harum geniturarum rationem reddam, Regiæ natalis exemplum primam habes. Quæ uirtute ad magnos honores ac Principis faſtum educta eſt, ſextam habes. Quæ ad Regiam dignitatem, ſed cũ ſacerdotio decimam. Quæ non adepta eſt, ſed attigit, ſeptimam. Quæ aliena fortuna undecimam, ſimul & uiolenti exitus. Quæ ultimi fermè ſtatus eſt octaua. Amicitiæ non ſperatæ nona. Egregij ſtatus publici uirtute & eruditione non mediocri quinta. Sicut pari ratione gratiæ Regiæ & maioris ſtatus quarta. Ad maxima negotia accommodati & corporis formæ raræ tertia. Eius qui ex humilimo ſtatu ad maximũ per ſolam eru-



Aa 2 ditionem

図 2. 『十二の実例集』（バーゼル、1554 年）の扉

んでいないが、ひとつの流れとしてとらえるならば、占星術と人間学的な著作群、つぎに自著についての著作というように配列し、最後の『わが人生の書』につなげることができる。自叙伝の歴史についての記念碑的な研究をのこした哲学者 G・ミッシュは、この流れにそって作品を読みとき、著者の学問的認識が進展していくにしたがって自己認識が新しい段階へと発展していくプロセスをおった。そうして最終段階の『わが人生の書』では、著者がそれまでの学問と人生経験でえた認識の最高の段階で自分という個性の分析にとりかかった成果が豊かに実をむすんでいるという。(7) 私たちの考察のもっとも頼りになる手引きはこの G・ミッシュの分析である。

## 3　出生占星術の解説とその形式

### 3-1　『プトレマイオス注解』とふたつの『実例集』

カルダーノと占星術との関わりは幼いころに父親から「アラビアの占星術」を習ったことにはじまる。(8) 占星術は本業の医師としての業務にも必須の知識と技術であった。一五・一六世紀には、占星術は自由意志を否定するという立場からのピコ・デッラ・ミランドラ（Pico della Mirandola, 1463–1494）の批判をはじめとして占星術への攻撃が激しかったが、同時に擁護論もさかんで論争の嵐が吹き荒れていた。しかし、その嵐のなかでも占星術師たちの仕事は忙しかった。王侯らは占星術師を雇いいれて子弟の誕生図を作成させるだけでなく、しばしば政治の局面でも彼らに頼った。仕事としてはおもに何かをはじめる「よい時宜」を見つけることが求められた。占星術のモチーフは宮廷の壁面や聖堂の天井を美しく飾った[9]。占星術批判と占星術の通俗化という状況のなかでのカルダーノの立場は、占星術を学問的により精緻な体系に近づけ、しかも実用的なものにすることだった。そのために占星術師たちの法典ともいうべきもっとも基本的な文書であるプトレマイオスの『テトラビブロス』への注釈書を著わして、占星術を基礎的な原理から正確に理解することの重要性を説いた。それが『プトレマイオス「判断星学全四巻」注解』*Commentaria in IV libros Ptolemaei de astrorum iudicis*（バーゼル、一五五四年）であった[10]（図3）。

当時『テトラビブロス』のラテン語版がどのように流布していたかといえば、まず中世をつうじて用いら

---

（7） Misch, *Geschichte*, IV-2, 574. ディルタイの高弟ミッシュの画期的な業績が自伝史研究に与えた影響と評価についてはW・C・スペンジマン『自伝のかたち：文学ジャンル史における出来事』船倉正憲訳（法政大学出版局、一九九一年）、二二〇頁以下を参照のこと。

（8） 『わが人生の書』第三四章、一三三頁。

（9） 当時の占星術の状況についてはS・J・テスター『西洋占星術の歴史』山本啓二訳（恒星社厚生閣、一九九七年）、二七三頁以下。さらに人文主義者たちの占星術批判と占星術の宮廷美術への影響については、伊藤博明『神々の再生：ルネサンスの神秘思想』（東京書籍、一九九六年）、第七章。ルネサンスの占星術については、W・シューメイカー『ルネサンスのオカルト学』田口清一訳（平凡社、一九八七年）：Eugenio Garin, *Lo zodiaco della vita: La polemica sull'astrologia dal Trecento al Cinquecento* (Roma: Laterza, 1976).

（10） テクストは *Opera*, V, 93-368 に収録。一五五五年と一五七六年にも再版されている。

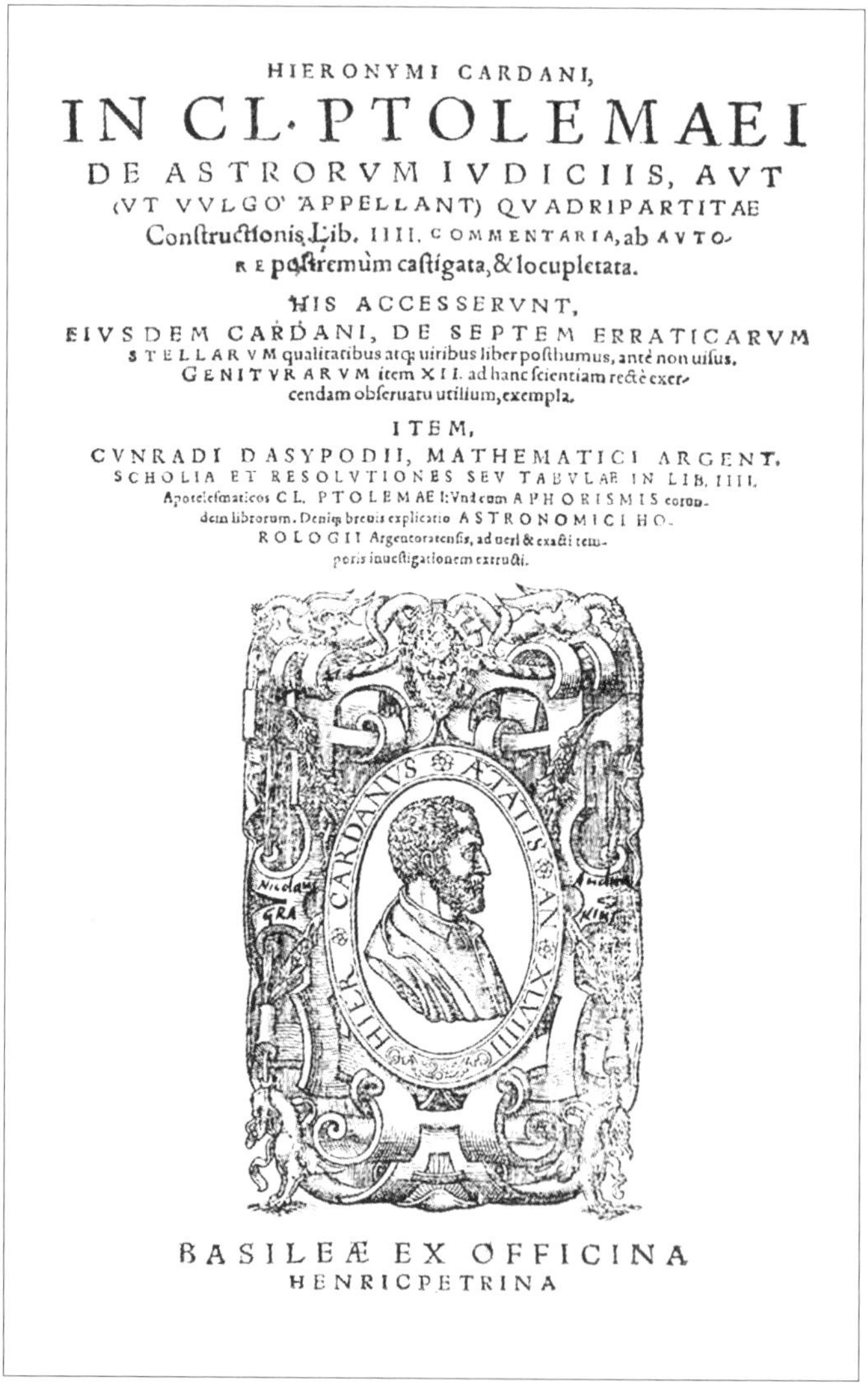
HIERONYMI CARDANI,
IN CL. PTOLEMAEI
DE ASTRORVM IVDICIIS, AVT
(VT VVLGO' APPELLANT) QVADRIPARTITAE
Constructionis Lib. IIII. COMMENTARIA, ab AVTO-
RE postremùm castigata, & locupletata.
HIS ACCESSERVNT,
EIVSDEM CARDANI, DE SEPTEM ERRATICARVM
STELLARVM qualitatibus atq; uiribus liber posthumus, antè non uisus.
GENITVRARVM item XII. ad hanc scientiam rectè exer-
cendam obseruatu utilium, exempla.
ITEM,
CVNRADI DASYPODII, MATHEMATICI ARGENT.
SCHOLIA ET RESOLVTIONES SEV TABVLAE IN LIB. IIII.
Apotelesmaticos CL. PTOLEMAEI: Vna cum APHORISMIS eorun-
dem librorum. Deniq; breuis explicatio ASTRONOMICI HO-
ROLOGII Argentoratensis, ad ueri & exacti tem-
poris inuestigationem extructi.

BASILEÆ EX OFFICINA
HENRICPETRINA

図 3. 『プトレマイオス「判断星学全四巻」注解』（バーゼル、1554 年）の扉

れていたティヴォリのプラトン（Plato Tiburtinus, 12c.）が一一三八年にアラビア語から訳した最初のラテン語版があった。これは一四八四年に印刷されたのち少なくとも五版を重ねて、一六世紀にはもっとも普通に用いられていた版本であった。この使い古されたアラビア語からの重訳にたいして、ギリシア語の原典にもどる動きがあり、一五三五年にカメラリウス（父）（Joachim Camerarius, 1500–1574）による編集と翻訳ではじめてギリシア語のテクストと原典からの直接訳がニュルンベルクで印刷された。ついでギリシア語からの第二のラテン語版が一五四三年にアントニウス・ゴガヴァ（Antonius Gogava, 1529–1569）によってなされて数版を重ねた。カルダーノの『プトレマイオス注解』では、このゴガヴァによるラテン語訳が採用されている。さらに一五五三年には、ドイツの人文主義者メランヒトン（Philipp Melanchthon, 1497–1560）によるラテン語訳と注釈が先のカメラリウスの編集によるギリシア語テクストとともに出版された[11]。

各項目のラテン語本文のあとに詳細な注釈をほどこしたカルダーノの注解書は、それ自体が精密な作品であり、『テトラビブロス』の歴史的研究には古代の注釈書とともに無視できない文献であろう。しかし、当時すでにいくつかの新しい直接訳の版本が存在する状況のなかでカルダーノ自身が自分の業績を特徴づけるおもな理由は、この注釈書に実例集をつけ加えたことだった。カルダーノは自らを「プトレマイオスの基本

---

（11） Ptolemy, *Tetrabiblos*, ed. F.E. Robbins（Cambridge MA: Loeb Classical-Library, 435, 1940）, xiii–xvii; Lynn Thorndike, *A History of Magic and Experimental Science*（New York: Columbia University Press, 1923）, I, 110; Charles B. Schmitt et al.（eds.）, *The Cambridge History of Renaissance Philosophy*（Cambridge: Cambridge University Press, 1988）, 789; テスター『西洋占星術の歴史』、二〇三頁。

的な作品を一四〇〇年後に再認識した人」とよび、自分の先駆者たちはプトレマイオスを理解してもおらず、自分自身のように詳細に記してもいないことを批判した。そして「私のホロスコープは実例として用いられるべきである」と著者はいう。たしかに自分自身について正しく語ることは非常に困難なことだが、自分自身によって自分の性格や秘密の行為、思想、あこがれ、内的な衝動は詳しく調べつくされているとカルダーノは考えた。心の扉をすべての人のために開けるのは狂気と愚かさに近いが、学問にいそしむ人のためにもたらす利益は大きいとも確信していた。彼にとって、自分自身を称賛したり非難したりするのは恥というより名誉と誇りであり、楽しみであった。したがって自分を実例にして注意ぶかく観察された出生占星術を提供することにした[12]。

## 3-2　伝記的記述のためのカテゴリー

### a　『テトラビブロス』の第三巻と第四巻

個人の誕生時の星々の配置からその人の運勢を読みとるのが「出生占星術」genitura であるが、占星術師が自分自身のホロスコープを作成して運勢を占うことを「自己出生占星術」autogenitura という[13]。ちょうど「伝記」biography にたいして「自叙伝」autobiography という名称が与えられるように。カルダーノは厳密な自己出生占星術を試みるにあたって、『テトラビブロス』の区分にしたがって項目ごとに順をおって自分自身の実例を解説していった。先述のG・ミッシュはカルダーノが占星術の項目を「伝記を作成するための当面のカテゴリー」として用いたことを指摘し、「歴史と占星術的な覆いを度外視するなら、個々の人生の自然科学的な認識への方向とその記述にふさわしい形式がここに生じたのである」と主張している[14]。ここで「カテゴリー」とは人生を分析するさいの手掛かりとして用いる枠組みのことだが、それが具体的に何をさすのかをミッシュは詳しく説明していない。したがって、『テトラビブロス』の提供する諸要素がカルダーノの自己ホロスコープの解説のなかにどのようにとり入れられているのかを検討する必要があるだろう。

プトレマイオスは紀元後二世紀なかごろまでに知られていたギリシアの占星術の諸概念を集大成し体系づけた理論家であって、著作全体の構成を整然とした体系としてあらわした（図4）。『テトラビブロス』とは四巻の書という意味であって、第一巻は占星術の一般的な原理を述べ、第二巻は国全体や都市全体にかかわる戦争、飢饉、疫病、地震、洪水、気象などを扱う。第三巻と第四巻が個人の運勢についての出生占星術にあてられる。まずその第三巻と第四巻で採用されている項目を確認したうえで、『プトレマイオス注解』の

（12）Cf.『百の実例集』第一九例（*Opera*, V, 469b）; Misch, *Geschichte*, IV–2, 703–704. すでにカルダーノは一五三八年には一〇例のホロスコープを出版し、一五四三年には六七例に増やして、のちに『百の実例集』に収録した。カルダーノの占星術や多数の有名人のホロスコープを提供したレティクス（Georg Joachim Rheticus, 1514–1576）との関係、そしてケプラーに与えた影響については Anthony Grafton, "From Apotheosis to Analysis: Some Late Renaissance History of Classical Astronomy," in *History and the Disciplines: The Reclassification of Knowledge in Early Modern Europe*, ed. Donald R. Kelley (Rochester: Rochester University Press, 1997), 261–276 を参照。

（13）自己出生占星術としては当時アリ・イブン・リドワン（Ali ibn Ridwan, 11c.）のものが知られており、カルダーノはこの人物を『百の実例集』第一五例（*Opera*, V, 467a）でとりあげている。

（14）Misch, *Geschichte*, IV–2, 702–703.

図 4.　ルネサンス期に描かれたプトレマイオスの肖像

なかの項目、すなわちゴガヴァの訳語と『十二の実例集』のなかの第八例（図5）および『百の実例集』のなかの第一九例の項目を対応させよう。また自分以外の人物についてはどのように記載していたのかも見なければならないだろう[15]。

『テトラビブロス』の第三巻は誕生に先立つ両親の占星術的な性質からはじまり、資質や自然な条件をあつかっている。すなわち第三巻の第三章「占星術の区分」で概説しているように、まず誕生前の要因である1両親や2兄弟姉妹、つぎに誕生にともなう3性別や4双子、5奇形などの身体的な状況、6寿命に関連する栄養・発育状態、生誕の場所がつづく。そのあとに7目や髪の色などがふくまれる体型と気質の項目、8身体の欠陥や病気、9さらに霊魂の性質である性格がきて、10霊魂の病気でおわる。第四巻には人倫・社会的な問題があつかわれる。まず11所有物や財産、12名誉・地位・職業、13業績がくる。14結婚、15子孫、16友人や敵対者がつづき、17死の前には異国への旅があり、18死がくる。まとめとして「時による区分」が寿命の予知の問題をあつかい、さまざまな年齢にしたがって発見された諸要素を年代ごとに総括する。すなわち個人の運勢を占う第三巻と第四巻は、第三巻の第三章で著者がのべているように三つの部分にわかれている。

1　誕生前の出来事（第三巻）

（15）『テトラビブロス』の項目は Loeb 版の目次を参照。『十二の実例集』第八例は *Opera*, V, 517a–541b, そして『百の実例集』第一九例は *Opera*, V, 468b–472b に収録。

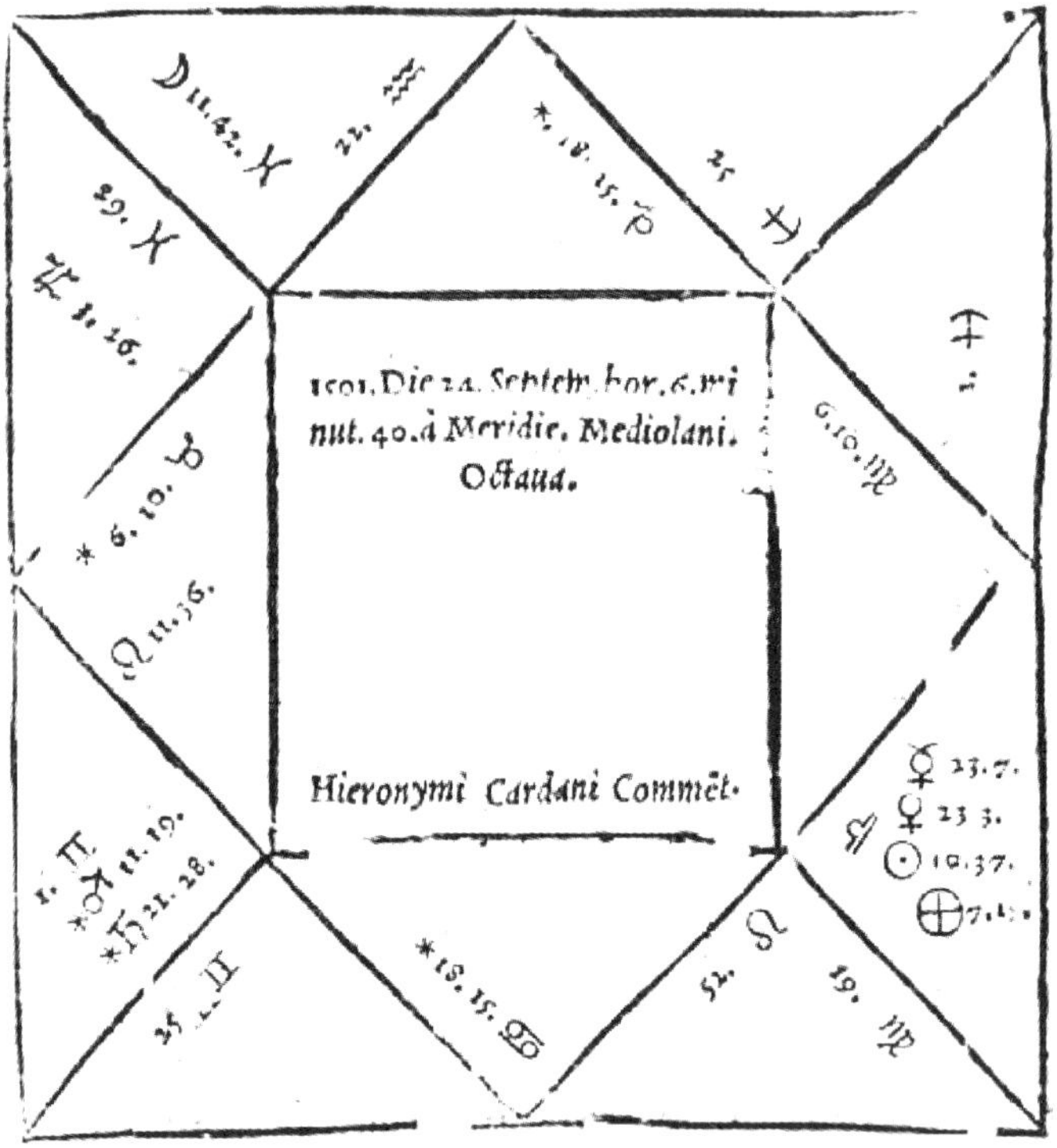


図 5.『十二の実例集』の第八例

医師にしてこの著作の解説者ジローラモ・カルダーノの誕生図

2　誕生時に起こること（第三巻）
3　誕生後に起こること（第四巻）

わざわざ上記の項目の順番を読者に予告する章まで設けたほどに、プトレマイオスは構成を重視していた。すでに知られていた知識を集大成したのであって、新たな概念を導入することはなかったが、この構成自体が独自性をしめすものであった。

カルダーノはこの配列の順をおいながら、すべての項目について『十二の実例集』の第八例で自分のホロスコープの解説を展開していった。その項目のリストを一瞥すると、個人の人生の歩みと特徴が体系的に網羅されているのがわかる。まさに「伝記を書くためのカテゴリー」の配列になっていて、これらの整理棚のひとつひとつにデータを埋めていけば、誰でも自動的に自分の履歴書が書けるだろう。しかし『プトレマイオス注解』と『十二の実例集』の第八例を比較すると、各項目は『テトラビブロス』のもとの表題の忠実な訳語ではなく、第八例の表現のほうがわかりやすく具体的になっている。実例のほうが簡略化されているものもあれば、反対により豊かな内容をあらわす表題もある。また自分自身についての第八例以外のホロスコープの解説をみると、数頁にわたる長い例ではイングランドの少年王エドワード六世、カルダーノが往診したスコットランドの大司教ジョン・ハミルトン、後援者であったスフォンドラート（Francesco Sfondrato, 16c.）元老院議員など、その個人の特性に応じてひとつの項目をより細分化したり、また簡略化してふたつの項目をひとつにまとめた表題のもとに短い記載を与えるなどしている。短い解説ではまったく区分を設けていない[16]。

### b　十二の家における人生の領域

一方『百の実例集』では、なにしろ一〇〇人もの人物について検討するという数の多さから各個人のホロスコープをあげたあと簡単な解説を付しているが、解説を項目にわけることはしていない。ただ自分自身にあてられた第一九例だけ、十二の項目のもとに解説をのべている。それらは1生命、2両親、3妻、4兄弟、5子供、6富、7術、8名声、9能力、10性格、11形態、そして12死である。これらも「伝記的記述のためのカテゴリー」をなしているが、簡略化されたこれらの項目は「テトラビブロス」の項目の配列および名称とは多少異なっている。これらも何かに準拠しているのだろうか?

ここでもうひとつの「伝記的記述のためのカテゴリー」として占星術の十二の「家」domus にもとづいた人生の領域について考えたい[17]。十二の家とはよく知られた獣帯十二宮とは別に、天球上の太陽のとおり道である黄道円を十二分割する方式であり、それぞれの部分には占うべき人生の領域が割り当てられていた（図6と図7）。獣帯十二宮は日周運動で時計まわりに回るが、十二の家はある地点たとえば誕生の地をもとにして固定された枠ないし格子であって、反時計まわりに番号がつけられている。もともとは誕生時の地平線上の初点からはじまる最初の区分である「第Ⅰ家」のみを時の見張りである「ホロスコープ」とよんだが、それが図全体をさす言葉になった。十二の部分はギリシア語で「トポス」topos, ラテン語では「ロクス」locus であるが、占星術では「家」domus とよばれるようになった。ある惑星が支配星となる宮をさす「宿」

domusと区別するために「世界の家」ともいう。この世界で起こることと関係しているからである。しかし、はじめから家の区分と項目の割り当てが決まっていたわけではない。

個人の運勢をあつかう出生占星術はヘレニズム時代のエジプトで整備されたとみられるが、初期の占星術では四分円が人生のはじまりから青年期、中年、老年および晩年と死にあてはめられていた。そのあと四半分のそれぞれをふたつに分割した「オクタトポス」octatoposの体系がつづき、それぞれに結婚、病気、子供、財産などの人生のいくつかの領域が割り当てられた。家に当てはめる項目については占星術師たちのあいだで違いがあった。八分割から十二分割への移行は獣帯十二宮の数に影響を受けたことが考えられる。マニリウス（Marcus Manilius, 1c.）やウェッティウス・ウァレンス（Vettius Valens, 120–c. 175）が家について詳しく述べており、後者はそれぞれの家が何をつかさどるかについて詳細なリストをしめした。『テトラビブ

---

（16）同時代の例としては、ヨハン・シェーナー（Johann Schöner, 1477–1547）が『出生占星術について』*De judicis nativitatum*（ニュルンベルク、一五四五年）において神聖ローマ帝国皇帝マクシミリアン一世（Maximillian I, 1459–1519）のホロスコープを1両親、2兄弟姉妹、3体質、4病気、5気質、6富と財産、7名誉と尊厳と事績、8結婚、9子供、10友と敵、11旅、12死の一二項目にわけて解説している。Cf. 種村季弘監修『図説占星術事典』（同学社、一九八六年）[Udo Becker, *Lexicon der Astrologie* (Freiburg: Herder, 1981), 126–140の翻訳]。カルダーノの第八例はこれ以上に『テトラビブロス』の配列に近い。

（17）占星術の原理については、テスター『西洋占星術の歴史』：伊藤博明『神々の再生』第七章：カンパネッラ『太陽の都』近藤恒一訳（岩波文庫、一九九二年）の解説：中山茂『西洋占星術：科学と魔術のあいだ』（講談社、一九九二年）：荒木俊馬『西洋占星術』（恒星社厚生閣、一九八七年）を参照。

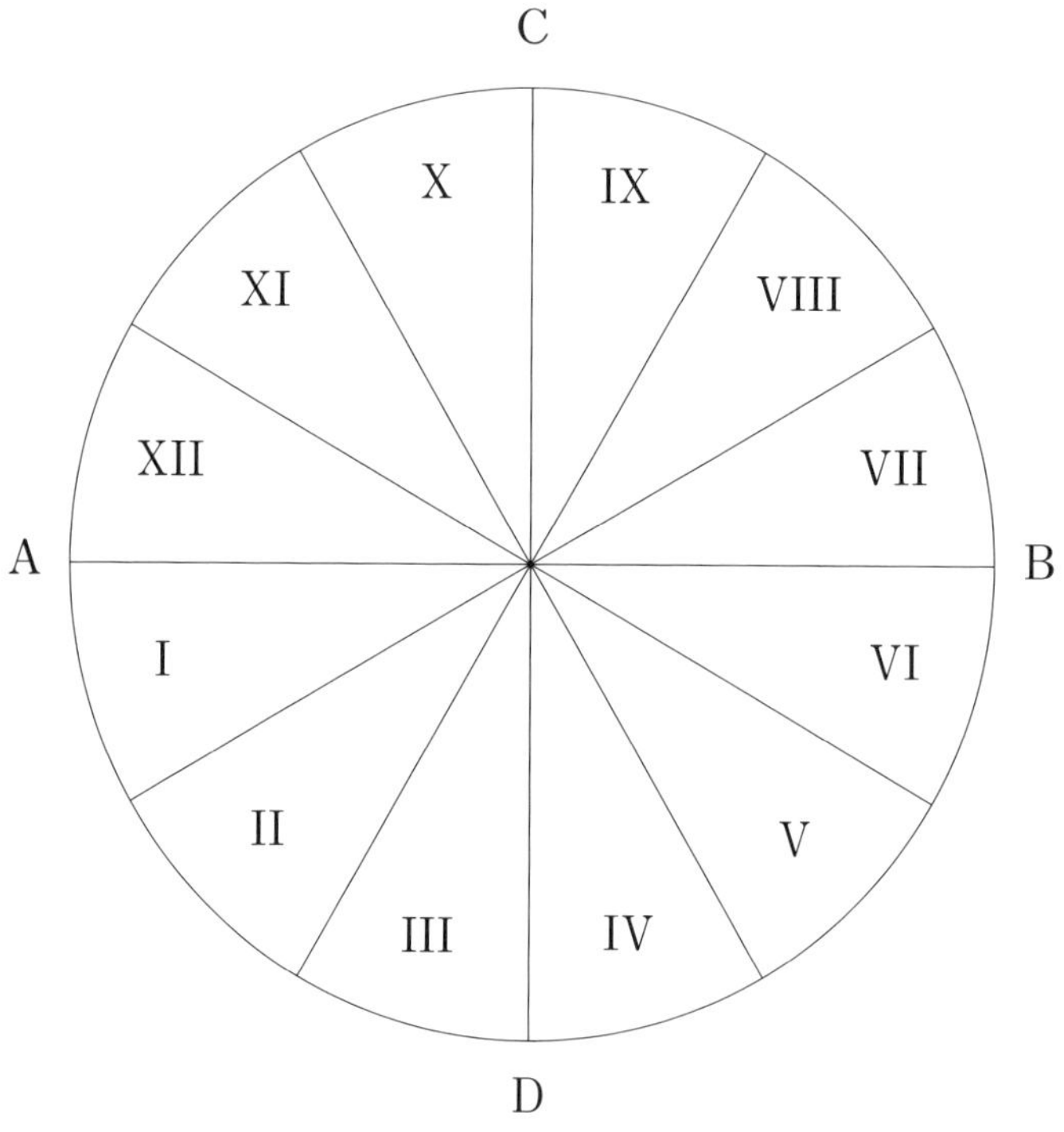


**図 6.　12 の家の分割**

AB が地平線、CD が子午線をあらわす。家は等間隔になるとは限らない

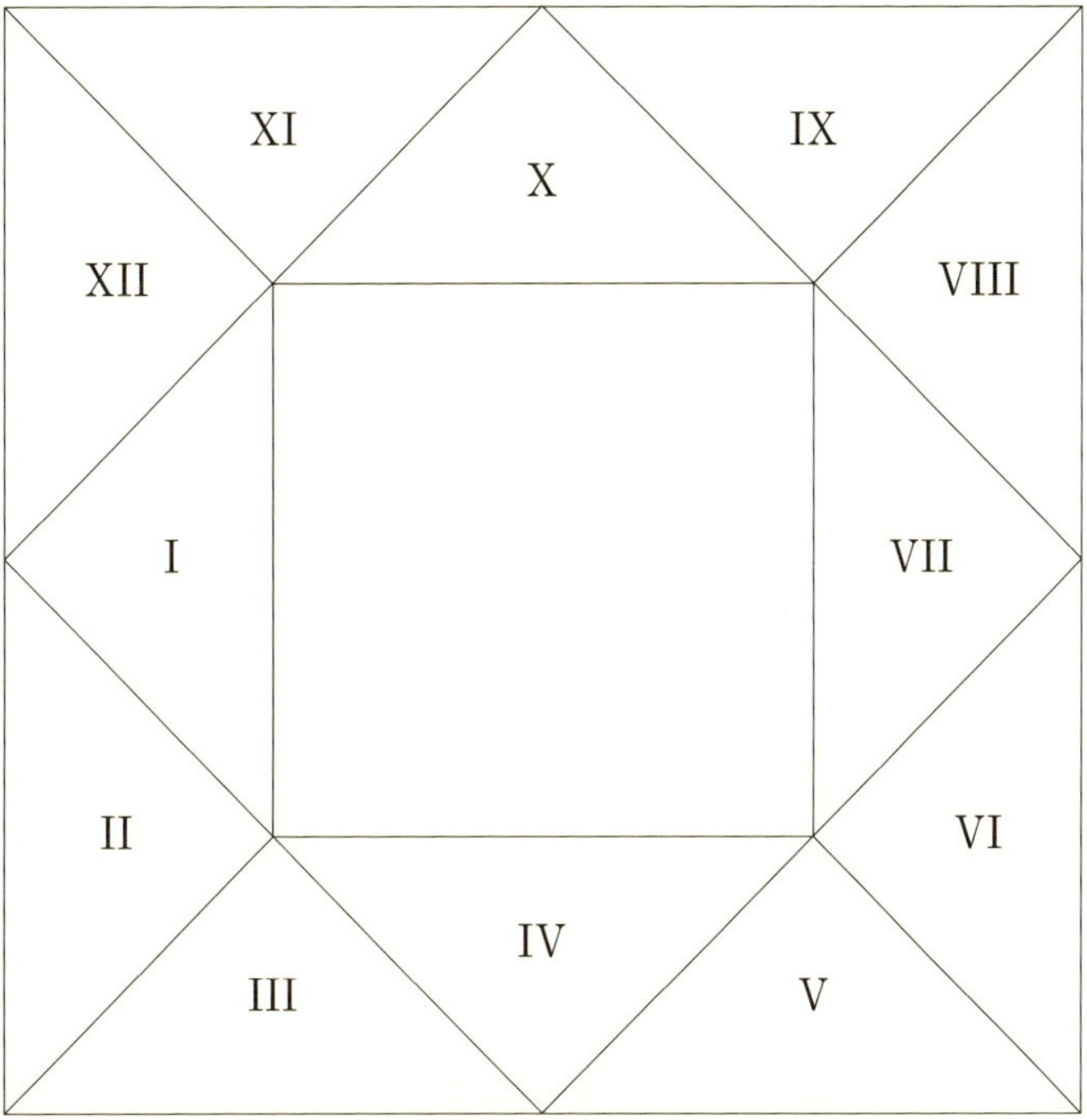


**図7. ルネサンス期の正方形ホロスコープと12の家**

I、IV、VII、X が角の家

ロス』第三巻第一〇章では、獣帯が十二分割されてはいるが宮との区別はなく、用語は不統一で混乱がある。プトレマイオスは「家」の概念をあまり重要視していなかった。彼自身は実践家ではなかったので、実例もほとんどあげておらず『テトラビブロス』だけで誕生図を作成して解釈するのは難しかった。だからこそ実践占星術師たちのための詳しい注解と手引書が必要であったといえる。

占星術の実践にとって重要な十二の家の区分が組織化されたのは、フィルミクス・マテルヌス（Julius Firmicus Maternus. 4c.）によってである。彼は占星術詩『マテーシス』*Mathesis* において各家の意味を要約した。この本は一五世紀には占星術の手引き書として用いられ、そのため一六世紀からは十二の家の意味づけが全般的に定着してきた。Ⅰ生命、Ⅱ財産、Ⅲ兄弟、Ⅳ両親、Ⅴ子供、Ⅵ健康、Ⅶ妻、Ⅷ死、Ⅸ信仰（旅）、Ⅹ支配（帝王、名誉）、Ⅺ恩恵（友人）、Ⅻ牢獄（敵）である。

十二の家の配列ではつねに八番目に死がきて、その後は社会的なテーマとなっている。これはかつての八家式のオクタトポスのさいに死が最後であって、のちに十二の家に増えたせいかもしれない。いくつかの家には別のテーマも割り当てられている。というのは各家の大きな主題のなかには複数の小さなテーマが属しているからでもある。しかも小テーマは重複が多く、占星術師によっても分類と解釈の仕方に違いがみられたし、のちにはますます詳細をきわめた。家の重要度は最初の第Ⅰ家がもっとも高いが、その後は番号順にすすむわけではない。

ここで先ほどのカルダーノの『百の実例集』の第一九例のカテゴリーに戻ろう。はじめの三項目すなわち生命、両親、妻は、ホロスコープの角とよばれるⅠ、Ⅳ、Ⅶ、Ⅹの家の最初の三つに対応する。それら角の家はそれぞれⅠ東の地平線、Ⅳ天底、Ⅶ西の地平線、Ⅹ天頂に広がり、ここに位置する惑星はもっとも強い影響力をもつと考えられたからである。したがって第一九例の「伝記的記述のためのカテゴリー」は、十二の家のテーマとそれらの重要度による配列に関連していると思われる。もともと『テトラビブロス』のようにひとりの人が整然と秩序づけたものではなく、忠実にしたがうべき基準もないので全体としては著者の独自の配列になっているのであろう。

ところで先に一五・一六世紀には占星術批判が激しかったことを述べたが、その口火を切ったピコ・デッラ・ミランドラは『占星術駁論』*Disputationes adversus astrologiam divinatricem*（ボローニャ、一四九六年の死後出版）のなかで占星術の自然学・数学的な側面は否定しなかった。攻撃の対象は星辰によって未来の出来事を予知しようという欲ぶかい行為であった。とりわけ占星術師らがプトレマイオスではなくフィルミクス・マテルヌスらに依拠して、占いのために天界の円を家などに分割することを批判していた。[18] そのためより学問的であろうとした占星術師たちは、プトレマイオスの原典の正確な理解へたち戻ろうと努めていたのであって、カルダーノの『注解』の仕事はそうした努力、すなわち占星術改革のひとつであった。[19]十二の家のテーマにせよ、『テトラビブロス』の項目にせよ、「伝記的記述のためのカテゴリー」はもともと何について占うかという「占いのためのカテゴリー」であった。結局カルダーノが自分と他の人物のホロ

(18) ピコの批判についてはテスター『西洋占星術の歴史』、二七八―二八五頁：伊藤博明『神々の再生』、二七七―二八〇頁を、いまも見解がわかれる家の分割問題についてはテスター『西洋占星術の歴史』、三二一―三二三頁を参照。

(19) この姿勢は医学教育改革の姿勢に対応している。次章を参照。

スコープを解説するために用いている枠組みは、この『テトラビブロス』の項目と配列および十二の家のテーマを基本にしつつ必要に応じて項目の統合や省略・簡略化をし、また逆に細分化さえしたものであった。それが先述のG・ミッシュのいう「伝記的な記述のためのカテゴリー」として機能していた。したがって一連のカテゴリーはその名称・数・配列の順番についてひとつの規範があってそれを厳密にまもるというのではなく、臨機応変なところのある比較的に柔軟な枠組みであったことをここで確認しておきたい。

## 4　占星術的な伝記

カルダーノがより自由な気分で編集した『百の実例集』は、歴史上および同時代の著名人たちのホロスコープの解説集であった。第一例の人文主義者ペトラルカからはじまり、第一〇〇例の画家デューラー（Albrecht Durer, 1471–1528）でおわるもので、キケロ、エラスムス、神聖ローマ帝国皇帝カール五世（Carlus V, 1500–1558）、フランス王フランソワ一世（François I, 1494–1547）、ルター、哲学者コルネリウス・アグリッパ（Heinrich Cornelius Agrippa, 1486–1535）、ローマ皇帝ネロらそうそうたる人物のなかに自分の父親ファツィオと自分自身のホロスコープをならべた。さらにはミラノやフィレンツェといった都市までも。ついでにいうと、実例集のひとつではないが『プトレマイオス注解』のなかでカルダーノはキリストのホロスコープも作成した[20]。しかし、一五五四年と一五五五年の再版本には掲載されたものの、一五七六年の版では注意ぶかくとり除かれた。キリストのホロスコープの作成はカルダーノがボローニャで異端の嫌疑によって投獄された理由のひとつとみられている。

こうした偉人たちのホロスコープの記述は簡潔で、多くの場合ひとりあたりフォリオ版で半頁たらずの短い伝記である。著者はホロスコープにおける主要な項目はおさえながらも、各個人の特性に応じて強調や省略を加えながら、その人の人間像と生涯を記述した。それらの伝記はことさら特異さを強調しているようにみえるが、判断の対象としてカルダーノが選んだ人々はすべて有名人であるから、各人を特別な存在となした理由となる才能や事績の由来を占星術的に説明したのである。未来を占うのではなく、すでに起こったことや知られている事柄の根拠を説明したのである。

たとえば第一例のペトラルカについていえば、五つの特性をあげてそれらを占星術的に説明している。第一にその詩句の優美さは、双子の足もとで水星の宿のなかの木星が金星と矩となることに起因すること。第二に勤勉さとむすびついた感情の深さ、第三に永続する名声、第四に独身であって唯ひとりの子も短命におわり、子孫を残さなかったこと、第五に言語の才能の由来を。第一〇例のキケロの場合はホロスコープで一目瞭然であるが、第I家のなかの獅子の心臓（レグルス）が太陽や龍の尾とよばれる月の降交点、さらに水星や金星、そして火星とともにあることが、彼の雄弁さと権威を定めた。しかし龍の尾は第I家を支配する太陽とともに、彼の激しい最期をも決定した。第一二例のエラスムスについては、著者はもっとも好意と尊

(20) キリストのホロスコープは『プトレマイオス注解』第二巻第九章の補遺（*Opera*, V, 221a–222b）. フィレンツェの占星術師アスコリのチェッコ（Cecco d'Ascoli, 1257–1327）はキリストの星位から十字架上の死を推論したために火刑に処せられた。Cf. テスター『西洋占星術の歴史』二六一－二六五頁。

敬をもって世界的な名声と言語の才能を与えた惑星の配置を説明した。またくり返し結石に悩まされたのは、火星が木星と矩にあったことに由来し、第Ⅵ家の土星は危険と敵の罠を意味したこと、月が龍の尾および太陽とともにあることが子と妻を与えなかったことなどを記した。

このように名声や才能、栄光だけでなく、性格や病気、妻、子、敵、そして死といったカテゴリーについてそれぞれの必要に応じて記述している。カルダーノは占星術の手法を用いて、はじめは著名人一〇〇人について簡潔に、ついでより詳細に著者とのかかわりが深かった同時代の一二人について列伝を書いた伝記作家でもあったのだ[21]。

# 5　『わが人生の書』への移行

## 5−1　出生占星術の枠組みと第36章までの構成

最後の自叙伝『わが人生の書』は序文のあと第一章の故国と家系の紹介がおわると、第二章では出生という表題のもとに誕生時の星辰の配置の説明がつづく[22]。ここでカルダーノはかつて出版した出生占星術についての『十二の実例集』の第八例のなかに収録した自分自身のホロスコープをあらためて解説して、身体の欠陥やみじめな境遇が星辰の配置に由来することを語った。とくに火星の太陽および月との位置関係が悪かったこと、最後に起こった新月の場所を支配する水星の位置からして奇形で生まれても不思議ではなかったこなかへと招きいれるのであった。

とを述べた。しかし、同時に予知能力には優れていたこともホロスコープから読みとれることをあきらかにした。これはいわば作者の人生の舞台設定であって、これからいよいよ主人公が登場して読者をその人生のなかへと招きいれるのであった。

『わが人生の書』のなかで占星術の影響がはっきり読みとれる箇所は一見したところこの第二章だけだが、じつはそのあとの多くの章の表題と構成自体がこれまでみてきた出生占星術の項目と関連しているらしいことに気づかされる。議論を単純化するために、ここでは他の影響は考えず占星術の枠組みだけに注目して構成を考えていこう。まず何の先入観もなく作品の全五四章を読みとおすと、第三六章を境にして前半部と後半部に大別できることが内容と論調からわかる。[23] 前半部は各章が比較的短く、たんたんと観察や分析を記載したものが多かったのに較べて、後半部はひとつひとつの章が長く、不思議な出来事の逸話や劇的図式をもった夢のストーリー、そして業績の目録や症例集、対話、詩などさまざまな内容と形式の要素がみられる。しかもひとつの章のなかにこれらが組みあわされているという複雑な構造をしめしている。文体も前半部が客観的でカルテを読むような調子だとしたら、後半は自慢げな説得調になる。やがてそれも悲観的な第三の

(21) Fierz, *Cardano*, 117-124. ペトラルカ、キケロ、エラスムスについては *Opera*, V, 458a-459a, 464b, 465b を参照。
(22) 『わが人生の書』第二章、一四－一五頁。
(23) この点は澤井繁男「『カルダーノ自伝』の研究」『イタリア学会誌』第三二号（一九八二年）、一七一－一八一頁の一七二頁でも指摘している。一方 Carlo Gregori, "Rappresentazione e difesa: osservazione sul *De vita propria* di Gerolamo Cardano," *Quaderni Storici* 73 (1990), 225-234 は三〇章ぐらいまでで区切っている。

調子にとってかわられるのだが。後半部には、本章のはじめに紹介したように『自著について』の自己宣伝の高揚した調子とモラリスト的な著作群の沈んだムードが反映している。

前半部のみに注目して『わが人生の書』の目次を『十二の実例集』の第八例のカテゴリーと比較すると、きわめて類似していることに容易に気づくだろう。もちろんモラルの主題などの章も多いが、順をおって各章の表題に目をとおし、占星術のカテゴリーを思わせる章をひろうならば、まず第一章の故国と先祖のあとに第二章で出生ホロスコープの説明があり、第三章の両親がくる。第五章の容姿や体型、第六章の健康や病気、第七章の鍛錬、第八章の食生活とつづき、性格を論ずる第一三章までが『テトラビブロス』の第三巻の自然・資質的な項目をほぼ網羅している。そのあとは第一五章で友人と後援者、第一六章の敵対者、第二四章の住居と財産、第二二章が宗教、第三四章と第三五章の学問上の子弟関係などがならび「遺言」がくる。これは「世界の家」の「死」のカテゴリーのなかにふくまれる小さなテーマのひとつである。したがって、「遺言」の第三六章までを『テトラビブロス』第四巻の社会・人倫的な事柄とみなしてよいと思われる。

カルダーノの最後の自叙伝の章の順番は、前半の第三六章までは出生ホロスコープのおもなカテゴリーを、とくに『テトラビブロス』の配列を念頭において設定されていると考えることができる。もとより正確に対応しているわけではないが、さきに述べたように出生占星術のカテゴリーの名称と数、その配列の順番は、ある程度の自由度をもっていた。最後の自叙伝にそれらが導入されているとしても、その枠組みはもっとゆるやかである。最晩年の著者にとって真に必要と感じられたカテゴリーの組みあわせになっているはずである。他の要素からの影響もうけて、新たな項目も組み入れられているであろう。また作品の後半部のテーマを先どりしている章もあるだろう。それでも基本的にはこの判断のための占星術の枠組みを使いながら、カルダーノは自己描写をすすめていった。出生占星術のカテゴリーは、先人がいまだかつて試みたことのない厳しい自己分析をおしすすめるための道具と、それを記述するための形式として機能していたと考えられるのである。

## 5―2　変わる自己認識

自己描写と自己分析は自己出生占星術の作業からはじまったとはいえ、それから二〇年以上をへた『わが人生の書』での自己表現は星辰の支配からは解き放たれている。以下では、枠組みだけでなく記述の内容にも注目してみよう。たとえば自己の容貌の描写である。カルダーノは占星術の解釈をより正確に、しかも実用的なものにしようという意図をもっていた。そのひとつは人相学者たちの仕事であった観察を占星術の体系のなかにとり入れることであった。[24] 占星術はある定められた地点と時刻にたいしてホロスコープを作成するまでは、純粋に理論的な操作と計算でおこなえるはずである。しかしそれを展開して依頼者や読者にわかりやすい解説を書くには、占星術師の解釈が入る。また生命の誕生の決定的瞬間をどこにおいて計算すべきかを問題にすると不確実な要素がまじる。カルダーノは「それらは星辰からの数学的な方法によって獲得しうるとはいえ、あまり正確ではない」ということを認めていた。そこで、感覚をとおして得られた観察をホ

（24）『プトレマイオス注解』第三巻第一五章（*Opera*, V, 285a-b）. Cf. Misch, *Geschichte*, IV-2, 703. カルダーノは前額占いについても著作『額鏡』*Metoposcopia*（Paris, 1658）を残しており、この分野も占星術に関連している。

ロスコープから生じた結果に比較するように提案した[25]。その実践の成果を知らせることも『十二の実例集』の目的のひとつだった。それはプトレマイオスの正確な理解という目標をこえたカルダーノ独自の占星術改革の視点であった。観察をとり入れることによって、容姿の描写は天体の配置と体液説の組みあわせから生じる人間の諸タイプの類型的な表現から離れていくだろう。『十二の実例集』の第八例における体型と気質についての節でカルダーノは、つぎのように自身の目を説明している――

火星が太陽と月をみており、太陽と月自身は角から落ちていて、大きな恒星から遠かった。したがって、遠くを見るためには、そしてはっきりとよく見るためには、私は健康な視力をもっていない。しかしながら私は澄んだ青灰色の目をもっている。他の点ではむしろ平凡である。私を浮き彫りや彫刻にしたり、絵を描く多くの試みが熱心になされたが、多くの努力と時間のあと労苦は少しも報われなかった。左のまぶたのレンズ豆状の痕跡をのぞくと、ほとんどなにも隠れた自然の痕跡はない[26]。〔それらは〕ほとんどいつも閉じているような小さな両目を意味した。さらに父親に由来したことだが、

この第八例では、ひとつの特徴について原因として惑星の配置と両親の特性をのべてから自分の描写にとりかかっている。そのため、父親ファツィオと母親ミケーレのホロスコープも図示していた。これにたいして『わが人生の書』では、以上の記載に対応する箇所は三つの章に分散している。著者は第二章の「出生」でホロスコープ全体の解説をしたあと、つづく第三章で両親の特性を報告するが、両親のホロスコープの説明まではもちださない。そして第五章で自分の容姿の描写を独立させる――

あごは割れている。下唇は分厚く垂れさがっている。目は小さい。注意して見るとき以外は、まるで閉じているかのようだ。左目のまぶたの上にはレンズ豆のようなアザがあるが、小さいのでほとんど目立たない。額はかなり広くて、こめかみにかけて斜めに禿げあがっている…… 年をとってからは髭は白くなったし、髪の毛は薄くなった…… 私の顔にはこれといった特徴はなにもないので遠方からきた絵師たちの描いた私の肖像画が私に似ていたためしがない(27)。

『十二の実例集』の占星術的伝記は、どれも個人の特性のよってきたるところを天の配置で説明することだった。『わが人生の書』では容貌の描写はかつてのポイントにもとづきながら再び老年の目で見直して、注意ぶかい観察者のレポートのように惑星の影響力への言及なしにただ描写だけを単独に客観的な報告として提出した。このことは性格の描写についてもいえる。

『十二の実例集』の第八例における「霊魂の性質」の項目で性格描写をしたときには、噴出するかのような七〇個もの形容詞を羅列した。その多様さをみとめ、自分の性格を「分裂した多様な」とよんで、金星と月と水星、そして土星の共同作用によって生じたことを解説している(28)。しかしながら晩年に『わが人生の

(25)『プトレマイオス注解』第四巻第一一章(*Opera*, V, 368a). Cf. Misch, *Geschichte*, IV-2, 702. 夢解釈の助言と同じ姿勢である。またカルダーノは医療の症例集も出版している。
(26)『十二の実例集』第八例(*Opera*, V, 522a). Cf. Misch, *Geschichte*, IV-2, 702.
(27)『わが人生の書』第五章、二七-二八頁。

書』の第一三章で自分の性格や欠点、過ちを告白するときには、もうそれらすべてを星辰の影響に帰してはいない。混沌とした多様な表現を整理し、冷静に自分の欠点を直視している――

医者および占星術師の採用している方法では、性格の自然的要素を内的特質に、二次的な諸特性を教育と交友関係に帰している。これらの諸要素はすべての人に存在しているが、それらがあらわれるのはその人にとってちょうどふさわしい時期にかぎられる……あの「汝自身を知れ」というモットーがあてはまる範囲でこれらの諸要素について話をしよう。(29)

カルダーノは初期の占星術の著作から自己描写と自己分析をはじめ、その成果を最晩年の自叙伝に採用したが、直接的にとり入れたのではなく、晩年の視点で再考して書き直した。その二〇年以上の歳月のあいだに自己認識が新しい段階へと変わったのである。誕生時の天体配置の影響力は幕あきの舞台設定の章だけに閉じこめ、そのあとにつづく多くの章はあらかじめ決定された天界のプログラムがあまり自慢できるものではなかったにも関わらず、予言をひきずりながら、ときには脅かされながら、いかに生きて自分自身をつくりあげ偉業をなしとげたかという物語になっている。(30) 占星術という皮袋を借りながら、そのなかには人間学と自然哲学の思索をへた新しい成果が満ちていた。

## 6　おわりに

人々と自分の占星術的な伝記を書くことに習熟していたカルダーノは、『テトラビブロス』の第三巻と第四巻の諸項目および十二の家にみる人生の領域に由来する枠組みを「伝記的記述のためのカテゴリー」としてもちいて、そのテーマと配列を『わが人生の書』の前半部の章立てにも採用した。本章での考察の手がかりにしてきたG・ミッシュの研究は、占星術に由来する分析は自己認識の仕事の一部をふくむに過ぎないとして、最後の自叙伝にたいして占星術の枠組みを直接あてはめることはしていない。プルタルコス（Plutarchos, c. 46–120）やスエトニウス（Suetonius, c. 69–c. 122）といった古代の伝記作家のもちいた構成からの影響をより重視している。しかし本章では、『テトラビブロス』の各項目および十二の家にみる人生の領域のテーマを『わが人生の書』の前半部を構成するいくつかの章の表題と比較対照することによって、それらが占星術の枠組みから由来するという確信に到達した。おそらく最終的には、他の要素やテーマもまじりあった占星術の枠組みのヴァリエーションとしてカルダーノは独自のものを形成したのであろう。

(28)　『十二の実例集』第八例（*Opera*, V, 522b）.

(29)　『わが人生の書』第一三章、五四頁。

(30)　『わが人生の書』第一〇章、四二–四三頁では、占星術の予言のために四〇歳か四五歳くらいまでしか生きられないと信じていたが、四三歳のときについに再出発したことを語っている。

では、占星術の網をかぶせることができるのは『わが人生の書』の前半部だけだろうか？　前半部の三六章までをわけた小区分のしかたは後半部にもつづき、作品全体は全五四章という小さなテーマにわけられている。ホロスコープの解説文のように表題をもった小さな章にわけるという体裁は、したがってテーマは異なっても形式として作品全体に影響をおよぼして、全五四章の区分からなる自叙伝が構築されたとみることができるだろう。というのも後半部の中核を占める部分を、そのもとの著作である『自著について』にさかのぼって検討すると、後者では章分けも見出しもなく論述だけがつづいているからである。

占星術に由来する自己表現は、その形式が最後の自叙伝に影響しただけではない。占星術による解釈を記述するためのカルダーノの独自性は、知識をより正確なものとするために占星術の「数学的な」方法に観察という「経験的な」方法をとり入れようとした姿勢にもあらわれている。そして自分自身に向ける動物学者のようなまなざしは、彼の文学的自画像の特徴のひとつとなっている。

自叙伝と出生占星術、それらは両者ともに個人にかかわり、古典古代に起源をもっていたが、中世の社会ではほとんど忘れられていて、ルネサンス期に息を吹き返したかのように盛んになったことがらであった。実際に西欧では六世紀から一二世紀後半までは占星術はおこなわれていなかった。自分個人の生き様を語るということも中世ではなかった。中世の著作家たちの作品は後世に残されていても、著者の伝記はほとんど知られていないことが多い。したがってこれら両者の関わりとして、個人の生にとっての天界が刻印する予定とそれにたいする自由意志の働きの問題も、またルネサンス的なテーマなのであった。カルダーノは自己描写を何度も書き直したが、その書きかえの過程が予定された天界の与える計画からの離脱の道程であったのだろう。また同時に、もとからそのように予定されていたと知ることで心の平安と慰めをえたこともあったかもしれない。この問題について論じるにはモラルの分野についての考察の機会を待たねばならないだろう。

本章で考察したことは作品の第一の部分にすぎなかった。カルダーノの自叙伝はルネサンスの自己表現の終焉ともいわれる。『わが人生の書』は異なった二つの原型からなるために多様で重層的な構造をもち、さらなる謎解きを読者にせまる。一六世紀もおわりに近づき、古典主義的な理想と美意識は遠ざかり、明瞭なものやわかりやすいものは飽きられていた時代であった。複雑な作品全体の構造の解明こそは、それまでの学問と人生経験の認識の最高の段階で自分という個性の分析にとりかかったカルダーノの新しい自己認識をあきらかにするだろう。

# 第四章　自叙伝にみる医学者ガレノスの影響

## 1　はじめに

「私とはほんとうにだれだったのか？」[1]という問いをカルダーノは人生のおわり近くに自らに投げかけ、答えようとした人のひとりである。ルネサンスの代表的な自叙伝のひとつである『わが人生の書』を研究する大きな目的は、この著作の構造をあきらかにすることによって内容の理解を深めることにある。しかしこの作品は一見してカオスのような外観を呈しており、文学的には失敗作で「統一性のないよせ集め」と酷評されることもある。[2] 全五四章の配列に論理的な構成をみようとする者も、それが表面上は見えないために「地下のデザイン」とか「隠れた秩序」などと呼ぶしかない。[3] そして記念碑的な自叙伝の歴史的研究を残し

(1)　ペトラルカ「韻文書簡集」第一巻第一四書簡『ルネサンス書簡集』近藤恒一訳（岩波文庫、一九八九年）、二一七頁。

(2)　ルジュンヌ『フランスの自伝』、五三頁。

たG・ミッシュは、この作品の構造が著者の個性の構造に対応すると考え、『わが人生の書』によってカルダーノは「個人の本性の内的構造を対象にする伝記の形式を創造した」と述べている(4)。

本書での考察の歩みはまだG・ミッシュの示唆するこうした理解には遠くおよばないが、前章で占星術のホロスコープの枠組みが作品の前半部の章立てに採用され、内容の分析的な記述を規定していることをみた。この前半部は作品全体からすれば、大きく区分した三つの主要部のうちの土台をなすものであった。しかもその土台の上に建つふたつの柱のひとつは、カルダーノの自叙伝的な傾向を有する著作群のうち『自著について』に由来するらしいことをすでに予測した。

本章では最晩年の著作『わが人生の書』に流れこんだ著作群のひとつとしての『自著について』に着目し、その内容と形式がどのように最後の作品のなかに採用されているのかを見ていきたい。それを探るためには、他の著作同様にカルダーノが『自著について』を著したさいのモデルが存在するのか、という問題からはじめなくてはならない。運の良いことに、そのお手本はガレノスであることを著者自身が明言している。すなわち「自分の人生の本」を企てた先駆者の一人として「また私の知るところでは、ガレノスも同様の試みをした」とその名を序文であげている(5)。

以下では、ガレノスの自叙伝的作品とその伝統について一瞥したあと、当時の医学改革の潮流における医師カルダーノの立場をガレノスおよびヒポクラテスとの関係から確認する。その後『自著について』から『わが人生の書』が受けついだ素材をいくつかにわけて考察する。そのさいに注意ぶかく本文を読みすすめながら、第二部がどこでおわるのかを探すことにしよう。そして第二部の主題が何であるのかを確認しよう。

最後に各分野の内容と原型とみられる著作について整理し、それらをどのようにカルダーノがとり入れようとしたかを考えたい。

## 2　『自著について』のはじまりと発展

カルダーノは『自著について』*De libris propriis* と題する作品をおよそ二〇年間のあいだに以下のように三版にわたって改訂して出版した。自身の業績が増えていくとともに、それは発展していく。しかしそのはじまりはごく簡単なひとつのリストだった（図1）。

発端　認可証の目録として（ミラノ、一五三八年）
第一版『自著についての目録』（ニュルンベルク、一五四四年）[6]
第二版『自著、その配列と有用性について、および医療においてなされた驚くべき仕事についての書』（リヨン、一五五七年）[7]

---

（3）Ingegno, *Cardano: Della mia vita* の序文：Karl Joachim Weintraub, *The Value of the Individual: Self and Circumstance in Autobiography*（Chicago: University of Chicago Press, 1978), 146.
（4）Misch, *Geschichte*, IV-2, 574.
（5）『わが人生の書』序文、一〇頁。
（6）*Libellus de libris propriis, cui titulus est ephemerus*, in *Opera*, I, 55–59.

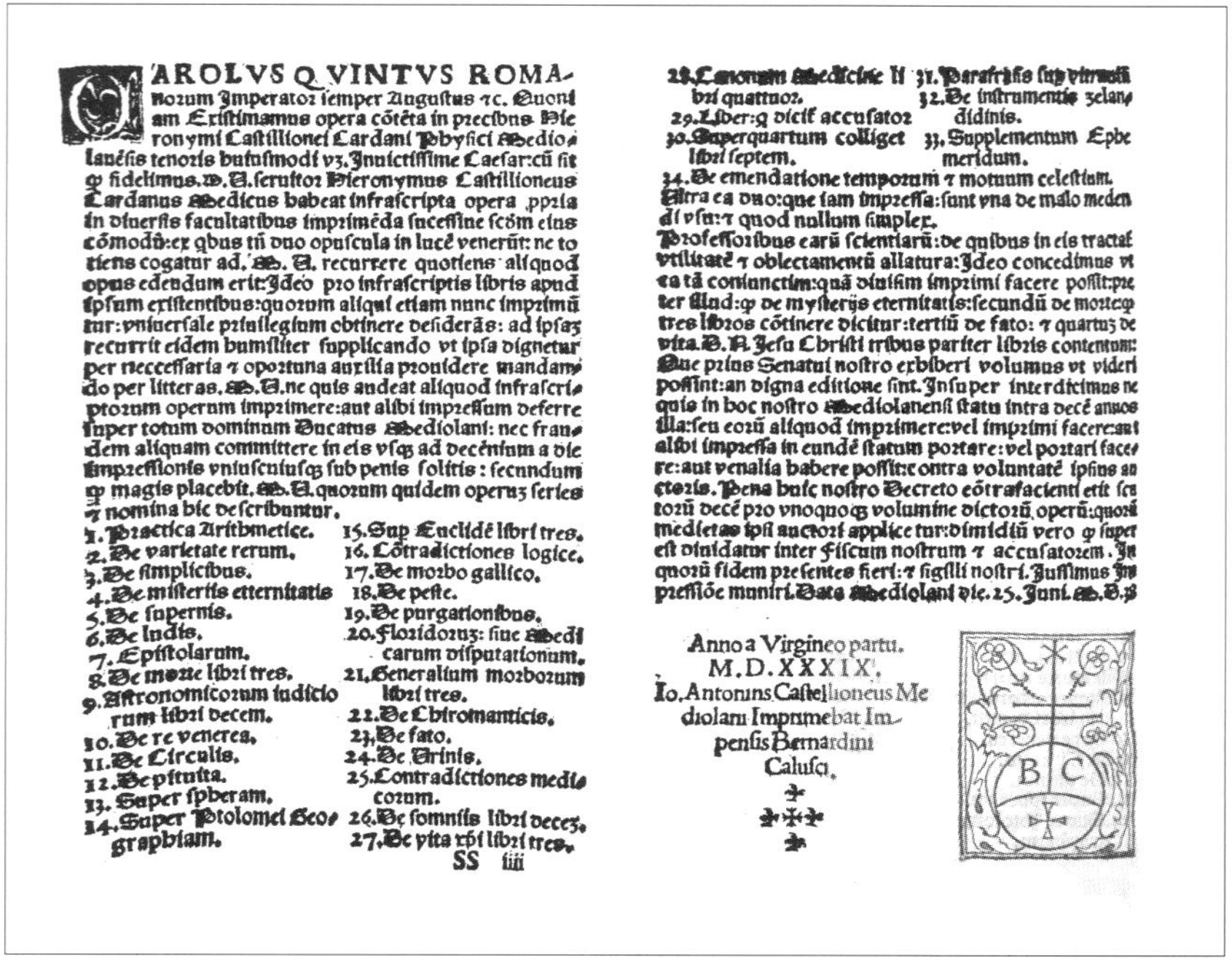

CAROLVS QVINTVS ROMAnorum Imperator semper Augustus &c. Quoniam Existimamus opera côtêta in precibus Hieronymi Castillionei Cardani Physici Mediolanẽsis tenoris huiusmodi vz. Inuictissime Caesar: cũ sit q fidelimus. M. V. seruitor Hieronymus Castillioneus Cardanus Medicus habeat infrascripta opera ppria in diuersis facultatibus imprimẽda sucessiue scõm eius cõmoditẽ: ex qbus tñ duo opuscula in lucẽ venerũt: ne totiens cogatur ad M. V. recurrere quotiens aliquod opus edendum erit: Ideo pro infrascriptis libris apud ipsum existentibus: quorum aliqui etiam nunc imprimũtur: vniuersale priuilegium obtinere desiderãs: ad ipsaz recurrit eidem humiliter supplicando vt ipsa dignetur per neccessaria & oportuna auxilia prouidere mandando per litteras M. V. ne quis audeat aliquod infrascriptorum operum imprimere: aut alibi impressum deferre super totum dominum Ducatus Mediolani: nec fraudem aliquam committere in eis vsqz ad decẽnium a die impressionis vniuscuiusqz sub penis solitis: secundum q magis placebit M. V. quorum quidem operuz series & nomina hic describuntur.

1. Practica Arithmetice.
2. De varietate rerum.
3. De simplicibus.
4. De misteriis eternitatis
5. De supernis.
6. De ludis.
7. Epistolarum.
8. De morte libri tres.
9. Astronomicorum iudiciorum libri decem.
10. De re venerea.
11. De Circulis.
12. De pituita.
13. Super spheram.
14. Super Ptolomei Geographiam.
15. Sup Euclidẽ libri tres.
16. Cõtradictiones logice.
17. De morbo gallico.
18. De peste.
19. De purgationibus.
20. Floridorũ: siue Medicarum disputationum.
21. Generalium morborum libri tres.
22. De Chiromanticis.
23. De fato.
24. De Urinis.
25. Contradictiones medicorum.
26. De somniis libri decez.
27. De vita xpi libri tres.

SS iiii

28. Canonum Medicine libri quattuor.
29. Liber: q dicit accusator
30. Superquartum colliget libri septem.
31. Parafrasis sup vitruuii
32. De instrumentis zelandidinis.
33. Supplementum Ephemeridum.
34. De emendatione temporum & motuum celestium.

Ultra ea duo: que iam impressa: sunt vna de malo medendi vsu: & quod nullum simplex. Professoribus earũ scientiarũ: de quibus in eis tractat vtilitatẽ & oblectamentũ allatura: Ideo concedimus vt ea tã coniunctim: quã diuisim imprimi facere possit: preter illud: q de mysteriis eternitatis: secundũ de morte: q tres libros cõtinere dicitur: tertiũ de fato: & quartuz de vita D. N. Jesu Christi tribus pariter libris contentum: Que prius Senatui nostro exhiberi volumus vt videri possint: an digna editione sint. Insuper interdicimus ne quis in hoc nostro Mediolanensi statu intra decẽ annos illa: seu eorũ aliquod imprimere: vel imprimi facere: aut alibi impressa in eundẽ statum portare: vel portari facere: aut venalia habere possit: contra voluntatẽ ipsius auctoris. Pena huic nostro Decreto cõtrafacienti erit scutorũ decẽ pro vnoquoqz volumine dictorũ operũ: quorũ medietas ipsi auctori applicetur: dimidiũ vero q superest diuidatur inter Fiscum nostrum & accusatorem. In quorũ fidem presentes fieri: & sigilli nostri. Jussimus impressiõe muniri. Data Mediolani die. 25. Junii. M. D. X

Anno a Virgineo partu.
M.D.XXXIX.
Io. Antonius Castellioneus Mediolani Imprimebat Impensis Bernardini Calusci.

図 1. 1538 年の認可証

第三版『自著およびその有用性について吟味された書』（バーゼル、一五六二年）(8)

発端となった著作のリストは数学書『実践算術』*Practica arithmetica*（ミラノ、一五三九年）の出版のさいにつけた目録で、完成されたものや計画中のものをふくむ三四篇のカルダーノの作品を列挙していた。それは本来ミラノ公国に適用される神聖ローマ帝国皇帝カール五世からの出版認可証（一五三八年六月二五日付）を提示したものであって、出版物が無断で複製されることを防止するために必要だったが、著者にとっては広告として大いに役立っていた。そのリストをみて出版を引き受けてくれる者が現れることを期待していたところ、実際に打診があった(9)。

『自著について』と題した書きものは、一五五四年発行の処世訓的な著作『知恵について』および『慰め

---

（7） *Liber de libris propriis eorumque ordine, et usu, ac de mirabilibus operibus in arte medica factis*, in *Opera*, I, 60–95.

（8） *De libris propriis, eorumque usu liber recognitus*, in *Opera*, I, 96–150.

（9） Ian Maclean, "Cardano and His Publishers, 1534–1663," in *Girolamo Cardano: Philosoph, Naturforscher, Arzt*, 309–338: 315–316. この論文の巻末の補遺に三四篇の著作目録が掲載されている。コペルニクスの『天球の回転について』の初版を一五四三年に公刊したニュルンベルグの出版業者ヨハネス・ペトレイウスの協力者であり、同著の第二の「序文」を書いたことで知られるアンドレアス・オジアンダー（Andreas Osiander, 1498–1552）は、この目録をみて早速カルダーノに連絡をとった。以後ペトレイウスは一五五〇年の死まで、数学の主著『大いなる術（アルス・マグナ）』をはじめカルダーノの本を印刷しつづけた。

について』を主要とする作品集に付録として収録されたのがはじまりである。全集でみるとフォリオ版でわずか五頁に過ぎない。これは一五三八年の最初の目録と同じく広告宣伝のためのものだったろう。だがここでは、一五三八年の認可証のなかの情報に加えて、作者がそれらを書いた動機が書きたされていた。著者自身これを「書物」liberでなく、たんに「リスト」tabulaとみなしていたと、のちに当時の事情を説明したさいに述べている。別の箇所では「目録」catalogusともよんでいる[10]。作者はこのような自分の著作の目録の作成とその公表にはモデルがあったことを表明しており、第一版を「古代人のガレノスと同時代人のエラスムス」の名を挙げることからはじめた。第三版ではさらに詳しく説明する――

このなかでは、両者ともに自分の著作の目録を書いたガレノスとエラスムスを著述形式において模倣した[11]。

カルダーノは一五四四年版を一五五四年に書き直した。この『自著について』の第二増補改訂版は一五五七年にリヨンで単著として出版された（図2）。この版の特色としては、表題に記されているように新たに五〇例あまりの症例を医療の業績として書き加えたことであり、したがって著作の解説と治療の成功例の両者を備えた内容からして『わが人生の書』のプリミティブ版ともいうべき趣がある。

一五六〇年ごろから筆をとりはじめた第三の最終版は、カルダーノの業績の進展とともに大著となった。第一版や第二版と違って自分の出生と勉学についての短い要約からはじまり、あきらかに自叙伝らしい雰囲気をしめしている。この第三版は『シュネシオス派の夢の書』、『皇帝ネロ礼賛』*Neronis encomium*,『幾何学礼賛』*Geometriae encomium*,『一について』など、よく読まれた著作とともに作品集におさめられて一五六二年にバーゼルで出版された（図3）。さらにカルダーノ没後の一五八五年に再版もされている。

もともと『自著について』を発表した著者の意図は、完成した著作および計画中の作品の表題と、その構成および内容の紹介を広告宣伝することだった。やがてそれらの作品を執筆するにいたった動機についても語り、執筆にまつわる夢の話もちりばめ、著作をめぐって引き起こされた論争と弁護にも筆をすすめた。いわば骨格だけだった一片のリストに多数の逸話で肉がついて、次第に内容豊かな自己形成史のかたちを整えていった。つねに著作と業績にまつわることが主題であり、多くの脱線や余談をふくみながらも年代と著作をおって筆をすすめている。また読者は、出版業者のこと、印刷の出来具合、事業としての出版の成果の有無、賛辞など書物についてのもっと実際的な情報といった著作と出版をめぐる社会的な広がりについても読みとることができる。第二版の医療の業績についての記述も同様で、症例集の内容は病気の説明だけでなく医師と患者をめぐる人々の物語となっている。したがってカルダーノの伝記を調べようとするときに、『自著について』はデータの宝庫となってきた[12]。

こうして文献表からはじまって独立した堂々たる著作に成長したのではあるが、その根本は著作目録であることに変わりはなかった。だが次第に目録の実用的目的からは離れていく。そもそも著書はカルダーノにとって特別なものだった。第二版では、著者にとって自著とは何か、自著を読む行為とはどのような意味が

---

(10)『自著について』(*Opera*. I. 106b).
(11)『自著について』(*Opera*. I. 106b).

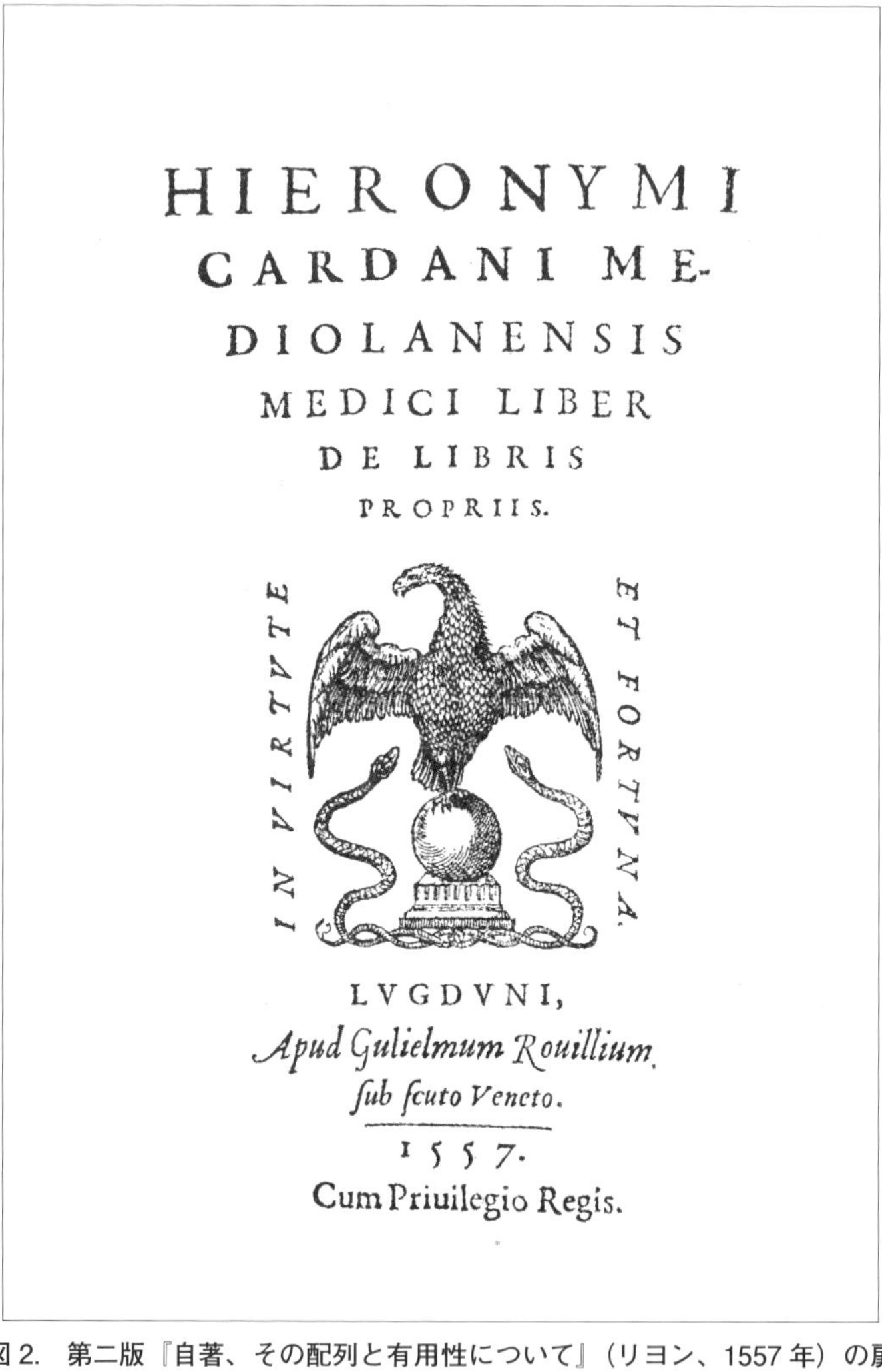
HIERONYMI
CARDANI ME-
DIOLANENSIS
MEDICI LIBER
DE LIBRIS
PROPRIIS.

IN VIRTVTE ET FORTVNA.

LVGDVNI,
Apud Gulielmum Rouillium.
sub scuto Veneto.
1557.
Cum Priuilegio Regis.

図 2.　第二版『自著、その配列と有用性について』（リヨン、1557 年）の扉

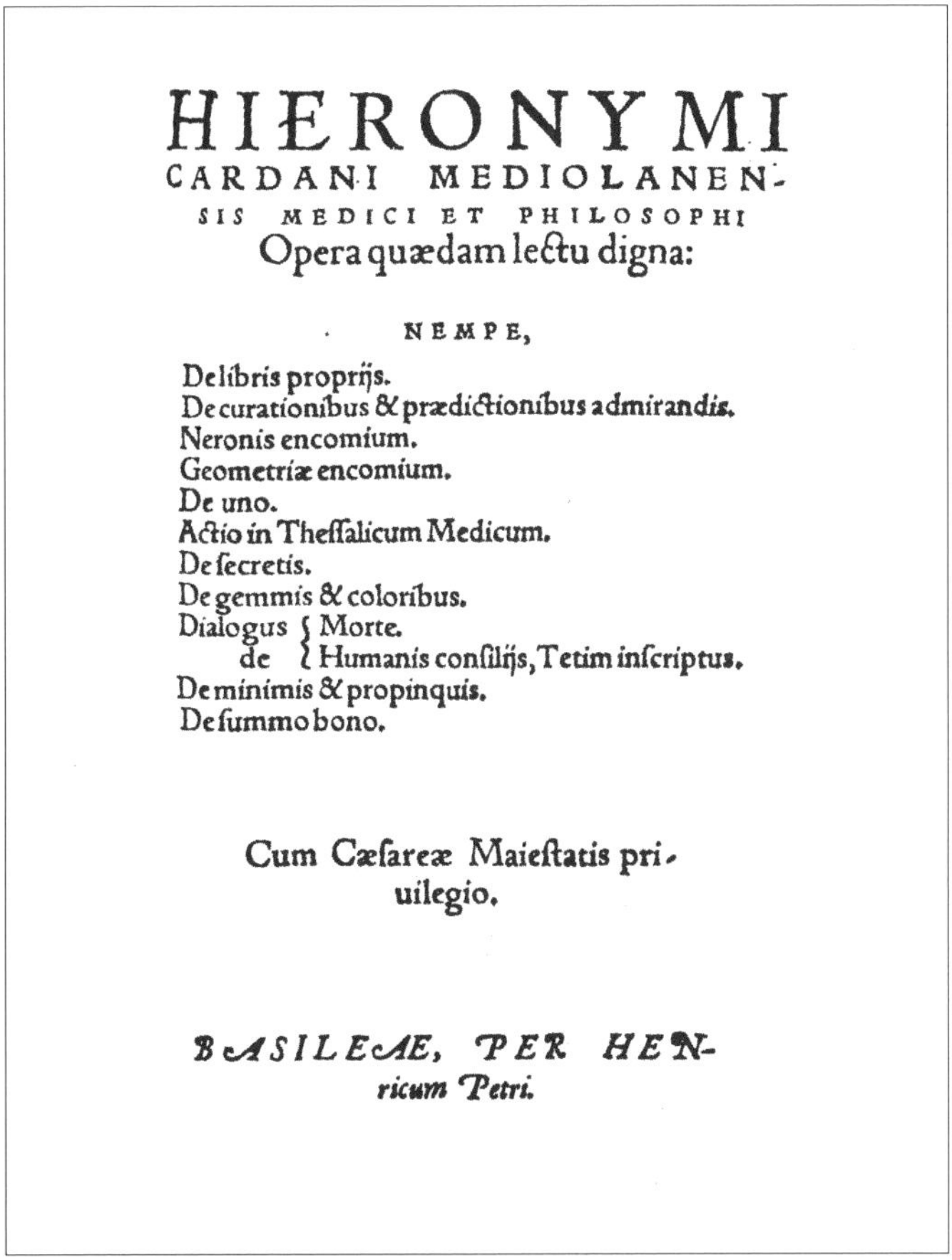

HIERONYMI
CARDANI MEDIOLANEN-
SIS MEDICI ET PHILOSOPHI
Opera quædam lectu digna:

NEMPE,

De libris proprijs.
De curationibus & prædictionibus admirandis.
Neronis encomium.
Geometriæ encomium.
De uno.
Actio in Theſſalicum Medicum.
De ſecretis.
De gemmis & coloribus.
Dialogus de { Morte. / Humanis conſilijs, Tetim inſcriptus.
De minimis & propinquis.
De ſummo bono.

Cum Cæſareæ Maieſtatis pri-
uilegio.

BASILEAE, PER HEN-
ricum Petri.

図 3.　第三版『自著およびその有用性について吟味された書』（バーゼル、1562 年）の扉

あるのかについて省察をふかめ、著者は古代ローマの詩人オウィディウス（Ovidius, 34 BC–17/18 AD）の詩にうたわれた水辺のナルキッソスを思い浮かべながら語る――

――著書は、肉体のように朽ち果てるということのない魂の記録であり、名声を永遠に残す証である。しかも自著をひもとくことは、人の最高の快楽でさえある。ちょうど鏡に映した自らの姿をみて人は髪かたちを整えるように、自分の魂をより良いものにすることができる――

――人は鏡のなかに自分自身を映して悦ぶが、そこに映る姿は肉体であってわれわれの乗り物にすぎない。しかし著作のなかの似姿は、書かれた魂である。しかも、鏡に映して自分をみる悦びは著作が全世界にひろまり、賢人や国王らの手にわたり、永続的に存在するという期待によって高められる――

――したがって泉の水面に映った自分の姿をうっとりと覗きこむナルキッソスの姿は「自分の著作を読んでいる賢人を描いているのだ。」[13]――

カルダーノにとって著書は滅びることのない魂の記録であった。『自著について』の最大のテーマは「著書によって名声を永遠に残す」という願望の表明であろう。著作をもとにした知的自叙伝として完成された最後の第三版を『わが人生の書』にならぶもうひとつの自叙伝とよぶことができるが、『わが人生の書』が遺作であって、没後七〇年近くへてはじめて出版されたことを思えば、同時代の人々にとっては『自著について』こそがカルダーノの唯一の完成された自叙伝であった。

## 3 ガレノスの伝統

### 3-1 ガレノスの『自著について』

カルダーノが『自著について』を書くさいにモデルにしたガレノスの作品とは、表題からして同一の『自著について』*De libris propriis* ならびに『自著の配列について』*De ordine librorum suorum*（バーゼル、一五三一年）であることは容易に推測できる。ガレノスはこれらの作品をその晩年、おそらく一九〇年ごろに書いた（**図4**）。自叙伝的な要素をふくむ文献学的な著作である。(14) 執筆の動機は、相当量の著作と講義録が別人の名前で出まわり、あるいは不完全なかたちで流布しているために、自分の著作についての正しい情報を提供するのが望ましいと考えたからであった。したがって表題、内容、本の大きさなどが列挙された。前

(12) カルダーノの出版物と『自著について』の内容については Maclean, "Cardano and His Publishers" が詳しい［その後『自著について』の各版は Ian Maclean, *Girolamo Cardano,* De libris propriis: *The Editions of 1544, 1550, 1557, 1562, with Supplementary Materials*（Milano: FrancoAngeli, 2004）として一五五〇年の手稿版とともに校訂出版された］。Fierz, *Cardano* も生涯と著作を紹介している。『自著について』と『わが人生の書』の関係および『自著について』のモデルに関しては Gregori, "Rappresentazione," 226, 232 を参照。

(13) 『自著について』（*Opera*, I, 77a–b）. Cf. Misch, *Geschichte,* IV–2, 699; オウィディウス『変身物語』第三巻第三四〇－五〇八行［中村善也訳（岩波文庫、一九八一年）、上巻、一一三－一二一頁］。

GALENVS. 19.
Explicat Hippocratem, nec latum præterit vnguem;
Eloquio ſectas, Theſſalicosq́ue mouet.
Nulla eſt cognitio, non experientia rerum,
Quam non attigerit, perpoliítque ſimul.
E

図 4.　ルネサンス期に描かれたガレノスの肖像

者は文献学的な著作の色彩が強いが、後者はより解説的になっている。読者にガレノスの著作の研究をどのようにすすめたらよいかを助言している。そして著者がさまざまな本を書いた年齢とその各々の状況について読者に知らせている。そうすれば偽物と本物、役に立たないものと真に有用な作品を見分けられるだろうからというのだ。作品を年代順に列挙し、またそれら著作を分類したリストを提出してもいる。医学者の教育方法もわかる。学識ある父親から初期の数学教育をうけたこと、一五才から哲学の勉強をはじめて一七才のとき父親のみた夢にうながされて医学に移ったこと、医学と哲学がともに学ばれるべきであること、論理学の習得、公開講義、公開討論会、論争、攻撃、反撃について、そして講義から引退して臨床へ移ったことなどを著者は語る。

これら自叙伝的な著作は、自らを実例として自分自身の知的発展を記述することにより理想的な教育の仕

（14） ガレノスの自叙伝的な著作についてはGeorg Misch, *A History of Autobiography in Antiquity* (London: Greenwood Press, 1949–1950; repr. Westport CT: Greenwood Press, 1973), I, 328–332; Ilza Veith, "Galen, the First Medical Autobiographer," *Modern Medicine* 27 (1959), 232–245; Vivian Nutton, "Galen and Medical Autobiography," *Proceedings of the Cambridge Philological Society*, n. s. 18 (1972), 50–62; idem, "Roman Medicine, 250 BC to AD 200," in *The Western Medical Tradition 800 BC to AD 1800*, ed. Lawrence I. Conrad et al. (Cambridge: Cambridge University Press, 1995), 39–70: 58–69; 川喜田愛郎『近代医学の史的基盤』（岩波書店、一九七七年）、上巻、一〇〇頁以下。Beate Caspari-Rosen & George Rosen, "Autobiography in Medicine or the Doctor in Search of Himself," *Journal of the History of Medicine* 4 (1946), 290–299も参照。ガレノスの生涯と業績や当時の医学の状況については Nutton, "Roman Medicine"; 二宮陸雄『ガレノス：霊魂の解剖学』（平河出版社、一九九三年）。

方をしめしていると読むことができる。小アジアの町ペルガモンから都ローマに出て、皇帝マルクス・アウレリウス（Marcus Aurelius, 121–180）に侍医として仕えるという大成功をおさめたガレノスは周囲に敵が多く、攻撃的な性格もあって論争がたえなかった。したがって同業の医師たちにどう反撃したかというのも重要なテーマになっている。

以上の文献学的な作品の他にも、ガレノスは著作のなかで自分を語ることが多かった。また医学的著作のリストや解剖学関係のリストを載せた作品がある。哲学的著作の目録もつくり、自分の意見をまとめた。両親の性格について、温厚で学識ぶかい父親と短気で激しやすい母親のことも記した。治療の実際について書いた著作にも自分のライフ・ヒストリーを盛りこんだ。以下ではまずガレノスの『自著について』と『自著の配列について』にみられる著作形式とその系譜をみることにしよう。

## 3-2　ガレノスにならって　著作目録型の自叙伝的作品の系譜

著作の目録をしめしながら著作家の知的発展をあとづけるという書き方は、ガレノスが創意工夫した形式ではなく、ヘレニズム時代に知られていた伝記の形式のひとつであった。それは古代ギリシアの著作家カリマコス（Kallimachos, c. 305–c. 240 BC）の『書目類集』*Pinakes* にちなんで「ピナクス」pinax 形式とよばれる。(15) 学者であり詩人のカリマコスはアレクサンドリアの図書館で図書目録を作成して文献を整理した。そのさいに各作家の著作を年代順に目録にしたのだが、これは古典期の優れた作品の模倣と分析を目指した文学研究のはじまりであった。ガレノスは自叙伝的データを整理する枠組みとしてこのピナクス形式を選び、この書き方のなかに教育や著作だけでなく、敵対者への攻撃まで盛りこんでいったのである。

そしてこの形式はG・ミッシュによれば、後代の著作家たちに自叙伝を書くさいのひとつのモデルとして採用された。ガレノスと他の著作者たちをこのようにはじめて結びつけたのは、ミッシュの功績である。「古代後期で、ルネサンスの人文主義運動のなかで、くり返しこの形式が変化しながら現われるのを見るだろう」(16)。したがってヘレニズムの伝記形式のひとつが、人文主義者たちの自叙伝の形式として「ついには一七世紀のデカルトまで」受けつがれていったのである。

この自著目録型の自叙伝ともいうべき形式の作品の系譜をたどるならば、まずガレノスより二世紀後の聖アウグスティヌスの晩年の著作『再論』あるいは『再考録』*Retractiones* がある。著者はそれまでに著した二三二巻からなる九三の著作について各作品の長さ、有益性、明瞭性あるいは難解さについて注記しながら内容を批判的に検討している。こうすることによって自分の著作を敵対者らに誤用されるのを防ぐだけでな

---

（15）カリマコスとピナクス形式については Rudolf Pfeiffer, *History of Classical Scholarship: From the Beginnings to the End of the Hellenistic Age* (Oxford: Oxford University Press, 1968), 123-. A・モミリアーノ『伝記文学の誕生』柳沼重剛訳（東海大学出版会、一九八二年）、一二三頁も有益であり、伝記と文献学について示唆にとむ言及がある。キケロもまた『予言について』の序文で自著を分類し、各項目では年代順に配列した四頁の自著目録をまとめた。Cf. Misch, *History*, I, 326. ペルガモンはアレクサンドリアとならぶ学芸都市で、羊皮紙の文書を所蔵した図書館があり、書物はアレクサンドリアの図書館の分類法にならって分類されていた。「羊皮紙」pargameum 羅や parchment 英はペルガモンの都市名に由来する。

（16）Misch, *History*, I, 332. 人文主義者たちの例については Misch, *Geschichte*, IV-2, 662-663.

く、年代順に配列することによって自分が著作家としてどのように発展したかを読者に知らせようとしたのだった[17]。

カルダーノが「同時代人ではエラスムス」と名をあげたそのエラスムスも、著作のカタログを作成した。作成の契機は、エラスムスの著書をすべて蔵書に加えたいと計画していた友人が、改版のたびに手をいれるエラスムスにたいして、旧版と新版が同じ内容か増補や削除があるかどうかを明らかにするために著者自身の手で目録をつくってもらいたいと依頼したことにある。エラスムスはこれに応えて、一五二三年一月に自分の著書と訳書のすべてに解説を加えて長文の書簡を送った。この書簡が同年『著作目録』*Catalogus omnium lucubrationum* としてバーゼルで公刊された。翌年一五二四年には増補改訂版が出され、没後の一五三七年にもさらに増補改訂版が出版された[18]。『著作目録』のなかで著者は自分の作品をどのように見ていたか、また自ら著作集を編集するならばどう分類するかをしめしている[19]。

カルダーノと同時代を生きた医師にして博物学者、そして言語学者でもあったコンラート・ゲスナー（Conrad Gesner, 1516–1565）も、自分自身の学問的業績のカタログを作成し、評価しようと試みた。そのモデルとしてガレノス、ヒエロニムス（Hieronymus, c. 347–420）、アウグスティヌスを引きあいに出した。ゲスナーは自分の学歴を略述し、印刷された著作と企画された仕事について解説するが、医術についての理解や医師としての職業については述べていない。彼はカルダーノとは違い、医業の報告と文献の紹介をはっきり区別していた。それもそのはず、彼は四巻からなるギリシア、ローマ、ヘブライの著作家たちの膨大な索引『世界図書目録』*Bibliotheca universalis, sive catalogus omnium scriptorum locupletissimus*（チューリッヒ、一五四五年）をまとめ、そのなかに自分自身についての項目もふくめたのだった。ゲスナーはこの大著によって「書誌学の創始者」と呼ばれるようになった。[20] 一六世紀の著作目録は書誌学のはじまりであった。

一七世紀にはピサ、パドヴァ、ボローニャ大学の医学教授をつとめたフォルトゥニオ・リチェティ（Fortunio Liceti, 1577–1657）が自著の目録である『自著の歴史について』*De propriorum operum historia*（パッサウ、一六三四年）のなかでガレノスとカルダーノに言及した。[21] そしてG・ミッシュはデカルトの『方法序説』（ハーグ、一六三七年）もまたガレノスによってしめされた「自己描写の明確なタイプ」とみなして

---

（17）W・フォン・レーヴェニヒ『アウグスティヌス・生涯と業績』宮谷宣史・森泰男訳（日本基督教団出版局、一九八四年）、三二頁：Misch, *History*, II, 681–689. アウグスティヌスの自伝といえば『告白』のみが取りあげられるのが普通だが、G・ミッシュは『再論』を『告白』および『独語録』につぐアウグスティヌスの第三のジャンルの自叙伝として評価し、ヴィーコ（Giambattista Vico, 1668–1744）の『自伝』やさらにはゲーテの『詩と真実』にも結びつけている。『再論』は年代順の知的発展史の性格が明瞭な作品の典型である。

（18）Erasmus, *Catalogi duo operum ab ipso conscripti et digesti* (Basel–Antwerp, 1537).

（19）著作目録については二宮敬『エラスムス』人類の知的遺産（講談社、一九八四年）、九七頁と一九二頁：Maclean, "Cardano and His Publishers," 317 を参照。エラスムスの分類にしたがうと、1 古典語や古典文学の学習の手引き、2 人間の生き方の指針や倫理、3 信仰の手引き、4 新約聖書の研究、5 福音精神の普及、6 教父研究、7 論争、8 書簡集となる。まさに著作目録であって、とりわけ著作の分類目録の性格が強い。

（20）W. Friedrich Kümmel, "Aspekte ärztlichen Selbstverständnisses im Spiegel von Autobiographien des 16. Jahrhunderts," in *Biographie und Autobiographie in der Renaissance*, ed. August Buck (Wiesbaden: Harrassowitz, 1983), 103–120: 104–105; *Dictionary of Scientific Biography* 5 (1971), 378–379.

いる[22]。その後も、カンパネッラの遺作の自著目録が没後三年して出版された[23]。

以上の著作目録型の作品を比較するならば、知的発展史を形成していて自叙伝にかぎりなく近づいている作品から、文献表とよんでもよい純粋な自著目録までの多様性の幅があるために、これらの多様な文書をひとつにくくることができるのかという疑問が生じる。しかしその幅のなかの諸要素はガレノスの源泉的な二作品にふくまれていた。しかもカルダーノはガレノスとエラスムスの著作を意識しており「模倣した」と明言している。したがって以上の諸作品をひとつの流れとみて、『自著について』をその系譜に連なる作品として位置づけることができるだろう。

ところでカルダーノにとってお手本は批判の対象でもあった。ガレノスやエラスムスの他にも自分について語った人として第二版ではさらにヒエロニムスやアウグスティヌス、キケロを、第三版では古代ローマの武将スラ（Lucius Cornelius Sulla, 138–78 BC）やカエサル（Julius Caesar, 100–40 BC）、そしてマルクス・アウレリウスの名を、ガレノスやエラスムスとともに率直ではなかったと非難するためにあげた。ところが『わが人生の書』では当のエラスムスにはまったく言及せず、「自分の人生」についての書物を著わした例として第一にマルクス・アウレリウスをあげ、ユダヤ人のヨセフス（Flavius Josephus, 37–c. 100）およびガレノスに言及したのち、最後に自分の人生はスラやカエサル、そして皇帝アウグストゥス（Augustus, 63 BC–14 AD）の華々しい生涯とは違うと序文でことわっている。つまり親族をのぞけば、古代の人々の名だけになっている。したがって、ここでは『自著について』から『わが人生の書』への流れを知るという本章の目的のために、両方の作品ともに言及されているガレノスについてのみ見ていきたい。

## 3―3　医師カルダーノとヒポクラテスやガレノス

ガレノスからカルダーノへの影響を考えるさいには、医師カルダーノが当時の医学の潮流のなかで占めていた位置について、とくにガレノスとヒポクラテスにたいする立場を確認しておく必要がある。占星術、数学、モラルなど多くの分野で業績を残した万能の人カルダーノだったが、つねに本業は医師であると自覚していた。『わが人生の書』の自叙伝としての最大の特徴のひとつは、医師が自分の生涯にわたって心身の状態、とくに自分の病気を直視し、注意ぶかく観察し、考察した記録であるということに他ならない[24]。著者は臨床医であり、往診に出かけ、遠方の患者には「助言（コンシリア）」consilia とよばれた処方箋を書きおくった。評判が高まるとスコットランドにまで招かれた。実用的な医学論文を書き、ヒポクラテスやガレノス

---

（21）Cf. Misch, *Geschichte*, IV-2, 663. リチェティについては：Hiro Hirai, *Medical Humanism and Natural Philosophy: Renaissance Debates on Matter, Life and the Soul*（Leiden: Brill, 2011), 123-150.

（22）Misch, *History*, I, 332.

（23）Misch, *Geschichte*, IV-2, 735-736; Paul Oskar Kristeller, "Between the Italian Renaissance and the French Enlightenment: Gabriel Naudé as an Editor," *Renaissance Quarterly* 32（1979), 41-72: 52. 編者のガブリエル・ノデ（Gabriel Naudé, 1600-1653）はカルダーノの『わが人生の書』の出版者でもある。

（24）Kümmel, "Aspekte" は一六世紀の医師の自叙伝という観点からカルダーノやスイスの医学者フェリックス・プラッター（Felix Platter, 1536-1614）、そしてフランスの外科医アンブロワーズ・パレ（Anbroise Paré, c. 1510-1590）を扱っている。

の著作の注解を著わした。フォリオ版で全一〇巻からなる全集の後半四巻半は医学関係の著作からなるが、ヒポクラテスの注解がもっとも多くを占める。これらヒポクラテスの注解は、一五六二年からボローニャ大学の医学部で講義するさいの基礎となった。[25]

『わが人生の書』ではしばしばガレノスを批判し、ヒポクラテスについては敬愛をこめて語っている。ヒポクラテスの診療報告、とりわけ死亡率の報告の率直さと医師としての生き方はカルダーノの職業的モラルの鑑ですらあった。[26]これに反してガレノスについては、自分の五一年間にわたる医業のなかでの誤診を報告したさいに皮肉まじりに言及する――

ガレノスは自分の誤診を報告しなかったが、それというのも誤診の回数があまりに多くて告白が弁解に役立ちえなかったからである。[27]

また、たとえば第四五章では、その業績について厳しく批判した。だがカルダーノのガレノスへの態度は、以上の批判からは単純に判断はできない。

ここでルネサンス期にガレノス医学がどのように受容されていたかを概観しよう。ガレノス医学は中世以来の西欧医学の理論的な基盤であったが、入手可能なテクストは限られており、ガレノス自身の尊重した経験重視の姿勢は失われていた。膨大な量のガレノスによる著作のギリシア語のテクストが有名なアルドゥスAldus版として一五二五年にヴェネツィアで出版されてはじめて、ガレノスの医学思想の全貌があきらかになった。人文主義の影響をうけた医学者たちは、古代医学の復興をめざしてラテン語への翻訳あるいは再翻訳を精力的にすすめた。そのため中世には知られていなかったガレノスの解剖学書などがラテン語で出版され、ルネサンスの新しいガレノス医学が形成された。解剖学への関心も高まり、一六世紀には大学の医学教育の改革の動きのなかで確固たる位置を占めるようになった。パドヴァ大学の解剖学教授でカルダーノが敬服する友人として名をあげているヴェサリウスは、ガレノスの記述が人体ではなく動物の解剖にもとづくこ

(25) カルダーノはヒポクラテスの『箴言』、『予後学』、『七か月目の胎児について』、『空気、水、場所について』、『食物について』の注解を出版した。*In septem Aphorismorum Hippocratis particulas commentaria*（バーゼル、一五六四年）, in *Opera*, VIII, 213-580; *In Hippocratis prognostica... atque etiam in Galeni prognosticorum expositionem, commentarii absolutissimi. Item in libros Hippocratis de septimestri et octomestri partu, et simul in eorum Galeni commentaria, Cardani commentarii*（バーゼル、一五六八年）, in *Opera*, VIII, 581-806 & IX, 1-35; *Commentarii in Hippocratis de aere, aquis, et locis opus*（バーゼル、一五七〇年）, in *Opera*, VIII, 1-212; *In librum Hippocratis de alimento commentaria*（ローマ、一五七四年；バーゼル、一五八二年）, in *Opera*, VII, 356-515 & IX, 36-47. また『流行病』をはじめ他の数篇の作品についての部分的な解説書を手稿として残し、全集に収録されている。*Commentaria in libros Hippocratis de victis acutis* in *Opera*, X, 168-192; *Commentaria in libros epidemiorum Hippocratis*, in *Opera*, X, 193-387; *Examen XXII aegrorum Hippocratis*, in *Opera*, IX, 36-46. Cf. Ingegno, *Saggi*, 24-25; Nancy G. Siraisi, “Cardano and the Art of Medical Narrative,” *Journal of the History of Ideas* 52（1991）, 581-602: 591; eadem, *The Clock and the Mirror*, 133; Hirai, *Medical Humanism*, 110-114. ヒポクラテス『流行病』のテクストは大槻真一郎編『ヒポクラテス全集』（エンタプライズ、一九八五年）、第一巻、二二一－二八二頁。

(26) 『わが人生の書』第四〇章、一七二頁。

(27) 『わが人生の書』第三三章、一三一頁。

とを突きとめ、ガレノス解剖学の熱烈な信奉者から批判者になっていった。こうして一六世紀なかばには、ガレノス医学は批判されはじめた(28)。

一方、ヒポクラテスの著作のいくつかはアラビア語からラテン語に移されて中世の医学カリキュラムのなかにはいっていたが、一五二六年になってギリシア語の原典集成が出版された。理論に傾かない現象の冷静な記録は反ガレノス派の思想家たちや伝統的な医学を改革することをめざす医学者たちの支持をあつめ、一六世紀のなかば以降ヒポクラテスの著作群は臨床経験にてらして注目を集めはじめた。一六・一七世紀の改革派の医師たちは、ヒポクラテスの『流行病』をモデルにして自らの症例のコレクションを作成した(29)。

一五六二年と一五六三年にボローニャ大学の医学理論の教授をつとめたカルダーノも、ヒポクラテスの解説者のひとりであった。すでに一五二六年という若い時期にヒポクラテスの『流行病』の症例の方針にそって自分自身の症例集をつくったという。現在では失われたこの症例集の試みは、まさにルネサンスのヒポクラテス主義のはじまりに位置していた(30)。しかもカルダーノ自身が『自著について』のなかで報告しているところによれば、一五五一年よりかなり前にヒポクラテスの著作すべてについて注解するという壮大な計画をたてた。そしてついに完成されなかったこの大プロジェクトの根底にある目標は、最新の解剖学の成功に刺激されたガレノス医学の批判であった。医学教育改革の潮流のなかにあった教育者としては、それまでにも伝統的に用いられていたヒポクラテスの著作『箴言』や『予後学』を新たなアプローチで使用しようとして、新訳を用いて注解を作成した。このように古くから尊重されてきたテクストへの新しい視座によって伝統にない形態の医学教育を展開するという態度は、カルダーノが占星術にたいしてとった態度に等しい(31)。

じつに占星術のプトレマイオスと医学のヒポクラテスこそは、カルダーノが全面的に支持していたただ二人の古代の偉人であった。おそらく両者の教えはカルダーノにとってひとつの目的、すなわち医学のなかに占星術の「数学的に正確な」要素をとり入れることによってより正確な知識に近づけるという目的のために統合されるのであろう[32]。

(28) 一六世紀の医学については Andrew Wear, "Early Modern Europe, 1500–1700," in *The Western Medical Tradition 800 BC to AD 1800*, ed. Conrad Lawrence et al. (Cambridge: Cambridge University Press, 1995), 215–361; 伊藤和行「人文主義・芸術・科学：イタリア・ルネサンス科学新考」『思想』一九八九年一一月号、九九－一二五頁：川喜田『近代医学の史的基盤』を参照。

(29) Anthony Grafton, "The Availability of Ancient Works," in *The Cambridge History of Renaissance Philosophy*, 767–791: 782–784; Wear, "Early Modern Europe," 250–255.

(30) Siraisi, "Cardano and the Art of Medical Narrative," 596. カルダーノとヒポクラテスおよびガレノスとの関係については Nancy G. Siraisi, "Cardano, Hippocrates and Criticism of Galen," in *Girolamo Cardano: Philosoph, Naturforscher, Arzt*, 131–155 も参照。

(31) 前章でしめしたように、カルダーノは占星術の改革を目指してプトレマイオスの『テトラビブロス』のギリシア語からの新訳を用いて新たな注釈書を著わした。またプトレマイオスの『地理学』の第一巻と第七巻の注解も書いた。

(32) その例のひとつが「分利日」の教説である。分利日とは、はじまりからある一定の日数を過ぎると危機に達して死か回復かに向かうという概念だが、この教説は占星術に関係しており、カルダーノにはとりわけ重要なものだった。Cf. Siraisi, *The Clock and the Mirror*, 134.『わが人生の書』第四四章、二〇〇頁では医術の分野でなしとげた重要事項としても真っ先に数えあげている。

カルダーノはヒポクラテスの著作にたいする一連の注解を、自分自身のとくに主要な業績のひとつとみなしており、自分の名声の永続性の望みをこれらの注解書にかけていた。『自著について』では自分のもっとも重要な学問的貢献は、数学の作品、『プトレマイオス注解』、音楽についての著作、そしてヒポクラテスの注解であったとしている[33]。『わが人生の書』第四四章にもヒポクラテスの注解を「諸学問においてなした重要事項」のひとつとしてあげているわけだが、それはほとんどライフワークであった。

ヒポクラテスを全面的に支持し、ガレノスを批判の対象にした医師カルダーノだったが、医学知識の一般的なガレノス主義的な枠組みとその権威から逃れることはできなかった。すなわち同時代の人々と同じ態度をとっていた。批判はできても新しい理論的な体系化はまだできなかった時代である。ガレノスの見解を批判するためにも、賞賛するためにも引用した。『流行病注解』ではガレノスのヒポクラテスにたいする注釈を批判したが、必要なときには利用した。患者への『助言集』ではほとんどすべての頁ごとに権威としてガレノスの名をあげた。『わが人生の書』第二二章では処方についての夢の予告を確証するためにガレノスの権威を引きあいに出している。カルダーノ自身もこのことは自覚していた。ガレノスを厳しく批判した直後にこのように断わっている――

> しかしながら、私にとって影響が小さくなかったものは、この人物の権威である。その卓越せる能力と徳は驚くべきものだ[34]。

結局のところ重要なことは、ガレノスの著作のなかで選別することであり、いくつかは重要なのでそのまま保持するというのがカルダーノの態度であった。一般的な医学のハンドブックのなかにふくめた推薦図書のリストでは、医学生たちにまずヴェサリウスの『人体の構造について』を、つぎにガレノスのいくつかの著書を、それからヒポクラテスを勉強するように勧めた。[35] しかし、カルダーノが批判しながらも強く惹かれていたのは、当時の医学の一般的な枠組みとしてのガレノスの権威のためだけではなかった。それは本章にもっとも関係あるテーマ、すなわち自分自身について語るということに関わっていた。医学史家のN・シライシが指摘しているように「ガレノスは、カルダーノの自叙伝的な、そして自己表現的な点に深く影響していた」のである。[36] ガレノスの『自著について』にならうという試みは、その顕著な例のひとつであった。

## 4　『わが人生の書』第二部の特徴　リストと逸話

ここで『わが人生の書』の全体的な構成をもう一度確認しておくと、全五四章は三つの部分にわけること

(33) Siraisi, "Criticism of Galen," 135.
(34) 『わが人生の書』第四五章、二二九頁。
(35) Siraisi, "Criticism of Galen," 151-152. Cf. カルダーノ『治療術小論』*Ars curandi parva*（*Opera*, VII, 192b）.
(36) Siraisi, "Criticism of Galen," 151. また Siraisi, "Criticism of Galen," 152 では「ガレノスの著作における主題と構成に忠実にしたがいつつも、内容面ではきっぱりと意見を異にした」とガレノスを批判しながら利用したアルジェンテリオ（Giovanni Argenterio, 1503-1572）の例もあげている。

ができた。第一部が占星術による自己分析の第三六章まで、第二部と第三部が第三七章から終章までだが、第二部と第三部がどこで区切れるのかはこれまでの分析ではまだ明らかでない。それでも第二部と目される部分では、特異性や超能力、夢、予言などと業績の披歴が交互にのべられている。一方、第三部は前段とオーバーラップしながらも、人生観やモラルに関するテーマが支配的であり、結びとしての全体の総括へとつながっていく。

第一部と第二部では論調も著述形式もガラリと変化する。第一章から読みすすんで淡々とした分析的な記述に慣れた読者は、あたかも作者が変わったかのような論調の変化に奇異な感じさえ抱くだろう。個性は強烈というより毒気を発しているかのようだし、超能力の自慢は不可解である。唐突に業績や患者の長いリストが出てくるのには驚く。こうした第二部の特徴は、作品の読みにくさの大きな原因となっている。

その第二部を構成するのは、おもに能力や症例、業績、そして証言のリストとそれの補足説明や例証のための逸話であるが、じつはこれは『わが人生の書』の原型としての『自著について』の著述を反映している。『自著について』は二〇年にもわたる改訂をへたが、その本来の目的からして常に変わらずふたつの要素、すなわち著作のリストとその時々に挿入されている逸話から成り立っている。これらはいずれも占星術の図式に則った分析的な記述には盛りこむことのできないものである。カルダーノは、ホロスコープをモデルとする枠組とは異なった種類の表現形式を手に入れて、違う角度から自画像の筆をとっていたのである。

『わが人生の書』の前半の占星術の図式のなかに嵌めこまれた記述が個々のデータをしめしたとすれば、時代の息吹きと人物の動きをいきいきと伝える描写的な逸話群は、たしかに『自著について』に由来するものも多いが、それだけが話の源泉ではない。また同じ逸話が異なった文脈で用いられていることもあり、長い時間をへて変容を受けている点など考慮すべきことがあまりに多い(37)。

一方、もうひとつの要素であるリストは、文献目録からはじまった『自著について』のより本来の形態に近い。したがって『わが人生の書』のなかのリストに注目するのが、両者の関連性を探るのにはより効果的であろう。ここで第二部の主要部分をなす諸章のうち、明確なリストを提出している第四〇章の「治療での幸運」における患者とその症例のリスト、第四四章の業績集、第四五章の「私の著書、書いた時期、動機、およびその結果生じたこと」および第四八集の証言集に着目して「自著について」との関係を考察することにする。まず、いきなり著作目録からはじまる第四五章の内容から見ていこう。

## 4-1 著作目録

『わが人生の書』第四五章は、著作目録とそれの解説に大別される。はじめに自分の一〇〇の著作を五五の出版物と四五の手稿にわけたのち、それぞれの専門分野別に表題と巻数をしめした目録を掲載している。それから各々の著作について解説している。著作はつぎのように分類した項目のもとに整理されている――

出版物　数学、天文学、自然学、道徳学、雑小品（第一集）、雑小品（第二集）、

(37) Gregori, "Rappresentazione," 229- は一例をあげて、同一の逸話が複数の自叙伝的作品のなかで語られるたびに変容するさまを考察し、『わが人生の書』との関連について多くの示唆を与えている。

医学の小品（第三集）、医学関係の注解、予言、その他

手稿　　数学、自然学、道徳学、医学、神学、その他

解説の部分では、まず本を書いた理由が説明される。それによれば動機はふたつ、夢と名声の不滅性の欲求であった――

私が本を書いた理由はもうわかってもらえただろう。二度、三度、四度とくり返された夢の予告と、他の箇所で何度も述べたように、わが名を不滅にしたいという欲望がそうさせたのだった[38]。

夢の予告と名前の永続性への願いのふたつがわかち難くむすびついて、著書の執筆に深くかかわったことは、はやくも第九章の「わが名を不滅にする方法」において明言されていた[39]。解説の部分はつぎに、個々の著作の執筆の動機、執筆当時の状況、作品の目的、どのような読者を対象にしているか、読者への助言、一般的な著作の方針、大量の著作を廃棄したこと、著作全体としてどのように残すべきか、まとめるべきかの思案とつづき、最後は「良書は三通りに現われる神的な光の助けによって書かれている」ことを教え、その実例をひとつあげている[40]。

自分の著書を自ら選別、配列、そして編集した著作目録は、本章の冒頭で『自著について』を概観したさいに確認したように、その作品の真髄をあらわすもっとも本質的な部分であった。第二版や第三版では、著者はあたかも水鏡で自分の姿かたちを整えるように、何度も自分の著作を組みかえ直し、異なった観点から

分類した目録を作成していた。[41]『自著について』は作品全体が年代順に著作を紹介する意図で書かれており、そのなかに入れ子のように各種の目録がおさめられているわけだが、『わが人生の書』第四五章の目録にもっとも近いのは第三版のなかで自著をどう編集するかをしめした表であった。[42]そこでは六〇篇の作品を数学、自然学、道徳学、神学、占術、入門書、医学、雑、助言集、弁明書、礼賛書の一一分野に分類している。ちなみに『自著について』は論理学の著作などとともに入門書群に属している。このほかに読書案内のリストもあり、そこでは四九の著作を配列し、読者にこのような順番で読むようにと勧めている。[43]その順番は幾何学と算術の書からはじまり、音楽、一について、論理学、自然哲学、霊魂論、秘密について、慰めについて、医学関係の書、占星術、占術、夢について、サイコロ遊びについてと続いている。なかでも『自著について』は七番目という序論的な位置にあり、読者に著者の業績をまず概観させようとしている。百科全書家で

(38)『わが人生の書』第四五章、二〇九頁。
(39)『わが人生の書』第九章、三八頁では「ある夢をみて、私は人生の第二の側面［名誉や仕事に熱中する人間固有な側面］で成功する望みをもつようになった」とのべている。また、自分の性格を分析する章では「熱望するものは死後の名声」と断言している。『わが人生の書』第一三章、五四頁も参照。
(40)一五三六年には九篇、一五七三年には一二〇篇もの手稿を廃棄した。後者はボローニャの異端審問所に拘禁された事件に関係しているとみられる。Maclean, "Cardano and His Publishers," 312, 322 の指摘。
(41)『自著について』（*Opera*, I, 74b–75a, 75a–b, 119a–b, 120b, 121a）.
(42)『自著について』（*Opera*, I, 119a–b）.
(43)『自著について』（*Opera*, I, 121a）. Cf. Fierz, *Cardano*, 30–31.

ある著者は、こうしてつねに著作全体としてのまとまりを気にかけていたようだ(44)。しかしついに実際には理想的なかたちで最終的な取捨選択をすることはできず、のちの人に著作の精選を託した。その最後の自著目録が『わが人生の書』第四五章のリストなのである。著作の表題と巻数、執筆の動機、当時の状況、出版の経緯、著作の選別と多くの作品の廃棄。そしてなによりも、夢にうながされた執筆と本を書くことによって自分の名声を永遠のものとしようという願望の表明。第四五章の内容は『自著について』の主要なテーマを網羅している。一見すると自叙伝のなかに業績目録を挿入したかと見間違えるこの章こそは、一枚のリストに端を発して、三つの版を重ねて発展してきた知的自己形成史と著作の俯瞰図、『自著について』のもっとも本質的な内容のダイジェスト版である。そしてガレノスにはじまり、多くの人文主義者たちによって書かれた著作目録型の自叙伝の基本的な性格と内容をしめすものであるし、遠くヘレニズム時代からのピナクス形式を直接に受けつぐ部分なのである。

しかしながらガレノスからの自叙伝の系譜に連なるとみられる『自著について』と『わが人生の書』第四五章のあいだには大きな断絶もある。後者のなかに採用された著作目録と解説をみると、著作は学問分野別に分類されてひとつの体系をかたちづくっているが、その分類の仕方、著作の選別、配列は『自著について』では見られなかった新しい評価と編集の仕方をとっている。さらには著作の解説からは、著作目録型の自叙伝におけるもっとも基本的な点のひとつである年代順に著作群をたどりながら作者の思想の発展を読者に提示するという特徴は失われてしまっている。『自著について』がもっていた全体としての年代順の記述という特徴から切り離された第四五章の著作目録は、さきに概観した著作目録型の自叙伝の系譜からすれば、エラスムス型の分類目録の性格に近づいているといえる。したがって第四五章の内容は、『自著について』から一部が切り取られて新しい作品にはめこまれたのではなく、旧著とは意図も構想も異なる著作のために素材はいったん分解されたあと、新たな関心と目的にあわせて編集しなおされて『わが人生の書』のなかに生まれ変わり、別次元の意味と役割を担っていると考えねばならないだろう。

## 4-2　症例集

第四〇章「治療での幸運」では、著者は四〇例の治療が効を奏した記録を列挙する。日付はほとんど記されていない。報告している項目は、患者の氏名、本人ないし家族の職業や地位、出身地、居住地、病名、患っていた期間、その患者を診察するにいたった事情、紹介者、患者がそれまでいかにひどくあつかわれていたか、前医の処置、カルダーノ自身の診断、処方、処置、病状と経過、治癒に要した期間、回復した患者のその後、報酬の金額、患者やその家族からの厚遇、結ばれた友情などなどである。これらの項目について簡潔に報告するのが大部分の実例の書き方である。高位の聖職者や裕福な貴族から宿屋の主人、パン屋、大工の息子に商人の妻、それぞれ重い病気を抱えたあらゆる階層の人々が顔をならべている。おびただしい数の人名が出てくるのがこの著作の特徴であるが、とりわけこの章で著しい。第一例の「皇帝の私的な顧問であるスフォンドラート元老院議員」の生後九か月になる次男のケースはとくに詳述されている。幼い息子の回

(44)『わが人生の書』第三七章、一四六－一四七頁では、生涯を暗示するかのような夢のなかで諸学問分野の遍歴の順番について言及している。

復に感謝したスフォンドラートの介入のおかげで、カルダーノがそれまで私生児という出生のため拒まれていたミラノ医師会の入会の道が開かれた。若い医師がどのようにして有力な後援者を獲得したかをしめす一例である。だがカルダーノの治療の成功は、人には「優秀さのせいでなく私の幸運のせいだ」といわれ、自分でもそう思っていた。これをしめすことが「治療での幸運」の章の最終的な目的であった。

第四〇章の症例集も『自著について』の第二版においてフォリオ版にして六頁にわたって、一から四九までの番号を打って記録した症例からの再録である[45]。番号や順番は異なるし、表現も同じではない。またすべてが対応する訳でもない。しかし第四〇章に出てくる患者の名前は容易に見つけることができる。第一例で詳述されたスフォンドラートのケースは、『自著について』の症例第一〇番からとられたものだった[46]。紹介者のこと、すでに有力な同業者が診察していたこと、医師間のライバル意識、ひきつけを起こした乳児への「オピトトノス」病の診断など筋と主要登場人物はほぼ同じだ。しかし、『わが人生の書』では有力な後援者がついたという幸運をしめす例としておわっているのにたいして、『自著について』では最後にスフォンドラートがミラノを早々に離れて残念だったということで締めくくられ、重点のおき方とニュアンスが多少違う。おそらくは著作の目的が違うためであろう。またこのケースについては『わが人生の書』のほうが分量も多く、よりドラマティックな記述になっている。したがって多少の差異はあるが、『わが人生の書』第四〇章の症例と患者のリストは『自著について』の治癒例のリストの改訂版と考えられる。

ところが、これらの症例集は『自著について』だけがその源泉ではなかった。症例集は『自著について』第二版からとび出て、ある期間一人歩きしていた（図5）。すなわち第三版が『シュネシオス派の夢の書』

をはじめとする著作集のなかに収録されたとき、もはや『自著について』の本文中には第二版でみた症例集はふくまれていなかった。だが同じ著作集のなかに『自著について』の直後に『驚くべき治療と予言』*De curationibus et praedictionibus admirandis* という表題の独立した著作として収録されている。ついで一五六五年には、大部の医学書『治療法について』*De methodo medendi* の第三部に『病気の驚くべき治療と予言』*Admirandae curationes et praedictiones morborum* として登場するのがこの症例集である。それぞれの記述を全集版のテクストで比較してみると、大部分のケースでは『治療法について』がもっとも詳細で、『自著について』第二版、『わが人生の書』の順に簡潔な記載になっている。編集の仕方も異なり、『治療法について』では三〇の症例が病気別に表題をつけて分類されており、医学書の体裁を整えている。[47] このようにして分離・独立したり、他の医学書の一部として使われた症例集が最晩年に人生をふり返るさいに、ふたたび著作目録とともに一作品のなかに合流してくるというわけである。

そのほかの著作のなかでもカルダーノは、自分の診療したケースの克明な病歴の記録と検死の報告を残し

(45)『自著について』(*Opera*, I, 82a-87b).
(46)『自著について』(*Opera*, I, 83b).
(47)『治療法について』の第三部「驚くべき治療法について」は *Opera*, VII, 199-264 に収録されている。スフォンドラートの次男のケースは第一五例「オピトトノス」の見出しの下に記されている (*Opera*, VII, 256b-257a)。『自著について』第二版の記述とほぼ一字一句同じだが、『治療法について』では最後により具体的な処方が書き加えられている。『治療法について』の他の例とその文書の特徴については Siraisi, "Medical Narrative," 593- が紹介している。

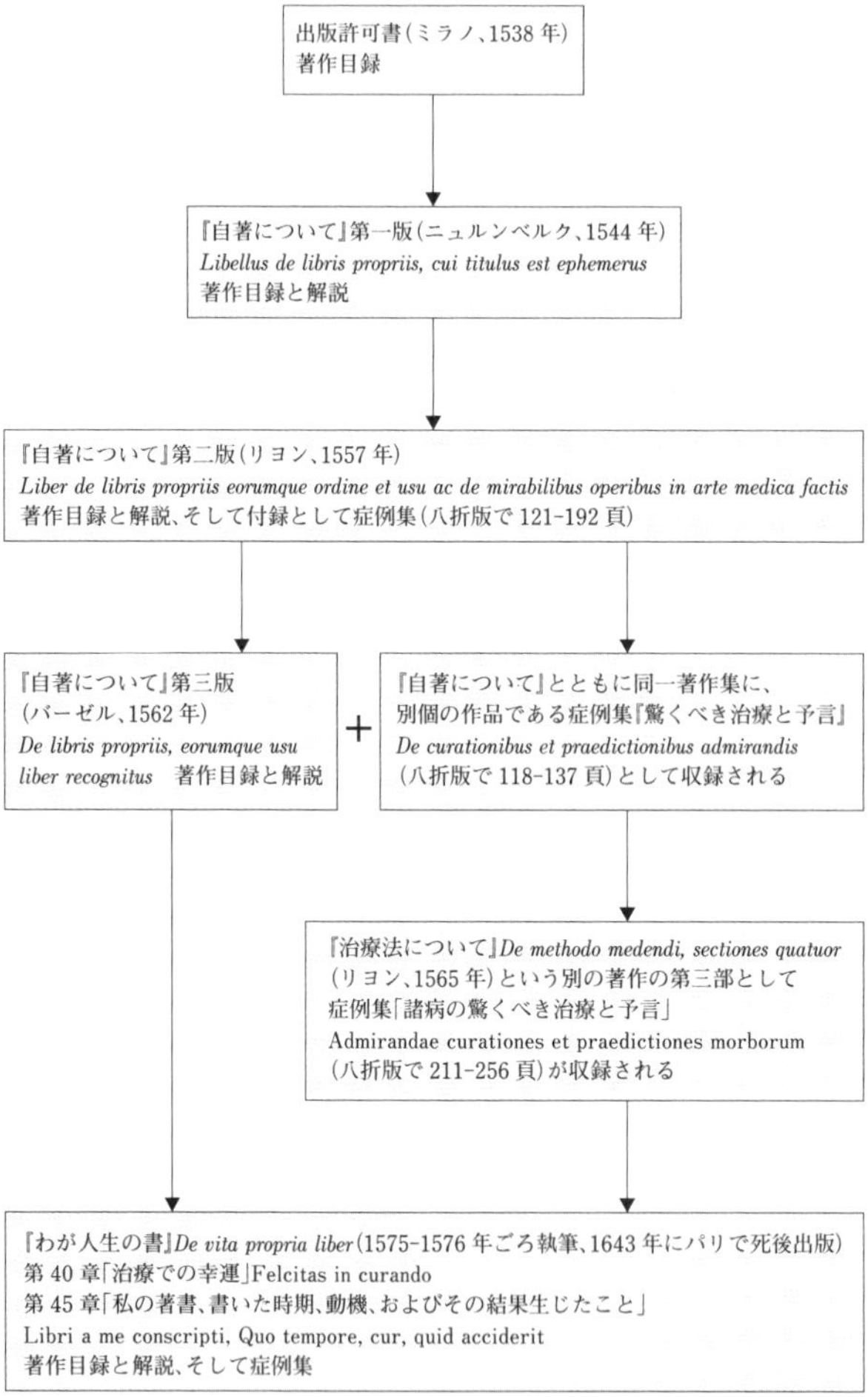
出版許可書(ミラノ、1538年)
著作目録
『自著について』第一版(ニュルンベルク、1544年)
*Libellus de libris propriis, cui titulus est ephemerus*
著作目録と解説
『自著について』第二版(リヨン、1557年)
*Liber de libris propriis eorumque ordine et usu ac de mirabilibus operibus in arte medica factis*
著作目録と解説、そして付録として症例集(八折版で121-192頁)
『自著について』第三版
(バーゼル、1562年)
*De libris propriis, eorumque usu liber recognitus* 著作目録と解説
+
『自著について』とともに同一著作集に、
別個の作品である症例集『驚くべき治療と予言』
*De curationibus et praedictionibus admirandis*
(八折版で118-137頁)として収録される
『治療法について』*De methodo medendi, sectiones quatuor*
(リヨン、1565年)という別の著作の第三部として
症例集「諸病の驚くべき治療と予言」
Admirandae curationes et praedictiones morborum
(八折版で211-256頁)が収録される
『わが人生の書』*De vita propria liber*(1575-1576年ごろ執筆、1643年にパリで死後出版)
第40章「治療での幸運」Felcitas in curando
第45章「私の著書、書いた時期、動機、およびその結果生じたこと」
Libri a me conscripti, Quo tempore, cur, quid acciderit
著作目録と解説、そして症例集

**図5. 『自著について』から『わが人生の書』までの症例集の変遷**

た。解剖には直接に手をくださなかったが、立ち会ってリアルな観察記録を書いた。自分がもっとも傾倒するヒポクラテスのなかに、カルダーノは自分の経験から具体例を記録した臨床家を見いだしていた。医師は症例をとおして共通の要素を探し出し、真に有用な知識をえることができると考えていた。それは医学的知識のあまり確実でない、運に左右されるような要素を補うものでもあった。このような態度は、占星術師として一〇〇人以上もの人々のホロスコープを作成し、また多くの夢の実例を収集し、それを発表して読者自身が多くの実例から学びとることをしめした態度に共通する。

こうしてカルダーノは、尊敬するヒポクラテスから学んだものを自分の臨床とその記録の書き方のなかにとり入れようと努力していたのだが、結果としてはヒポクラテスの書きものとは異質な記述となった。『流行病』第一巻と第三巻の計四二の症例で明らかなように、ヒポクラテスの症例の覚書は、緻密にして客観的で、書き手の医師が超然たる態度で観察し記録している。患者と病気が前面に出て、医師は背後に退いている。病歴は要点をおさえ、現代の医学生がその記述から病気の診断について推理をめぐらすことさえ可能な情報を提供している。[48] これに反してカルダーノの症例では、患者を前にして主治医である著者の個性が出すぎており、特定の病気を説明するケース・ヒストリーというよりも、著者のライフ・ストーリーになってしまっている。治療が成功したことの自慢話という色合いと自己宣伝臭が強いし、成功を最終的には特別の超越的な存在の介入に帰している。これはヒポクラテスの方法と技術への賛美と矛盾するようにみえる。しか

(48)　『ヒポクラテス全集』第一巻、二二一―二八二頁。二宮『ガレノス』、一四〇―一五二頁では、臨床医としての立場からヒポクラテスの症例の覚書について評価している。

し患者および患者をとり巻く人びとと医師との長期間にわたる関係などは生き生きと描かれていて、ヒポクラテスの医療報告にはない豊かな社会的文脈をもった物語として読める。一六世紀の医師の生活の記録としても比類ないものである。

ところでカルダーノの症例の書き方の特徴は、医学史家のV・ナットンがガレノスの症例『予後について』の書き方をヒポクラテスの報告と比較分析して指摘したものと酷似している。つまり主治医が前面に出過ぎること、そのため症例について議論するのは不可能なこと、症例は医学的な価値によって選ばれたというよりも、医師の能力を誇示するために選ばれていること、患者の身分の高さも重要なことなどである。(49) ナットンは『予後について』が自叙伝作家ガレノスを特徴づける作品であることを明らかにし、この著作がその医学的な表題にもかかわらず、さまざまな話題をふくんだ内容豊かな作品であることを紹介した。そもそもこの本を執筆する目的は、治療における合理的な予後の見通しと、議論や解剖での証明にガレノスが卓越していたことをしめすことだった。著者は皇帝から奴隷の給仕人にいたるまでの成功した症例をヒポクラテスの方式で配列した記録とともに、自分が徳と知性で他の人々に勝ることを例証する記述をもふくめた。じつに『予後について』はほとんどすべて自分自身の成功した症例からなる作品であり、この作品にたいするカルダーノの関心はヒポクラテスの『流行病』へのそれに劣らなかった。ガレノスもカルダーノも、症例集の模範はともにヒポクラテスの『流行病』であったが、両者とも模範から同じ方向にそれていったようだ。(50)

本章の冒頭において評価したように、G・ミッシュはガレノスの自叙伝的著作をルネサンス期の人文主義者たちの自叙伝とはじめて結びつけたが、ガレノスの『自著について』および『自著の配列について』しかとりあげていなかった。『自著について』の場合、モデルはたしかにガレノスの同名の書『自著について』と『自著の配列について』であろうが、最晩年のカルダーノが『わが人生の書』の序文のペンをとりながら思い浮かべたのは、もっと多くのガレノスの作品であったろう――

また私の知るところでは、ガレノスも同様の試みをした。ところが彼には作品のあちこちで人生を語った方がよりふさわしいように思えた。学者たちは無関心にも、誰もそれをひとつにまとめようとしないが。(51)

ガレノスがカルダーノにあたえた自叙伝作者としての影響は、したがって『自著について』と『自著の順番について』だけでなく、『予後について』をふくむ他の多くの作品をとおしてであることが明らかである。結局のところ『わが人生の書』第四〇章は『自著について』のみならず、著者がそれまで多くの医学書のなかで書いてきた症例集の集大成としてのダイジェスト版であったし、ここでもモデルはガレノスであった。

(49) Nutton, "Medical Autobiography," 55-. ガレノスの『予後について』の文書の特徴についての評価は、あたかもカルダーノについて述べているかのようである。

(50) Siraisi, "Medical Narrative," 598 はカルダーノの『治療法について』が症例を病気の原因分析と望ましい治療法の理由説明の出発点として用いている点で、ヒポクラテスよりもガレノスの『治療法』を思いださせるとし、ガレノスの著作を手本にしたものであろうと推測している。

(51) 『わが人生の書』序文、一〇-一一頁。

そして先の著作目録と同様に、かつて記録したおもな症例の記述と配列を新たな自叙伝の目的に合わせて修正して用いているのである。

### 4-3　業績リストと証言リスト

第四五章の著作目録の解説と第四〇章の治療の成功例の内容をまとめたかのような章が、第四四章の「諸学問においてなした重要事項」である。諸学問ないし話題の順番は弁証法、授業の方針、算術、代数学、幾何学、音楽、自然哲学、不可思議な諸現象の原因の解明、サイコロ投げには一定の結果があること、自然の事物の観察を実用的な目的のため利用すること、道徳哲学、人間についての知識をえる方法、医療における多くの新しい法則や治療法、技術、薬の発見と確立、医学書の効果的な読み方、ヒポクラテス注解の作成、フランス病、てんかん、狂気、盲目についての豊かな診療経験などである。順番からいえば、この第四四章で述べたことを第四五章の著作目録で詳しく報告している。さかのぼってもっと前の第三九章の「博識あるいは見せかけの博識」では、業績をあげたことよりも手を染めなかった分野に当てているが、この章は形式と論調からわければ第三部のモラルの分野に入るだろう。

著作目録、治療の成功例のリスト、おもな学問的業績の整理がすんだあと、これらが本当だと証言してくれる人々のリストをカルダーノは用意した。引用索引（サイテーション・インデクス）である。著者の業績を疑う読者がいるならば、すぐに印刷された文献で確認できるようにしてくれたのである。第四八章「私についての著名人の証言」では、一から七三までの番号を打ってカルダーノの名を引用している著名人の著書をあげた。そのあとは逆に悪評したタルターリアやスカリゲルをふくむ一三人の名前を列挙する。

さてこうした証言のリストも、やはり一五六二年の『自著について』第三版のなかにある。[52] ただし番号はなく、順番も異なる。人数は『わが人生の書』の半分である。表現といえば、たとえば『わが人生の書』では第一九番のゲスナーは「コンラート・ゲスナー、いたるところで」となっているのにたいして、「ゲスナー、私とは面識がないが、あちこちで」というように多少異なる。証言集は『自著について』では、「ついでに」という但し書とともにリストアップされているのにたいし、のちの『わが人生の書』では特別に一章をもうけて著作目録と同等の位置づけが与えられている。証言集は多くの場合『わが人生の書』のほうが強調されている。

数章続いた自慢話は、しかし、この第四八章のおわりに謙虚な反省で締めくくられて、つぎの第四九章「この世のことについての意見」という悲観的な文章とそれに続くモラルの領域に属する部分へと続いている――

だがこの話はもうやめにしよう。夢の影を追い求めるようなことにならぬように。なにしろこの世のことがらは空しいものであるし、それについてなされる称賛などとるにたらないものであるのだから。[53]

したがって第二部と第三部の境界を定めるならば、「この話はもうやめにしよう」というカルダーノ自身

(52)『自著について』(*Opera*, I, 121b).
(53)『わが人生の書』第四八章、二三九頁。

のことばとともに第四八章までを第二部として区切ってよいだろう。

## 4―4　前兆と特異能力

第二部すなわち第三七章から第四八章までのあいだで、これまで点検しなかった第三七章、第三八章、第四一章、第四二章、第四三章、第四七章はカルダーノの神秘的な側面をあつかっている。これらの数章はリストでなく、おもに逸話によって構成されているので、機会を改めて別のアプローチで論じなければならないだろう。わずかに第三八章の「有益な五つの特殊能力」で、著者は自分を超えた何らかの存在に由来すると感じる特別な能力をあげている。第二部についての考察を『自著について』との関連性がわかりやすい第四五章の著作目録からはじめたが、じつはこの特殊能力をかたる第三八章は第一部と第二部をわける境目の周辺に位置していた。著者はつぎのように宣言して新しい扉を開けて、読者を別の領域へ導いたのだった――

いままでは自分のことを他人と同じようなひとりの人間として語ってきた。しかも、生まれと教育では少しばかり他人より劣っているようにさえ語ってきた。だが今度は、私に備わった驚くべき能力について語ろう。私はそれを自分の一部であると感じてはいるが、それが何であるかはわからないだけに、ますます不思議に思う。それは私自身であるのだけれど、もとは自分から出ているのでないことは気づいている。この力は適切なときに存在しはするが、自分の思いどおりにはならないことも知っている。そ

して出現するものは、私の力を超えているのである。(54)

特異能力、前兆、予言、夢、守護霊などをあつかう第三七章、第三八章、第四二章、第四七章は、カルダーノの身に起こった不思議な出来事や夢の実例集とその解説になっている。これらは『自著について』の神秘的な事柄の記述を反映しているのだが、それだけでなく多くの著書、とりわけ『精妙さについて』と『事物の多様性について』で語ってきた不思議な事象の報告に負っている。夢の報告はそれらに加えて『シュネシオス派の夢の書』に由来する。本章ではここまで文献学的な解説と症例集をもとにしてガレノスとの関連をおうことができたが、これらの神秘的な事柄に関わる章は、別の源流から流れこんだ要素であろう。あるいはこれらの章の内容こそ、カルダーノの自然観と世界観にもとづいた著者の独自性を表明する箇所であろう。とりわけ著者は予言能力のレベルの違いが人間を超えた力の介在の度合によるとして、ついには「守護霊」spiritus の章へと読者を導く。(55)

カルダーノは自然哲学者としても、奇蹟的な出来事について記録するのを好んだ。ささいな出来事のなかに人生の諸々の事実と予兆や前兆、そして超自然的な事柄をみる傾向は顕著な特徴である。しかし、『わが

(54)『わが人生の書』第三八章、一五〇頁。

(55) カルダーノにおける神秘的な要素と守護霊の概念は、無秩序にみえる自叙伝を統合するとともに、徹底した自己解剖によって分解されたカルダーノ自身の人間像をも統一する要であろう。生理学的な精気・気息(プネウマ)とは異なり、ソクラテスのダイモーンのような個人の守護霊であり、守護天使とも呼ばれる。詳しくは本書の第六章を参照。

人生の書』第四二章で予知能力にレベルの違いをもうけ、第四七章では知識の確実性の問題に関心をもって認識の段階を区別していた。ここまでみてきたように、医学知識については占星術から「数学的」な正確さをとりいれ、個々の症例から経験的な知恵を学ぶというように両面から知識の確実性を高めようとしていた。その態度は夢解釈にも共通する。魔術的な現象についても同様で、注目し収集すると同時に、それにできるだけ自然的な説明を与えようと試みた。それが彼の自然探究の一般的な態度であったが、そうした観察や記録と考察をおこなった自分自身の身辺におこった不可思議な出来事のなかから、最終的な精選実例集としてこれらの章に提出しているのである[56]。

不思議な前兆のコレクションも当然なことに選ぶ時点で変わっていく。自分自身の不可思議な特異性を取捨選択してリストを作成するとき、カルダーノが一貫して残しておいたのは「夢で予知する能力」であった[57]。自分を多くの人々のなかで際立たせる特別の自分らしさとして、この「夢で未来を予見する能力」を自覚していた。そして、この究極的には守護霊からもたらされた特異能力への確信をそもそもの原動力として、著作および医療での成功をとおして名声の不滅を達成することの期待へと導かれていったのである。

## 5　第二部の構成と主題

まとめとして、第二部の各章の内容を今度は『わが人生の書』の配列どおりの順をおって確認するならば、より詳細な構成と主題が明らかになるだろう。第二部は第三七章から第四八章までとする。

第三七章　生れつきの私の異常な特性について、とくに夢について＊＊
第三八章　有益な五つの特殊能力＊＊
第三九章　博識、あるいは見せかけの博識
第四〇章　治療での幸運＊
第四一章　わが人生と息子の復讐にまつわる自然的ではあるが珍しい出来事＊＊
纂四二章　治療および他の領域における予知能力＊＊
第四三章　まったく超自然的な出来事＊＊
第四四章　諸学問においてなした重要事項＊
第四五章　私の著書・書いた時期、動機、およびその結果生じたこと＊
第四六章　自分自身について
第四七章　守護霊＊＊
第四八章　私についての著名人の証言＊

---

（56）カルダーノの自然哲学については Alfonso Ingegno, "The New Philosophy of Nature," in *The Cambridge History of Renaissance Philosophy*, 236–263: 247–250; Jean-Claude Margolin, "Rationalisme et irrationalisme"; idem, "Analogie et causalité."

（57）『事物の多様性について』第八巻第四三章（*Opera*, III, 161a）で列挙された自身に授けられた四つの特殊能力の三番目は「自分自身の未来を夢で予見できること」である。Cf. Thorndike, *History of Magic*, V, 574.

以上の各章のうち＊印をつけたものは業績リストに関係しており、＊＊印をつけた章は超能力に関する記述をふくむものである。もちろんひとつの章のなかにも双方のテーマが混在しているものもある。これらの章のあいだには第三九章や第四六章のような、いずれにも分類できない、おそらくはモラルに関する章も紛れこんでいるし、第四一章のように不思議な出来事の報告がモラルの領域へつながる調子をおびている記述もある。すこし戻ると、第一部の第三〇章における危険や災難をうまく逃れた実話のコレクションは、すでに第二部の領域に属しているともいえる。このようにして第一部や第三部と連絡している。

第三七章から第四八章までの第二部は、配置からして『わが人生の書』全五四章の中核に位置している。その内容は一見、カルダーノの異常な能力とそれによりひきおこされる現象に業績の報告が混在し、異質なテーマが絡みあっているように思える。しかしながら、ここまでの考察から順をおって第二部全体の構成を見直すならば、著者はまず異常な超能力を授かった特別な存在としての自己の自覚と宣言をもとに、次々に前兆や夢、そして不思議な出来事を語った。自然的に説明できる現象から、超自然的なものまでレベルの違いがあった。しかも、それらはカルダーノを窮地から救うという助力であった。こうしたものの行きつく先は守護霊の概念である。これらの報告に交えて客観的な説得力のある医療の成功例と業績や著作の目録を提示し、ダメ押しするかのように第二部の最後の章に証言のリストを掲載した。したがって、第二部の主題はカルダーノ自身がはっきりと最初に主張したように「だが今度は、私に備わった驚くべき能力について語ろう」という唯一のことだったという結論に達するのである。

以上の考察では、著者の神秘的傾向を鮮明に描く個々の逸話についてはまったくとり扱うことができなかったが、各種のリストに注目して『自著について』の記載と比較検討した。そこから、かつて『自著について』の主要な内容を構成していた業績目録や症例集、そして証言のリストを著者は自分の特異性を証明する証拠として配置していたということが明確になった。第二部の記述の多くは『自著について』から採用されてはいるが、書かれたことのすべては基本的にはひとつの意図、すなわち「人間のもつ第二の側面」における「他人とは違う自分の優れた在り方を証明する」という目的に収斂している。G・ミッシュのように「天才という現象がさまざまな角度から明らかにされる」といってもよい[58]。『わが人生の書』の読者がもっとも難渋する関所である第二部は、このように第一部とは異なったもうひとつの筆づかいで描かれた天才の自画像であったのだ。

## 6　おわりに

カルダーノは『わが人生の書』の執筆以前の時期に、単独の分野において著した諸著作の内容と形式を原型として『わが人生の書』の各所に取りこんだことが明らかになった。三部からなる作品の第一部は、プトレマイオスの『テトラビブロス』における占星術的な区分を採用した自己分析であり、「他人と同じ一人の人間」としての自己紹介であった。取りこまれた原型は前章で確認した『百の実例集』の第一九例および『十二の実例集』の第八例というふたつの自己出生ホロスコープであった。厳格な規範によって拘束された

（58） Misch, *Geschichte*, IV-2, 725.

自己出生占星術の図式が、カルダーノに厳密な仕方で自分を分析し描写することを可能にさせたのであった。だが自叙伝の書き方のモデルという点ではどうだろうか？　自己出生占星術の書物を書いた先人を意識して手本にしたのならば、その人物の作品がモデルだったといえるが、『わが人生の書』では何ものべられていない(59)。誕生時の星辰の位置をしめすホロスコープによってひとりの人物の人生を記述し分析するという形式は、同じ図式で自身をふくむ一〇〇人以上の人間像を分析したカルダーノにとって自己を語ろうとするときあまりにも自明な思考の枠組みであったろう。

第一部を基盤とすれば、第二部は他人とは相違する特別の自分らしさ、すなわち自身の天才性を証明しようとした部分である。その原型は先に出版していた『自著について』だが、『わが人生の書』を執筆することにより、一連の人文主義者たちの形式を乗りこえた。『自著について』ではモデルとして挙げた「同時代人のエラスムス」の名を『わが人生の書』ではもはや挙げていないことにも、かつての著作目録形式とは違うものを目指していたことがわかる(60)。一方、ガレノスについては、その権威を無視できなかったし、自己表現の傾向がよく似ていたともいえ、その仕方に強い影響を受けていた(61)。ガレノス同様、症例集のなかで自分を語ったカルダーノの自叙伝に症例集は欠かすことができなかった。また天才の証明という第二部のテーマを考えるなら、患者と家族という証人のいる医療での成功例は好都合であり、目的にかなっていたであろう。作者は著作目録型の自叙伝の流れにそって知的自叙伝『自著について』の第三最終版を完成したものの、『わが人生の書』ではふたたび第二版で採用した著作目録と症例集を併設する形式にもどり、これらを中核にする新しい自叙伝づくりに挑戦した。新しい著作はモデルとしてガレノスを意識しながら、しかも同時に

勁草書房
http://www.keisoshobo.co.jp
表示価格には消費税が含まれております。

## 6月の重版

### 原始キリスト教史の一断面
福音書文学の成立
田川建三

原始キリスト教は、それ自体の中にすでに多くの変化発展、矛盾相克を含む、複雑な歴史的実態である。本書は、その複雑な実態に光を投じる。

A5判上製 384頁　定価 4200円
ISBN978-4-326-10164-4　2版2刷

### 人称的世界の倫理
双書エニグマ⑦
大久保正健

私から見た世界と他人の見た世界とは違っているだろう。私と他人の織りなす世界を人称的世界と呼び、それを倫理の基礎に据えて論じる。

四六判上製 224頁　定価 2730円
ISBN978-4-326-19910-5　1版3刷

### グリーフケア入門
悲嘆のさなかにある人を支える
髙木慶子 編著
上智大学グリーフケア研究所 制作協力

愛する家族や親しい友人など、大切な人の喪失によるどうしようもないほどの悲嘆。そのような事態を支え癒すために大切なこととは。

四六判上製 232頁　定価 2520円
ISBN978-4-326-29900-3　1版3刷

### 社会科学のケース・スタディ
理論形成のための定性的手法
アレキサンダー・ジョージ
アンドリュー・ベネット 著
泉川泰博 訳

優れた事例研究の進め方とは？ 社会科学全般で使える標準テキストを完訳！ 事例研究による理論の構築と検証の方法を指南する。

A5判上製 400頁　定価 4725円
ISBN978-4-326-30214-7　1版2刷

### 社会科学の世界
金子 勝

社会科学の神髄は社会現象が織り成す複雑な「世界」を科学的に解明することにある。『社会科学の構造』

現代経済学のコア

### 環境と資源の経済学

時政 勗・薮田雅弘・今泉博国・有吉範敏 編

経済学の応用分野である環境問題ならびに資源問題を集中的に取り扱う、初級から上級までの幅広い読者を対

### 何が育児を支えるのか
中庸なネットワークの強さ
松田茂樹

父親の育児参加、親族や子育て仲間のサポート、企業の両立支援、就労環境などから育児の現状とその困難

### なめらかな社会とその敵
PICSY・分人民主主義・構成的社会契約論
鈴木 健

複雑な世界を複雑なまま生きるには？ PICSYや分人民主主義で実現する「なめらかな社会」が近代をメジャーバージョン

ガレノスを乗りこえて一冊の本のなかでひとつの人生を描き切ろうとした試みであった。

第一部との関連で第二部の章分けを見てみよう。『自著について』の記述が区分も小見出しも設けずに書き続けているのにたいして、『わが人生の書』は本章で検討したように、第二部だけでも一二の小さな章に区分されている。前章で占星術の枠組みが第一部の三六もの小さな章の区分にほぼ対応していることを指摘したが、その同じ小区分の仕方が第一部のみならず、第二部にもそして全五四章の作品全体にも、テーマ別の表題をもった多数の小さな章にわけるという体裁で影響を及ぼしていると考えられる。[62]のこる最後はモラルのテーマをもつ第三部である。この部分におけるモラリスト・カルダーノの見解を整理し、原型となる作品は何か、やはり古代に模範があるのかを探り、原型と最後の作品はどのように関連しているかを検討するのが今後の課題である。

---

(59) 前章で見たように、Gregori, "Rappresentazione," 232 の指摘によれば、当時アリ・イブン・リドワンのものが知られており、カルダーノはこの人物のホロスコープも作成している。

(60) そのかわりにマルクス・アウレリウスを特別待遇で強調している。しかしその同じモデルを第一三章では率直さにおいて批判している。

(61) ガレノスとカルダーノの症例の扱いと書き方が類似しているのは、両者の自己表現の性格が似ているとともに、両者の著作の目的が同じものを目指していたからとも考えられる。たとえば周囲の攻撃にたいして自己を守り、自己正当化と卓越性を誇示する必要に迫られていたというような。

(62) もとより章分けの仕方には、古典の伝記形式、たとえばスエトニウス型伝記の影響があるはずである。この問題も今後の考察の課題である。

古代人にならいながらも、それまで誰もなしえなかった仕方で「自分の人生についての本」を著すという強い意志のもと、原型から選び抜かれた諸々の素材は目的にあわせて配置・統合された。占星術式の自己分析だけではものたりず、著作目録形式の知的発展史からははみ出すものが多すぎた。カルダーノが最終的に求めたのは、もっと複雑で整理がつきにくく、重層的な自分の存在をその多様なままに描き出す形式であったろう。まったく新しい自己認識を盛りこむためには、いままでにない器が必要だったのである。それは古代にも同時代にもモデルの存在しない形式と内容を備えた自叙伝の創造であったろう。G・ミッシュのいうように、カルダーノは「個人の本性の内的構造を対象にする形式を創造した」のであるなら、その自叙伝の構造を明らかにしようとする本書での歩みは、まさに著者の謎めいた個性の構造を探ろうとする試みに他ならない。

# 第五章　カルダーノと夢解釈

## 1　はじめに

カルダーノの『わが人生の書』は、不思議な事件や奇跡的な出来事の話で満ちている。迷信や前兆信仰が著者の自慢話と交錯する。そして何よりもおびただしい数の夢。カルダーノは自分のみた夢についてくり返し語り、その意味をさぐり、謎めいた夢は謎のまま憶えていた。そして予知的な夢をみる能力を自分の特性のひとつに数えあげた。カルダーノにとって、自分自身の成り立ちをふり返り、自己を描くさいに夢は欠かすことのできない重要な要素であったようだ。

カルダーノが夢に並々ならぬ関心を寄せていたことは、夢についての理論と実例の書『シュネシオス派の夢の書』（一五六二年）を著わしたことからもわかる[1]（図1と図2）。主著である『精妙さについて』（一五五〇年）および『事物の多様性について』（一五五七年）さえも「くり返しみた夢にしたがって」書いたと言明している[2]。

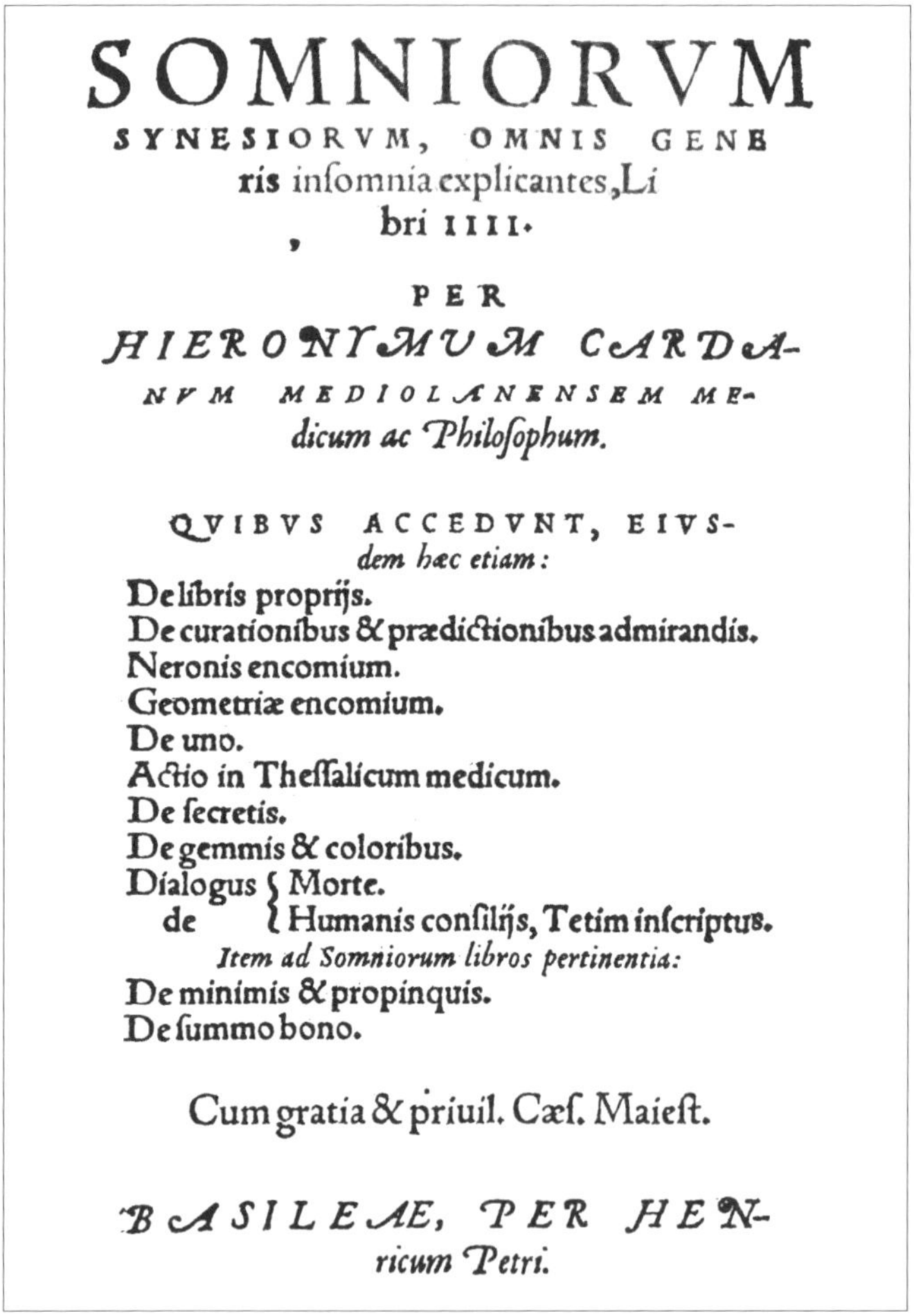
SOMNIORVM
SYNESIORVM, OMNIS GENE
ris insomnia explicantes, Li
bri IIII.

PER
HIERONYMVM CARDA-
NVM MEDIOLANENSEM ME-
dicum ac Philosophum.

QVIBVS ACCEDVNT, EIVS-
dem hæc etiam:
De libris proprijs.
De curationibus & prædictionibus admirandis.
Neronis encomium.
Geometriæ encomium.
De uno.
Actio in Thessalicum medicum.
De secretis.
De gemmis & coloribus.
Dialogus de { Morte. / Humanis consilijs, Tetim inscriptus.
Item ad Somniorum libros pertinentia:
De minimis & propinquis.
De summo bono.

Cum gratia & priuil. Cæs. Maiest.

BASILEAE, PER HEN-
ricum Petri.

図 1. 『シュネシオス派の夢の書』（バーゼル、1562 年）の扉

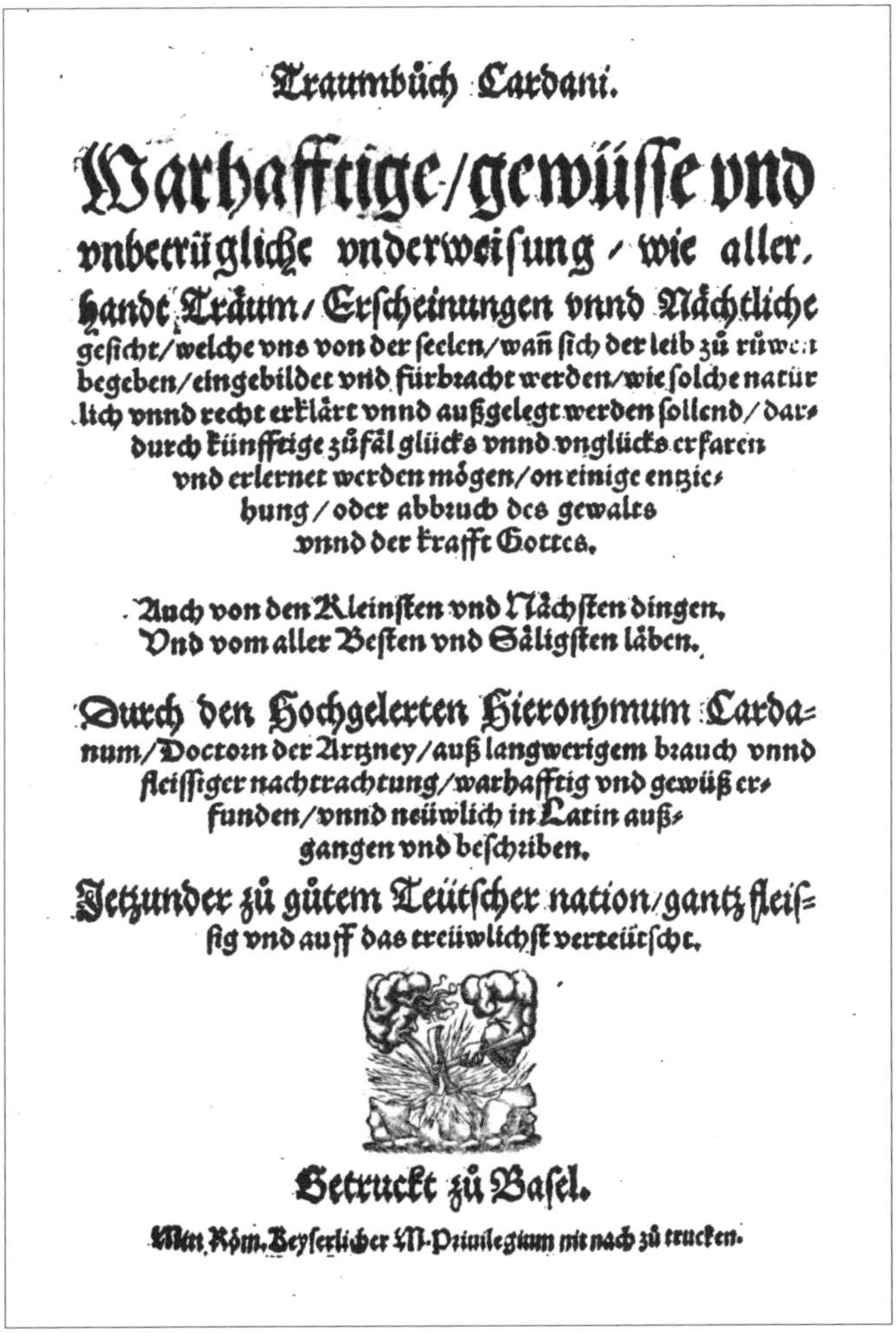

Traumbůch Cardani.

Warhafftige/gewüsse vnd
vnbetrügliche vnderweisung / wie aller-
hande Träum / Erscheinungen vnnd Nächtliche
gesicht/welche vns von der seelen/wañ sich der leib zů rüwen
begeben/eingebildet vnd fürbracht werden/wie solche natür-
lich vnnd recht erklärt vnnd außgelegt werden sollend/dar-
durch künfftige zůfäl glücks vnnd vnglücks erfaren
vnd erlernet werden mögen/on einige entzie-
hung/oder abbruch des gewalts
vnnd der krafft Gottes.

Auch von den Kleinsten vnd Nächsten dingen.
Vnd vom aller Besten vnd Säligsten läben.

Durch den Hochgelerten Hieronymum Carda-
num/Doctorn der Artzney/auß langwerigem brauch vnnd
fleissiger nachtrachtung/warhafftig vnd gewüß er-
funden/vnnd neüwlich in Latin auß-
gangen vnd beschriben.

Jetzunder zů gůtem Teütscher nation/gantz fleis-
sig vnd auff das treüwlichst verteütscht.

Getruckt zů Basel.

Mitt Röm. Keyserlicher M. Priuilegium nit nach zů trucken.

図 2. 『夢の書』のドイツ語訳（バーゼル、1563 年）の扉

ルネサンス人の夢についての考察を夢そのものからはじめるために、本章ではまず『わが人生の書』のなかで語られたいくつかの夢とカルダーノ自身がそれらに与えている解釈をみていくことにしよう。つぎに『夢の書』を手がかりにしながら、夢が解釈可能なものであり、意味を担ったものであることをカルダーノはどのように説明しようとしたのかを確認したうえで、夢の解釈が彼の人生のなかで果たした役割について考えたい。

## 2　五つの夢

カルダーノは自叙伝のいたるところに自分の夢をちりばめているが、とりわけ第三七章の「私の生まれつき異常な特性について、とくに夢について」において、まとめて論じている。このなかでは自分にまつわる不思議なしるしを述べたあと、「私の夢があまりにもよく当たるという事実は驚嘆に値するのではなかろうか?」といいながら五つの夢をつぎつぎにあげ、その解釈を試みた。以下では、それら五つの夢に「山のふもとを駆けている夢」、「月天の夢」、「ステファヌスの夢」、「都市の夢」、「アルドーの病気の夢」という仮の表題をつけて順にみていくことにしよう。

### 「山のふもとを駆けている夢」

第一の夢は、まだカルダーノが地位もえられずに万事が悪化している一五三四年ごろのミラノで明け方にみた夢である。[3] 夢のテクストだけをとり出すならば——

（a）山のふもとを大勢のあらゆる種類の人々と一緒に駆けていた。

（b）「どこに向かっているのか?」とたずねると、「死に向かって」と一人が答えた。ぎょっとしたカルダーノは方向を転じ、山の中腹を登りはじめる。一面のブドウ畑だが、もう枯れていた。はじめは苦労したが、やがてやすやすと登れた。

（c）山の頂の向こうは、しかしいきなり断崖になっており、もうすこしで墜落するところだった。恐怖を覚えた。

（d）そのあとヒースに覆われた野をさ迷いながら歩いて一軒の田舎家にたどり着き、自分が少年の手を

---

（1）Girolamo Cardano, *Somniorum Synesiorum, omnis generis in somnia explicantes libri IIII*（Basel, 1562; 1585）. テクストは *Opera*, V, 593–727 に収録されている。同時代の独語訳は *Traumbuch Cardani*（Basel, 1563）. また現代イタリア語部分訳として Mauro Mancia & Agnese *Grieco*, *Gerolamo Cardano: Sul sonno e sul sognare*（Venezia: Marsilio, 1989）があり、Fierz, *Cardano*, 125–155 にも紹介と抄訳がある［また近年 Girolamo Cardano, *Somniorum Synesiorum libri quatuor: Les quatre livres des songes de Synesios*, ed. Jean-Yves Boriaud, 2 vols.（Firenze: Olschki, 2008）という仏訳が出版された］。カルダーノの医学における夢の役割については、Siraisi, *The Clock and the Mirror*, 174–を参照。

（2）『わが人生の書』第四五章、二一〇頁。

（3）『わが人生の書』第三七章、一四五頁。この夢については、グラフトン『カルダーノのコスモス』、二七三–二七五頁を参照。

引いて立っているのに気づいた(4)。

「この夢があきらかに予告していることは、私を待ちうける我が名の不滅性、果てしない苦悩、大いなる恐怖の悲哀」であるとカルダーノは述べ、ひとつひとつの夢のシンボルを解釈した(5)。固い岩は苦痛に満ちた生活、ブドウ畑は未来の永遠の栄光、恐怖に震えた断崖は息子の悲運、しかし最後には一軒家であらわされる静寂がえられるというように。

## 「月天の夢」

第二の夢は、第一の夢の直後にやはりミラノでみた。カルダーノの霊魂は肉体から引き離されて月天にあるようだった。父の声が聞こえ、「私は神によってお前の守護者として遣わされた」と語りかけた。さらに「お前は七千年のあいだ月天にとどまり、やがてそれぞれの天球に同じだけとどまり、第八天を過ぎたのちに神の国へと行きつくであろう」と語りかけた(6)。声の夢であった。カルダーノはまず「父の霊は私の守護者である」と解釈し、諸天球と諸学問とを対応させた。いわく、「月は文法、水星は幾何学と算術、金星は音楽と占いの術と詩、太陽は倫理学、木星は自然についての学、火星は医学、土星は農業や植物などの知識、第八天はそのほかの諸々の学問、自然の知恵および多種多様な研究成果のよせ集め。そしてこののち、最後に主の御許で休息するのであろう(7)」。

### 「ステファヌスの夢」

第三の夢の記述は短い。ときおりみた青年の夢で、「いったい誰で、どこの国の人かと青年にたずねると、彼はようやく『ステファヌス・ダメス』Stephanus Damesとだけ答えた」というのが夢のテクストである。ここでカルダーノは言葉の謎を解こうとし、「ステファヌス」が「冠」を意味し、「ダメス」Damesを分解してギリシア語の「メソス」mesosが「真ん中」ないし「中間」を意味することにたどり着いた。

### 「都市の夢」

第四の夢は、ふたたび言葉の謎解きに、都市の光景、ストーリー、いきいきとした会話が組みあわされた、まるでシナリオのような夢である。一五五八年、ミラノにいたころの夢で、下男とロバを連れて豪壮な宮殿の立ち並ぶある都市に来た。そのなかのひとつである金色の館をローマでみた覚えがあった。老女にその都市の名をたずねると、「バッケッタ」Bacchettaだと答えた。この夢についてのカルダーノの連想は、「子ど

(4) C・A・マイヤー『夢の意味』河合俊雄訳(創元社、一九八九年)における「夢の劇的図式」にしたがって(a)から(d)でしめした。
(5) 『わが人生の書』第三七章、一四六頁。
(6) 『わが人生の書』第三七章、一四六頁。
(7) 『わが人生の書』第三七章、一四六-一四七頁。グラフトン『カルダーノのコスモス』、二三九頁以下参照。

もを打つときに使うムチ」であるバッケッタをめぐって古代ローマの詩人ユウェナリス（Decimus Iunius Iuvenalis, 1c.－2c.）にまでおよぶが、どうしても答えが思い当たらず、わずかに「ローマに関わりがある」ことを確信し、「ローマに暮すことを暗示しているような夢」だったというだけで終っている。

### 「アルドーの病気の夢」

最後の夢は、「一五四七年の夏にパヴィアで、［夢のなかで］次男の病気を知らされた。息子はいまにも死にそうにみえ、私は絶望した」というわずか一行の夢のテクストである。目覚めた直後に次男アルドーが実際に倒れたとの知らせを受け、処置をほどこす。そのあとの処置の様子が詳述される。

## 3　五つの夢をめぐって

### 3－1　人生全体を予告する夢

以上の五つの夢に関連して他の箇所で語られる夢のテクストと解釈を参照しながら、これらの夢の特徴をいま少し明確にする必要があるだろう。上述した五つの夢のうち第一の夢と第二の夢を、カルダーノは人生全体を予言するような夢とみなしている。構成は心理学者 C・A・マイヤーのいう夢の劇的図式にぴたりと当てはまる。「山のふもとを駆けている夢」の諸特徴は、第二の「月天の夢」に比較すると際立っている。

「月天の夢」も全人生の予告のようにみえるが、解釈はあのダンテ（Dante Alighieri, c. 1265–1321）がしたように学問体系との対応であり、学問修行に限定される[8]。前者は丘陵地帯の風景が目に浮かぶような視覚的な夢で、後者は声だけの夢である。前者は「走る」、「山を登る」、「下る」など身体的な運動が多く、この世の事柄に即して解釈されたが、後者は肉体から引き抜かれた霊魂の夢となっている。第一の夢では大勢の老若男女や自分自身、そして子供が登場し、風景の広がりのなかに山々、ブドウ畑や平原、季節を感じさせる草木、そして家屋に服の色までが描写され、激しい感情の動きをともなう。一方、第二の夢は月の天球にいるようだという微かな感じがするだけで、父とおぼしき声しか聞こえない。

これら多くの点で対照的なふたつのタイプの夢を比較すると、「山のふもとを駆けている夢」が世俗的な生涯の予知、「月天の夢」は最後には神の御許へといたる霊魂の遍歴をあらわしている。これら一五三四年ごろにあいついでみたというふたつの夢は、内容も形式もともに補完しあってカルダーノの人生全体を予知するものとなっている。

おなじく、その生涯を予知していたと晩年のカルダーノが認めた重要な夢がある。一五三一年ごろの「幸福で満ちたりた」若き日々のある夜のことで、カルダーノ自身の結婚のきっかけとなった夢であった。『わが人生の書』第二六章で語られる「庭園と女の夢」である――

（8）　E・カッシーラー『個と宇宙』薗田担訳（名古屋大学出版会、一九九一年）、一二三頁における占星術と知の体系についての議論を参照。

(a)ある夜のこと、私は心地よい非常に美しい庭園のなかにいるようだった。庭園は花盛りで、ありとあらゆる種類の果実で満ち、甘い微風が吹いていた。庭園の入り口と、向かいあったもう一方の戸はすっかり開け放されていた。

(b)と、そのとき、私は[庭園の外に]白い服を着た若い娘をみた。

(c)私は[外に出て]この娘を抱きしめ接吻を交わした。

(d)だがその刹那、庭師が現われて庭園の戸を閉じた。私はすぐ彼に戸を開けたままにしておいてくれと頼んだが、聞き入れられなかった。私はその娘と抱きあったまま、悲しみにくれて庭園から締め出されていた。[9]

美しい花園と愛する若い男女のとりあわせは当時流行していたという結婚による永続的な愛をしめす「愛の園」の図像を思わせるが、しかしそれとは違って、夢のなかのカルダーノには庭園から出ていくことによってしか女との出会いは許されなかった。

この夢のあと数日して、カルダーノは道で夢のなかの白い服の女と実際に出会い、結婚することになった。青年カルダーノの解釈では、あきらめかけていた結婚が可能になるとの吉兆のはずであった。だが晩年の彼が思いめぐらすには、その夢の真の意味は子供たちにおいてあきらかになったのだった。四〇年にわたって若き日の夢を記憶し、その意味を考えつづけた結果、カルダーノは結論する——「この不幸な結婚は、私の生涯に起こったあらゆる不幸な出来事の原因であった[10]」。

## 3-2　ステファヌスの夢

カルダーノは自己を語ることを好み、お気に入りの自伝的なエピソードを『わが人生の書』のなかだけでなく、いくつもの著書のなかでくり返し語るのが常であった。夢の話も同様で、第三七章の記述では読者にはよく理解できず、カルダーノも解釈せずにおわる「ステファヌスの夢」は『シュネシオス派の夢の書』第四巻にみる記録に酷似している。自分自身の夢を集めた箇所におさめられた、仮に「宝石商の夢」と名づけられるものである。(11) そこでは、長い一連の夢の一部に登場して中心的な役割をになう人物が「ステファヌス・デ・メス」Stephanus de Mes と名乗る。一五六二年二月二三日付の夢である。そのなかでカルダーノは――

（a）この宝石商に大切な宝石を売り渡したが、

（b）売ったことが残念でたまらず、実際にはまだ宝石は金庫のなかに所有しているとも思っている。

（c）だが宝石商は、宝石はすでにもらったと主張する。名をきくと、しぶしぶと「ステファヌス」Stephanus だと答えた。姓を聞くともっとためらったが、ついに「デ・メス」de Mes だと答えた。

---

（9）『わが人生の書』第二六章、八七頁。

（10）『わが人生の書』第二六章、八八頁。

（11）『シュネシオス派の夢の書』第四巻第四章（*Opera*, V, 726b–727b）.

(d) ミラノに滞在するかと聞くと、彼は定住の家をもたずに旅をしてまわっていると答えた。そして最後までカルダーノは、宝石は自分が所有しているという考えで気を休めていた。

この夢の特徴は夢のもつ不確実な要素を巧みに描き出していることと、「ステファヌスの夢」と同じく言葉の謎が中心になっていることである。このふたつの点をめぐって、カルダーノは解釈を試みた。ひとつには、宝石とお金が書物の完成にたいする危険をあらわしており、警告の夢であること。さらに、宝石の取引があったのか、なかったのかという点からは「夢はあきらかに、私自身の判断で決定することを忠告している」と考え、言葉の謎にせまる――「メッセージの残りはここから引き出される。姓と名は中央により支配される。すなわち、私は君主に仕えなくてはならない。さもないと、すべてのものを失うだろうという意味である(12)」。

夢と同じほどわかりにくい謎解きには、さらに解説が必要であろう。カルダーノ研究者M・フィルツがこの夢の解釈を分析したところによれば、カルダーノが『シュネシオス派の夢の書』でしめしている夢シンボルの百科全書と彼が書物においた重要性からして、宝石はたしかに書物をあらわす。また、カルダーノは自分の将来の地位がすべて自分の決断にかかっているとしたが、これは年代からして具体的にはボローニャでの教授職をさす。「ステファヌス・デ・メス」Stephanus de Mesからは、神聖ローマ帝国皇帝カール五世とフランス王アンリ二世(Henri II, 1519-1559)との攻防戦が一五五二年から一五五三年の冬にくり広げられたメスMetzの町が連想できる。しかもその都市の守護聖人は聖ステファヌスである。この都市のラテン名は

「メディオマトリクム」Mediomatricumであり、もうひとつの地名ミラノは「メディオラヌム」Mediolanumである。どちらの名前も「中央」medioという冠がついている。ここからして、謎の宝石商の姓名は「中央により支配される」となる。中央とは偉大な君主、皇帝や国王のおられるところである。こうして「宝石商の夢」の解釈が先の第三の夢の言葉の謎解きと合致するのであった。結局、この「ステファヌスの夢」によってカルダーノは自分が君主に仕えるべきであることを読みとり、また読者にむけてほのめかしているのであった。同時代人にとっては、このような暗示はそれほどの困難もなく理解されたであろうというのがM・フィルツの結論である。(13)

## 3-3　医療に関する夢

五番目の「アルドーの病気の夢」と同じジャンルに分類できる夢が『わが人生の書』第三三章にある。「ボッローメオ家に出入りしていた一五三六年ごろ、明け方に大きな蛇の夢をみて恐怖を感じた」という短いテクストである。第五の夢と同じく、そのあとの処置の有様が詳述され、カルダーノの関心は夢よりも処方をしめすことに移っている。これらは、カルダーノが本業の医師として病人のもとに呼ばれる前に、夢で病気について予知したおかげで処置の手がかりをえるという部類の夢であり、第三三章では診断に「夢が果たした役割」を自慢してわざわざあげているのであった。(14)

(12)『シュネシオス派の夢の書』第四巻第四章（*Opera*, V, 727b).
(13) Fierz, *Cardano*, 153.

## 3－4　解釈の出来ない夢と解釈の余地のない夢

カルダーノは解釈できないままの夢も大切にしていた。第四の「都市の夢」がそうだが、夢はありありと活写されている。解釈の成否よりも、夢そのものを記録すること自体が目的であるかのようだ。まったく解釈のできないままの夢のひとつに『わが人生の書』第三七章の「赤い雄ドリの夢」がある。「人間の声を発するのではないかと思っていると、その直後にそうなる」というものである。この夢は、読み解くことはできなくとも「幾度も同じ状態でそれをみた」ことを自己の特異な点とみなして記している。

また、解釈の余地のない明白な指示を夢で与えられたこともあった。『わが人生の書』第四三章の「エメラルドの夢」である。一五六〇年五月、息子の死を嘆くあまりに自らの死を願うほどの苦しみのなかで眠りに落ちると、闇のなかから「お前の首から下げている宝石を口に入れよ」という声が聞こえ、この声にしたがうとたちまち息子の刑死にまつわる悲惨な思いを一切忘れることができた(15)。しかしこの夢は、他の夢とは区別されて「まったく超自然的な出来事」として不可思議な前兆のリストのなかにまとめられている。

このようにしてカルダーノは、大部分の夢については一見とらえどころのない夢のイメージと言葉のなかに意味を探ろうとしていた。だが、そもそも夢とは何らかの意味を担っており、絵文字を読むようにして読みとりうるものなのだろうか？　ここで、夢そのものから夢の理論へと目を移したい。

## 4　『シュネシオス派の夢の書』

### 4-1　シュネシオス派の夢占い

カルダーノが著した夢についての理論書の表題は、著者がシュネシオス派の夢占い師であることを表明している。古代末期の新プラトン主義者として名高いシュネシオス（Synesios, c. 373-c. 414）は四〇四年ごろ、神の命により一夜のうちに夢についての論考『夢について』を書きあげたという。宇宙との交感にもとづいた夢理論をたて、夢のメッセージはエジプトやアッシリアなどの古代文字で書かれた書物のように読みとることが可能であると説いた[16]。この論考は、ルネサンス期にはフィレンツェのプラトン主義者マルシリオ・フィチーノ（Marsilio Ficino, 1433-1499）によってラテン語に訳されて、『夢について』*De insomniis*（フィレンツェ、一四八九年）という題名で知られ版を重ねていた[17]。

（14）『わが人生の書』第三三章、一二七-一二九頁。

（15）『わが人生の書』第四三章、一九一頁。

（16）シュネシオスおよび夢の解釈の歴史については Jay Bregman, *Synesius of Cyrene, Philosopher-Bishop*（Berkeley: University of California Press, 1982）：マイヤー『夢の意味』：ルゴフ『中世の夢』を参照。

（17）テクストはフィチーノの全集 Marsilio Ficino, *Opera omnia*（Basel, 1576）, II, 1968-1978 に収められている。

夢解釈の歴史においては、シュネシオスはこの著作によって夢の個人化と民主化をなしとげた人物として知られている。それまでの見解では特権的な人物、すなわち族長や神官、国王、あるいは特別な賢人が予言的な特別な夢をみるはずであるという見解が主流であったのにたいし、シュネシオスは夢による予言はその性質からして万人の達することのできる範囲にあるとした。しかも、夢の予言をつくり出しているのは各人なのだと強調した。一方、夢についてのもっとも完成した論考である『スキピオの夢注解』*Commentarius in somnium Scipionis* のなかでマクロビウス（Macrobius, 5c.）は、最高の権威をもつ人物の夢だけが反駁の余地のない正当性をもつ予言夢とみなされるという古代からの考えを発展させた。そうすることによって「スキピオの夢」の正当性を論じたのである。マクロビウスと比較すれば、シュネシオスの対照的な立場の違いがわかるだろう。それによれば、夢こそは暴君さえ禁止することのできない個人の自由の領域に属するのである。しかも、夢解釈は占い師に頼ることなく、各自で携わるべきであるとして推奨された。この新種の秘儀においては各人が神官であり、入門者であると。

では、夢の効用は何かといえば、来たるべき喜びを知らされて待つことであり、また不幸にたいしては警告として注意を喚起することである。しかしながらシュネシオスは、夢の曖昧な性格からして夢理論には正確な法則がないことを認めていた。残る方法は自分を土台にして、どのような夢物語に続いてどのような事件があったかを記憶することであるとし、夢日記をつけることを勧めた。

## 4－2 自然な説明と超自然的な説明

このシュネシオスを出発点として、カルダーノは四巻からなる『夢の書』のなかで夢解釈の勧め、夢の形成のしくみ、夢解釈の仕方、そして予言夢の例といった項目について詳述した。歴史家A・ブラウンにしたがって、ルネサンス期には夢についての考え方には大別して三つのタイプがあったこと、予言夢の原因の説明にはふたつの主流があったことを確認してから、カルダーノの夢理論をみていこう。(18)

第一のタイプとして、夢には意味がないという見解があった。夢は先入観や空想、記憶、希望、感情の反映ないしは身体の不調によって生ずると考えられた。有名なマクロビウスの五分類では、「重要でない日常的な出来事の幻像」insomnium および「浅い眠りのときの幻覚」visum というふたつの項目にわけられている。そして夢の形成のしくみの説明は、一般にアリストテレスの著作『夢について』*De insomniis* に拠っておこなわれていた。(19)

第二のタイプは、夢はそれをみる人の身体の状態、たとえば体液の過多などに応じて生じることから、医学の面では意味があり有益であるという古代ギリシアの医学者ヒポクラテスやガレノスにさかのぼる見解で

(18) Alice Browne, "Girolamo Cardano's *Somniorum Synesiorum Libri IIII*," *Bibliothèque d'Humanisme et Renaissance* 41 (1979), 123-135.

(19) アリストテレス「夢について」および「夢占いについて」は『霊魂論、自然学小論集、気息について』副島民雄訳、アリストテレス全集六（岩波書店、一九六八年）を参照。

あった。以上のふたつのタイプでは夢はかすかな感覚的刺激あるいは記憶像からなっており、知覚の刺激が強い覚醒時にはえられないが、睡眠中にはえられるというものであった。

第三のタイプは、夢は未来を予告するというもので、マクロビウスの分類では「夢」somnium,「未来をしめす幻視」visio,「神託」oraculum の三つにわけられている。予言夢の原因については、著作家たちは自然な説明と超自然的な説明のふたつを利用することができた。まず自然な説明はさらにふたつに分類され、そのひとつはアリストテレスの著作『夢占いについて』*De divinatione per somnum* のなかで与えられているものであった。もうひとつの自然な説明は、天体の影響力を原因とするもので、これこそカルダーノが選んだ説明であった。一方の超自然的な説明とは、予言夢は神にしろダイモーンにしろ、超自然的な存在からのメッセージだというものであり、カルダーノはこの種類の説明をとることを注意ぶかく避けた。では、聖書の神によって送られた夢はどうなのか？　それは奇跡であって、予言夢の一般理論とは無関係であった。「ちょうど奇跡的な治療が医薬品と無関係であるように」[20]。このようにして予言夢は、自然現象として探究の対象となりえたのである。

## 4-3　予言夢の形成

カルダーノの関心は予言夢に集中しているのだが、同時代の著作家たちと同様に多くの夢は上述の第一と第二のタイプの夢理論があたえる枠内で説明されるべきだとした。また、予言夢が身体的な状態などの影響によって歪められることがあることを認めていた。すなわち、予言夢の形成のしくみは、夢が映る媒体である血液ないし精気（スピリトゥス）の運動の仕方によって夢の性格が変わるというものであった。たとえば食物や飲料の消化による蒸気、体液、激しい感情などが体内のスピリトゥスをかき乱して理解できない夢を生じさせたり、夢の主題を決定する。そしてもっとも筋のとおったはっきりした夢は、一般に「流出」influxus または「力」vis であらわされる天体の影響力がスピリトゥスを動かすことにより生ずるのである――

この影響力は、それが生みだす作用にふさわしい「形象」species を霊魂のなかで動かすようになっていて、この作用に類似している形象をつくりあげるのだ。あたかも誰かがおびただしい数のさまざまな色と形の小石をもっていて、平面上に人間であれ、動物や植物など何であれ、あらゆるものの輪郭の「像」imago を描くことができるようなものだ。あきらかにその人は、まず自分の熟練度に応じた正確さで対象を描きだすだろう。それから、小石がどれほど形、色、数においてふさわしいかに応じて。そしてまた彼が描こうとしているものの形が、どれほどよく知っているものか、あるいはありふれたものかによって。[21]

それゆえ天体の配置の強さないし弱さ、表現されるものの一般性ないし珍しさ、そして夢みる人の霊魂のなかの像の豊富さとその「押印された形」forma apposita という三つが、それぞれの予言夢のあいだの相違

（20）『シュネシオス派の夢の書』第二巻第一八章（*Opera*, V, 690a）. Cf. Browne, "*Somniorum*," 126.
（21）『シュネシオス派の夢の書』第一巻第三章（*Opera*, V, 598b）. Cf. Browne, "*Somniorum*," 128.

の原因となり、これら三つのすべてが優れているときに「イドルム」idolum が形成されるという。[22] イドルムとは文字どおりの予告となる夢の像にたいするカルダーノの用語である——

たとえば私が傷を負わせられるはずの男を知っているとき、あるいはその男に非常に似ている男を知っているとき、「天の力」vis coeli はイドルムによって彼を描きだすことができるのだ。そうでなければ、その男はさまざまな類似性、振舞い、衣類、名前によってしめされるだろう。そうすると「解釈」interpretatio が必要になるだろう。[23]

予言夢が解釈しうるものであること、なぜある夢は曖昧であって解釈が必要なのかがここでしめされた。以上の引用の箇所によってカルダーノが意味のある夢と意味のない夢を連続的に説明しており、真実の夢と虚偽の夢が質的に異なったものでないと主張することに成功していると先述のA・ブラウンは評価している。[24] 他の多くの著作家たちは、曖昧な夢を説明するのにアリストテレスのとなえた水中の反映のたとえにもどり、ホメロスの二種類の夢、すなわち真実を意味する角の門と誤りと迷いの象牙の門のあいだで戸惑っていた時代であった。[25]

しかしながら、どのようにして夢の解釈が可能になるかの実際的な助言を述べるさいには、カルダーノの主張は力強さを欠くことをA・ブラウンは指摘している。[26] 夢の多義性を強調するあまり、解釈のための一般原理では不十分であり、効果的な助言を与えることができないのだ。では、夢解釈は規則化できず、人に教えられないものなのであろうか？ 各自はシュネシオスの勧めのように、自分の夢にたいする夢占い師になれないのであろうか?

## 5　夢みる能力と解釈の能力

本章の冒頭でみた五つの夢は、カルダーノの生まれつきの異常な特性にあてられた『わが人生の書』第三七章のなかでしめされたものだった。そこでは幼いころに幻想を目にしてひとりで楽しんだことをふくめて八つの特性を述べているが、その五番目がくり返しみた「赤い雄ドリの夢」であった。つづく第三八章では青年期からの特別な能力をあげており、そのふたつ目が夢の予知の能力であった。「一五三四年には私は近い将来に起こるであろうことを夢にみるようになった」と記述されるこの能力は、一五六七年まで三三年間も続いた。さらに伝記作者W・G・ウォターズは、すでに一五五七年の『事物の多様さについて』のなかでカルダーノが生まれつき授かった驚くべき特性として四つのことをあげていると指摘しており、それらの三番目が「夢で近々起こることを予知する力」であった[27]。

(22)『シュネシオス派の夢の書』第一巻第三章(*Opera*, V, 599a).
(23)『シュネシオス派の夢の書』第一巻第三章(*Opera*, V, 599a).
(24) Browne, "*Somniorum*," 129.
(25) アリストテレス「夢について」第三章、二六三頁。
(26) Browne, "*Somniorum*," 130.

このようにカルダーノは予言夢をみる力を自己の生まれつきの特性とみなしていた。では、夢解釈の能力も生来のものとみていたのだろうか？　それとも生後に体得することのできる知識や技術であると考えていたのだろうか？　ふたたび先述のＡ・ブラウンの見解によると、『シュネシオス派の夢の書』のなかでカルダーノは夢解釈には一貫した原理をしめすことができないことに気づき、第二巻で夢解釈の厳密な学問は存在しえないことを認めていた[28]。それにはふたつの理由がある。第一に、未来が正確に決定されているときにのみ、夢と出来事との絶対に誤りのないつながりが存在しうるが、これらは自由意志とは相容れない。第二に、夢をみることのできる事物の種類は無数であるため、それらすべてを網羅することは不可能である。とはいえ『シュネシオス派の夢の書』では、夢シンボルの百科全書ともいうべき項目に多くの紙幅をさいているのではあるが。

夢解釈にはしたがうべき原理がなく、「こうした事柄は術（アルス）として規則化できるようなしろものではない」ことはわかったが、同時にある人びとは夢の意味をよく理解するとカルダーノは指摘した[29]。良い解釈家であるための条件は、アリストテレスの言葉によれば類似をみる能力であった。カルダーノは次のような比喩で語る――

というのは、もしある知られた人物の肖像が小石によって表現されたとすると、ちょうどインド人たちがそれを羽でもって美しくやるように、ある人々はそれをただちに解釈し、それが誰であるかを認めるだろう。だが他の人々はもっとゆっくりと、よくよく考えて認めるだろう。また別の人々は、その肖像画の男をよく知っているにもかかわらず、絵からその男を認めることは決して想像できないだろう。ここからして、この「知識」cognitio がいかに生まれつきのものであるか、そしていかに「解釈者（占い師）」vates が必要であるのかがわかる。[30]

夢解釈には類似を見抜く直観的な力が必要だとすれば、それは規則化して教えられるものではない。そして、この力が生まれつきのものであるならば、誰もが身につけることは不可能だという結論に到達する。カルダーノが夢の理論書の表題に敬意をもって掲げたシュネシオスは、夢解釈が身分を問わず誰にでも手が届くものであるという立場をとっていた。したがってカルダーノの結論は、この立場とは逆の方向に進んでいた。すなわち、予言夢をみる能力とそれを解釈する能力を万人に達するものとはみなさず、これらの能力を選ばれた特別な人物の特異性に極端に限定したのである。それは、古代の伝統における族長や国王の夢の特権化とも異なった方向性を示唆しているようだ。つまり、カルダーノがそのひとりに数えられるマグス、すなわち自然魔術をつかさどる賢者たちの知のあり方をしめす例なのであろうか？　以下では、これまで見て

(27) William George Waters, *Jerome Cardan: A Biographycal Study* (London: Lawrence & Bullen, 1893), 249. Cf.『事物の多様性について』第八巻第四三章（*Opera*, III, 161a).
(28) Browne, "*Somniorum*," 130. Cf.『シュネシオス派の夢の書』第二巻第一章（*Opera*, V, 671a-676a).
(29)『わが人生の書』第三七章、一四九頁。
(30)『シュネシオス派の夢の書』第一巻第三章（*Opera*, V, 599a). Cf. Browne, "*Somniorum*," 131.

きたことからカルダーノの夢にたいする態度を整理し、その人生において夢がどのような役割を果たしていたのかを考えたい。

## 6　カルダーノと夢解釈

予言夢をみる能力と解釈の能力は、生まれつきに備わった予知能力のひとつであり、これらによって自己の優位さを際立たせることができた。しかしカルダーノの夢解釈は、生来の直観的な能力だけで容易になしおおせるものではなかったし、そのときの一時的な作業で完了するものでもなかった。夢の意味を正しく読みとるためには、ひとつの夢を数十年にもわたって考え抜かなければならなかった。『わが人生の書』のなかで書物の読み方について与えた助言は、そのまま夢解釈にも当てはまるだろう。「月並みなあまり役に立たない意見は飛ばし、曖昧な箇所をマークしたあと、それが理解できるようになる瞬間を待たねばならない」(31)。一五四〇年二月二六日付の「黒い太陽の夢」をみた直後には、ただ不吉な予感を覚えただけで、その意味である長男の死がわからなかったが、その理由は「一部には夢解釈の術において必要なレベルに達していなかったから、そして一部には運命がそれを許さなかったから」であった(32)。

『シュネシオス派の夢の書』第四巻の正確な日付のある予言夢の数々に目をとおすと、著者が夢日記をつけていたであろうことが推測できる。この点ではカルダーノはシュネシオスの忠実な弟子であった。夜毎の夢を大きな夢も不可解な夢の断片も漏れなく記録すること、混乱した夢のストーリーからもっとも重要なものをとりだし、しかも急いで未来を先どりしようとせず運命の歩みを辛抱強く待つこと、そしてあきらかになった出来事と照合しながら解釈し直すこと。カルダーノが実際におこなった夢解釈には、それらがすべてふくまれていた。

夢の予知は、占星術をはじめとする他の占いやさまざまな前兆による予知のひとつであって、それらの現象の一般原理は天体の活動や占星術の因果性のうちにあった。人々が住む宇宙は、上なるものと下なるものとが照応しあう空間であった。カルダーノの師でもあるポンポナッツィが『魔術について』(一五二〇年執筆)のなかで証明を試みていることは、あらゆる不思議な現象、魔術現象、夢解釈、観掌術、降霊術の解明には、諸天体の影響以外のいかなる力も必要ないということだった。[33] 天体の影響力をふまえることが宇宙の自然な秩序にそった説明であり、カルダーノの『シュネシオス派の夢の書』は予言夢を自然現象として探究しようという試みの成果であった。

夢解釈は知識として体系化することも、術として規則化することもできないとカルダーノは一貫して認めていた。『わが人生の書』のなかの「諸学問においてなした重要事項」の章で自分の業績を書きつらねているが、夢解釈については一言も触れていない。[34] 一〇種の学問をおさめ、多方面の知識に精通したことを自慢

(31)『わが人生の書』第三九章、一五八頁。
(32)『シュネシオス派の夢の書』第四巻第四章(*Opera*, V, 716a). Cf. Fierz, *Cardano*, 140.
(33) カッシーラー『個と宇宙』、一二八頁。
(34)『わが人生の書』第四四章、一九七―二〇一頁。

した第三九章のような箇所でも、夢の研究において果たした貢献には言及していない[35]。夢はカルダーノにとって業績を生み出す力にはなっても、夢の研究そのものは業績とは認められなかった。さらに『シュネシオス派の夢の書』でしめした夢解釈を誰にでも役立つものとは考えず、万人に勧めるにはかえって危険であるとさえみなしていた。「この書物は、分別のある人々にはきっと役立つだろうが、無教養な連中には不適切だ。だが、悪用したり無分別に用いたりして有害でないようなものはないのである[36]」。夢のとらえどころのなさは、特別に夢の予知力を授かっていると自慢するカルダーノ自身についても同じであった――「そんなわけで、予告というのは気前のよい人がくれる受けとれないほど多くの贈物のようなものである[37]」。

多くの夢の内容は名前の不滅性という主題を中心にめぐっており、夢の役割は「癒し」であったと思われる。自叙伝のなかでくり返し語っているように、カルダーノの最大の望みは死後も生き続けること、すなわち子孫がつづき、著作が読みつがれていくことであった。初めは諦めていたこの願いに期待できるようになったのも「ある夢」によってであった[38]。『シュネシオス派の夢の書』を出版したのは、息子の刑死という生涯最大の災いにあった直後のことだった。子供たちの不幸な運命は、結婚をめぐる夢である「庭園と女の夢」によってすでに知らされていたが、その不幸の断崖を無事に降り切ったカルダーノは、「山のふもとを駆けている夢」でしめされるように、毎年実りをもたらすブドウ畑によって永続性を約束され、未来への可能性をしめす子供の手を引いて静かな田舎家の前に立っているのであった。

夢を記録し、その意味を探るために思いをめぐらすことは、災難ばかりが降りそそぎ、つねに陰謀術策の渦中にいると嘆くカルダーノにとって大きな慰めであり、楽しみでもあった。そして何よりも癒しであった。

それは『わが人生の書』第四三章にみる「エメラルドの夢」のように古代の聖所参籠を思わせるような即座に治癒効力のある夢のことだけではない。鋭く正確な観察力は、しばしば夢の光景を現実の描写以上にリアルに描く一方で、その感受性は夢のもつ不確かな感じを巧みにとらえて表現する。絵画的な夢の描写は、あたかも寓意画を目にしているような印象を読者に与える。それは部分においては正確で比類なく美しく、全体のメッセージが謎めいている図像である。

こうしてカルダーノは、夢のもつ美的な要素をこまやかに味わいながら、過去の出来事を受けいれ、再生へと向かう力をえていた。さらには不安な夢を抱えて訪れた友人の話を聞き、その夢を解釈して安心させた例も『シュネシオス派の夢の書』にはおさめられている[39]。それは医師としての治療行為の一部だったのだろう。学問的な認識としては認められなかった夢の知は、自らと他者を癒す知恵としての役割を果たしていた。

夢を味わい、夢から学び、再生の力をえていたカルダーノにとって、眠りのなかの夢と目覚めたときの日常は、幻と真実というふたつの異なった世界ではありえなかった。夢と現実は天と地が照応しあってひとつの統一ある世界像をつくるように相互に浸透しあい響きあう世界であって、彼の稀有な人間像はこのような

(35)『わが人生の書』第三九章、一五四－一五八頁。
(36)『わが人生の書』第四五章、二一一－二一二頁。
(37)『わが人生の書』第四七章、二二七頁。
(38)『わが人生の書』第九章、三八頁。
(39) Cf. Fierz, *Cardano*, 139.

夜と昼によって育まれていた。カルダーノの「人生」vita とは、夢をともなってはじめてひとつの全体たりえたのであった。

# 第六章　守護霊との対話

## 1　『父ファツィオとの対話』

七〇歳をすぎてローマでの孤独な日々を過ごしていたカルダーノは、いつものように自らの境遇を嘆いていた。名誉ある教授職は奪われ、著作を出版する可能性も断たれたが、ローマの医師たちとのつき合いは面倒だと感じられた。ガレノスさえ、もっとましな医師たちと顔をあわせていたと考えると、耐えることができなかったからである。収入はなく、子供たち、孫たちからも離れ、健康はおぼつかなく、召使いや友人たちもあてにならなかった。わが身を古代ギリシア悲劇の盲目のオイディプス王とひき比べても、まだ王の方がよかったとさえ思われた。「私より不幸な人間がいるだろうか？　私は一体どうしたらいいのだろうか？」と悲嘆にくれるカルダーノに、突然声が聞こえた――

ファツィオ「そんなに大声で愚かしく嘆いているのは誰だ？」

カルダーノ「おまけに悪霊（ダイモーン）たちが私をけしかけるぞ。」
するとその声は名乗りをあげた。
ファツィオ「悪霊ではない、おまえの友だ。最良の友だ。かつて私はおまえの父親だったが、はるか以前に汚い肉体の皮を脱ぎすてた。おまえも知ってのとおり、私はファツィオ・カルダーノである。」
カルダーノ「ああ、お父さん、あなたでしたか。あなたの一人息子を憐れんでください！　どうぞ助言をしてください。ちょうど良いときに来てくださいました。」
ファツィオ「おまえは、自分で嘆くほど不幸ではない。むしろ自分で自分を不幸にしている。」
カルダーノは、かつて夢のなかで同じように父に会ったことをつげる。
ファツィオ「よろしい、おまえがあの夢のことを思い出したのは。というのは、もしおまえがよく注意するなら、おまえは月天へと到達した［ことがわかる］。そのときがきたのだ。[1]」

こうして月天にいる亡き父の声とカルダーノとの対話がはじまった。月天に到着したということは、いままでの地上における認識とは異なる段階に達したことを意味するとファツィオは説明した。そもそも物質に捕らえられているわれわれの知性は、物質から完全に分離されたものを知解することはできず、ただ「類比または比例、もしくは類似性で解きあかすことによって」知解するだけであった。月の知性は物質から完全に分離されたもののうちではもっとも低い段階を占めているとはいえ、いまや月天に達したからには新しいより高位の認識を獲得して、これまで理解できなかった謎が解明できるようになったのであるとファツィオは示唆していた――

ファツィオ「今日は一五七四年四月の第九日だ。この日をおまえの最初の日、いわば新しい誕生日とみなさねばならない。いまやおまえはどのようにして月の天球から外にでて、すべての諸天球をとおりぬけ、最高天へと昇っていくのかを理解するのである。おまえの夢が実現されたこと、そしてそのときがきたことを喜ぶのだ。(2)」

こうして亡父との対話がつづく。これは、その記述から『わが人生の書』が執筆されていたのとほぼ同時期の一五七四年に書かれたことがわかる作品『父ファツィオとの対話』である。(3) 本章ではこの作品を『わが人生の書』と関連づけながらみていきたい(図1)。

(1) *Opera*, I, 637a (Fierz, 158–159).
(2) *Opera*, I, 637b (Fierz, 160).
(3) *Dialogus Hieronymi Cardani, et Facii Cardani, ipsius patris*, in *Opera*, I, 637–640. Fierz, 156–166 に解説と抄訳があるが、三箇所の大きな省略がある。カルダーノがベアトゥス[エラスムスの友人ベアトゥス・レナトゥス(Beatus Rhenatus, fl. 1520)のことか?]の本のなかで読んだという認識についての教えを父ファツィオが確認する箇所(637b)、ウェルギリウスの引用句の前後(638a)、および悲しみのなかで生きた王たちとキケロなど歴史上の人物の例について(639b)の一三行あまり。

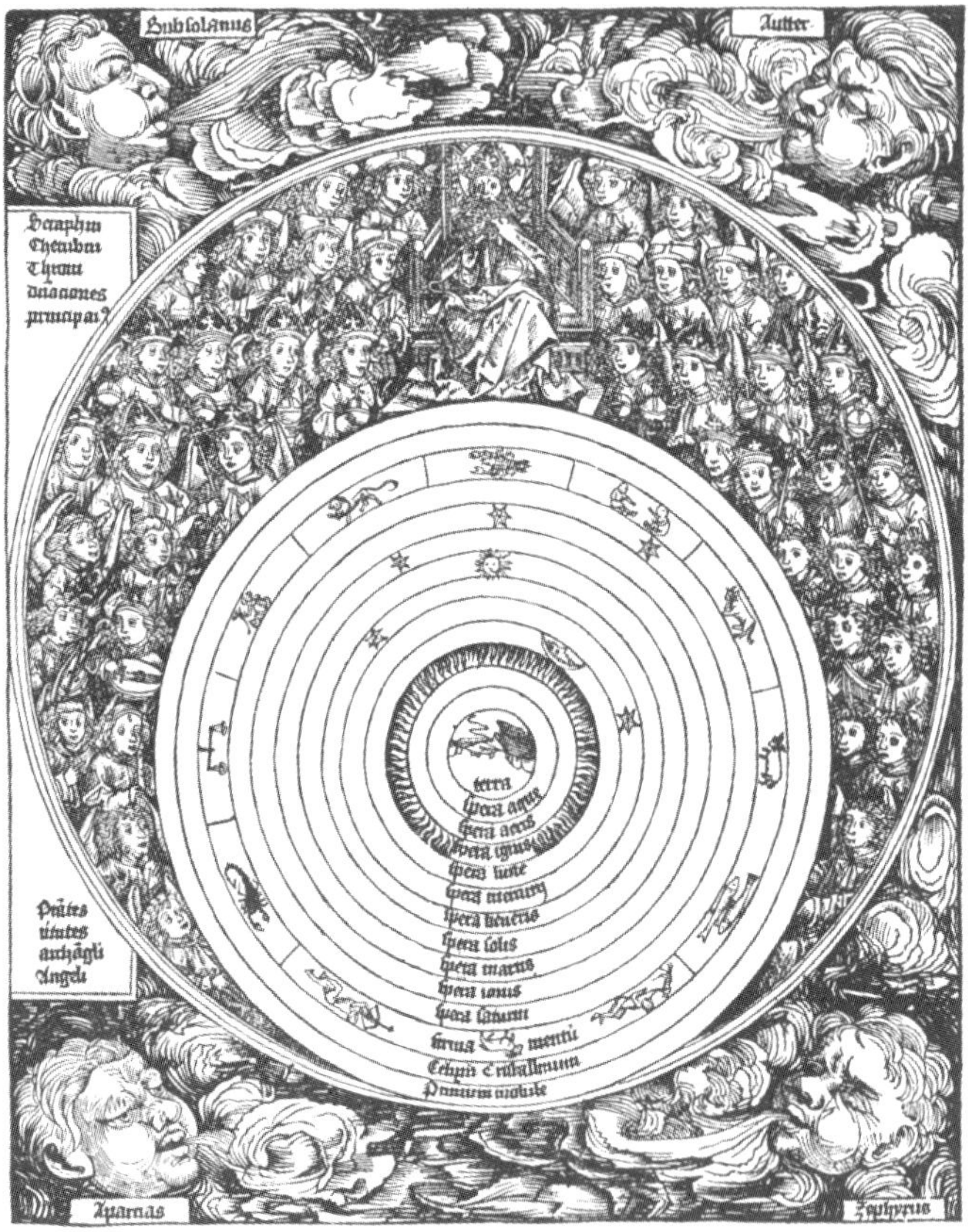


図 1.　ハルトマン・シェーデル『年代記』（ニュルンベルク、1493 年）にみる天界の様子

## 2　前兆や夢を解きあかす

ファツィオが長々とかたる認識論のあとでは、この対話篇は夢解釈について前章でとりあげた「月天の夢」と同じ内容が下敷きになっている。天球を昇っていく霊魂というダンテの『神曲』における主題を念頭においていたと思わせる「月天の夢」は、カルダーノが長年にわたり大切に覚えていたお気に入りのエピソードのひとつで、『自著について』の第二版（一五五七年）にも記載がある。(4) 細部や解釈では違いがあるが、この夢が人生の知的な側面を展望している大事なものであるとカルダーノが解釈する点は同じであった。しかし『父ファツィオとの対話』においては、「月天の夢」のようにカルダーノ自身が夢解釈を披歴するという展開にはならない。見解をのべるのは、もっぱらファツィオの方である。カルダーノは不安におびえる弱々しい質問者に終始し、あたかも父親に甘える子供のようであり、反対にファツィオは慈愛にみちた頼りがいのある助言者の役割をはたす。父親の見解と励ましを聞いて、息子は徐々に落ちつきと活力をとり戻していく。

対話の内容には、ふたつの主題が絡みあいながら交互に現れる。ひとつは前兆や夢の解釈であり、もうひとつは人生論や幸福論、そしてより具体的な処世術である。ファツィオが解説するのは、カルダーノが解けないままに長年抱えていた気がかりな夢や前兆現象である。陰気で恐ろしげな夢、雷鳴や監禁されたときの

（4）*Opera*, I, 74a（Maclean, 209）. またグラフトン『カルダーノのコスモス』、二三九頁をみよ。

牢獄の扉や窓辺で聞こえた不気味な音も、神が特別な贈り物をくだされたことをしめしているのだから、それを喜ぶべきであると教える――

入り口の殴打の音はボローニャでの、窓辺のそれはローマでの判決をしめしている。格子がガタガタと鳴った音は、おまえが栄光ある巡礼をはじめるために新しい祖国であるボローニャから立ち去らねばなかったことを意味する。だが、第二の逮捕の危険はなかった。というのは不思議な徴は、監禁の初めではなく、終わりに起こったからである。(5)

これらの現象と解釈は、『わが人生の書』の第四三章「まったく超自然的な事柄」や第四七章「守護霊」の記述に細部もふくめて重なっている。第四七章では、守護霊が振動や大音響で知らせてくれた予告を「やっとつかめた」といいながらカルダーノ自身が解釈し記述しているが、(6)その同じ解釈をこの『父ファツィオとの対話』では亡き父の声をとおして聞いているのであった。

## 3　心の処方箋

このような親切な説明を聞いてもなおグズグズと失ったものを嘆き、これからも突然の不幸が襲ってくるのではないかと不安を抱えるカルダーノにたいして、ファツィオは心の処方箋もあたえる――

来世など何もないと思う者どもは、つまらない無価値なことを真の存在とみなす。しかし、おまえは他の仕方で［来世を］知っており、それが最高の思惟であることを知っている。それゆえこの人生がひとつの夢であり、ひとつの影法師であるということも知っているのだ。(7)

人生の歩みのなかで危機的な場面にぶつかったさいにカルダーノは、哲学的な慰めを自らに与えるために著述するのが常であった。初期の作品『慰めについて』（一五四二年）は、古代ローマの哲学者キケロによる失われた同名の作品『慰めについて』を念頭において筆をとったという(8)（図2）。第一巻の冒頭で、キケロが娘の死にさいして書いた本が残されていたら、それはどんなにか優れた著述であったろうと嘆いている。カルダーノの試みは、失われたキケロの作品をモデルに想定した大胆なものであった。

しかし、このストア派の哲学者のように語る『慰めについて』の人生論には、神秘的な出来事や超自然的

（5） *Opera*, I, 639b（Fierz, 166）.
（6）『わが人生の書』第四七章、二二四－二二五頁。
（7） *Opera*, I, 638a（Fierz, 162）.
（8） *Opera*, I, 588a-636b に収録。Misch, *History*, II, 357-358 は、キケロのさまざまな著作における自叙伝的な記述にみられる自己描写とカルダーノのものを比較し、多様な面から一つの人生を描写する手法が後者にふたたび見出されるとする。『慰めについて』をあつかった近年の研究として Marialuisa Baldi, "Il *De consolatione*: l'opera e il manoscritto," in *Girolamo Cardano: Le opere, le fonti, la vita*, ed. Marialuisa Baldi & Guido Canziani（Milano: FrancoAngeli, 1999）, 35-59 がある。

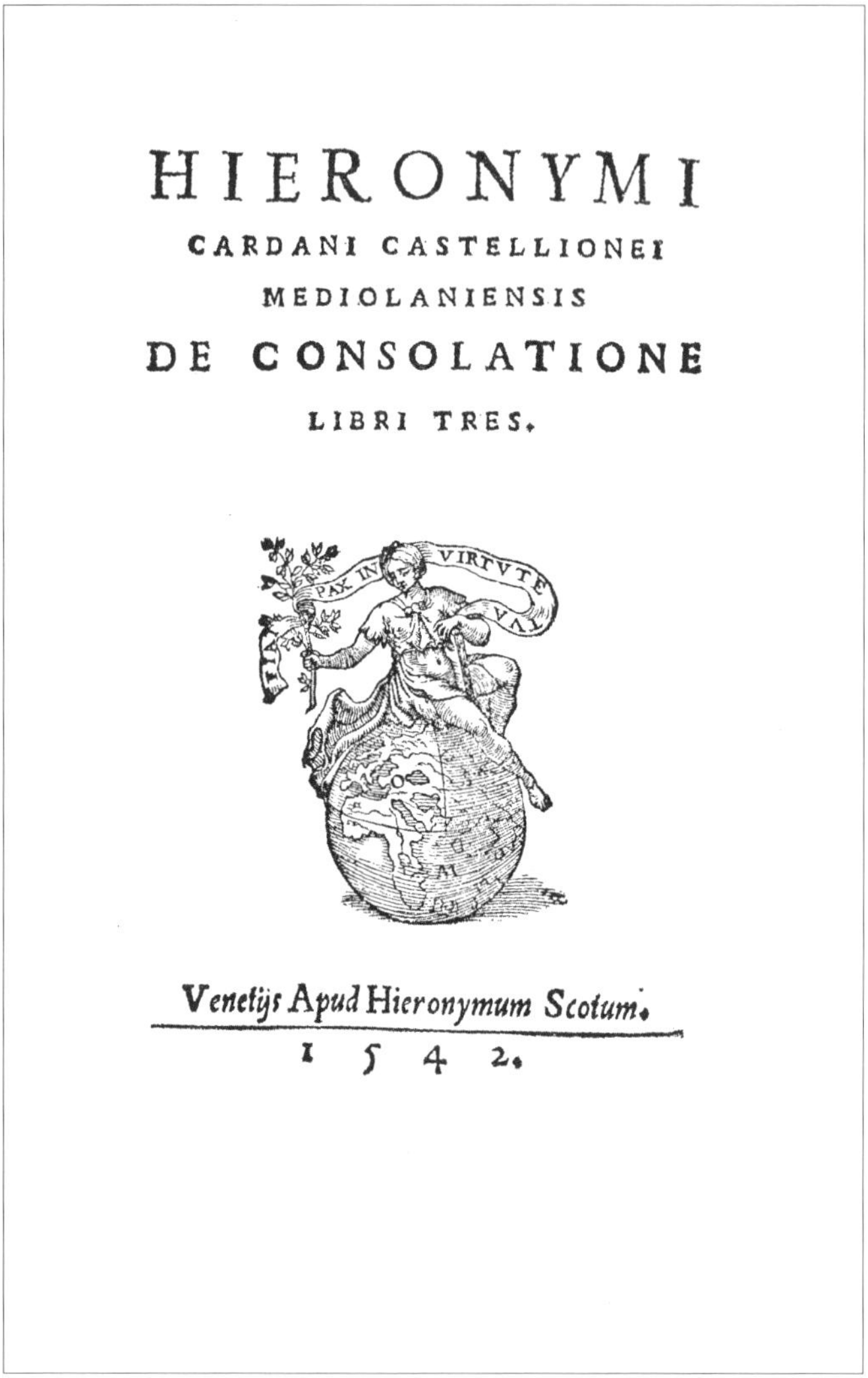

HIERONYMI
CARDANI CASTELLIONEI
MEDIOLANIENSIS
DE CONSOLATIONE
LIBRI TRES.

Venetijs Apud Hieronymum Scotum.
1542.

図 2. 『慰めについて』（ニュルンベルク、1542 年）の扉

な存在の介入についての言及はなく、非常に常識的で穏やかな印象を与える。個人的な悪や不幸の原因、すなわち欲望や恐怖、貧困、隷属、肉親の死、追放と投獄、病気、迫害、老いなどにつづいて、社会全体がこうむる疫病や飢饉、国の破滅をもふくめ順番にとりあげ、具体的な場面に即してどう考えるべきか、どう対処すべきかを教えるのであった。そして逆境に身をおくことは利益にもなること、富や高い身分、快楽こそが不幸をもたらすことを説き、人は徳によって心の平安をえるのであると自らにいいきかせるのであった。

この『慰めについて』にも、カルダーノの著作らしい特徴が見出せる。それは、自分自身を実例として提供していることである。たとえば第二巻の貧困についての議論では、出生時から執筆当時の四〇歳ごろまでの自身の半生を語っている。このような年代順のライフ・ヒストリーは、晩年の『わが人生の書』の第四章「私の人生の短い物語」にもとり入れられており、執筆当時の七四歳までを扱っている。どちらの作品でも、著者は年代順の記述が必要であると考えたが、それは一章で十分とみなしたようだ。

この『慰めについて』は医師カルダーノが提供する「あらゆる悩みの解毒剤」として、中世初期の哲学者ボエティウス（Boethius, ca. 480–524/5）の『哲学の慰めについて』*De consolatione philosophiae* をはじめとして当時さかんに出版された類書のうちでもっともよく読まれた作品のひとつとなった。その後も長男ジョヴァンニ・バッティスタ（Giovanni Battista Cardano, 1537–1560）の刑死に直面した後には、『逆境から得られる有用性について』（一五六一年）を書いたように、ことあるごとに自らの心の処方箋が有効かどうかを自分自身で試さなくてはならなかった。そうした一連の試みの最後のものが『わが人生の書』における人生についての思索なのであり、同時期に書かれた『父ファツィオとの対話』でも父の声が「幸福は運命のなかでなく徳のなかにある」というテーマをくり返すのであった。

対話篇のなかで息子のほうは自らの老齢をも顧みず、あいもかわらず名誉を気にかけている――

カルダーノ「でも自分の名誉も気になります。著作を出版することが私には禁じられているのです。私に負かされた人々が教授職に就任するのを、私は見ることになるでしょう。」

ファツィオ「いったいおまえは、自分が死なねばならないということを知っているのかね！　おまえは無学な人たちにも、またこれから教授になる教養ある人々にも、自分の希望をつないではいないのか？」

カルダーノ「少しもつないではいません。」

ファツィオ「ではそれなら、おまえがすでに多くの日々をすごしたということを喜ぶのだ。おまえは教養ある人々に与えられる老年にすでに十分に達したのだ。ソロンも人間の人生は七〇年つづくといっている。この年齢で彼は死に、ソクラテスもタレスも死んだ。ヒポクラテスについてのみ、つぎのようにいわれている。より長く悲しみのどん底で生きるために彼はもっと老年に達し、人の伝えるところによれば、すっかり老衰して死んだのだ。」

節度なきものには、人生は短く、老年に達することはまれなり…(9)

つづいてファツィオは、「星々によって長寿を予言できなかった」ことや、手相学も人相学もそうだったことをカルダーノに思い出させ、さらにまだ残っている楽しみや幸福を数えあげるだけでなく、気がかりだった健康状態や金銭と財産問題にも実践的な助言をあたえた。カルダーノは徐々に元気をとり戻し、やがて別れのときがくると感謝をのべるが、やはり気がかりなのは失った息子のことであった。ファツィオにすがるように「息子はどこにいるのですか?」と最後に尋ねると、「われわれの傍に」との返事とともに父の声は消え去っていった。

## 4　守護霊との対話

『父ファツィオとの対話』は『わが人生の書』と執筆された時期も同じであり内容も重複しているために、両者はたがいに補完しあうものとして読むことができる。後者の第三七章「月天の夢」との関連でいえば、カルダーノは三〇代のころにみたこの夢からさめることなく、そのつづきを『父ファツィオとの対話』において対話という形式に変えてつづったかのようである。

対話という形式で思い出されるのは、『わが人生の書』の第五〇章において「息子の死を悼む歌」を書いて刑死という悲惨な最期をとげた最愛の息子を嘆いた直後に、「なんでこんな話をするのだ?」という言葉とともに唐突に挿入されるごく短い対話である。[10] それはHとSという頭文字をもったふたりの人物のかわす

（9） *Opera*, I, 638b. Cf. マルティアリス（Marcus Valerius Martialis, 40-102/104）『警句集』第六巻第二九歌第七行。なお、『わが人生の書』第三五章、一三五頁にも同じ格言が引用されている。

議論である。第三一章の幸福についての思索のつづきのようなかたちで議論がふかまり、Hが幸福には四段階あることをのべたのち、「われわれは大きすぎる不幸にあわずに人生を過ごすことができればそれで十分である」という結論に達する。多様な著述形式が混在する『わが人生の書』ではあるが、対話体はこの個所のみである。そのため、この対話がどのような性格と由来をもっているのかがいっそう気になる。

『わが人生の書』の現代語への訳者たちは、Hは当然のことにラテン語名ヒエロニムス、すなわちイタリア語名ジローラモと見ることでは一致している。しかしSについては、おそらく「守護霊」Spiritus であろうという説と友人や対話者としての「スキピオ」Scipio のことなのではないかという説があげられている。[11] 内容的には、この対話では夢解釈や前兆現象はあつかわれず、もっぱら幸福論とみなすことができるが、『父ファツィオとの対話』を読んだあとにはSが守護霊であって、これがカルダーノと守護霊との対話であるとの解釈が妥当にも思えてくる。また、両者が対等に議論しあっているので『父ファツィオとの対話』の発展したかたちにもみえる。

カルダーノは『わが人生の書』の第三七章における「月天の夢」を解釈して、「父の魂は私の守護霊である(これほど好意に満ちたものがあろうか?)」と結論づけていた。[12] これまで検討した月天の夢やHとSの対話と関係づけるならば、『父ファツィオとの対話』はカルダーノが創作した「守護霊との対話」とみなすことができるのではないだろうか?

一九世紀の伝記作家ウォーターズは『父ファツィオとの対話』[13]に注目し、父親の口をとおして語られる言葉が、合理的な精神にとって納得いくことばかりだとのべている。対話の相手が守護霊たる父の魂という設定は超自然的ではあるが、その言説には神秘的な色彩のない助言者であるというものだ。

## 5　守護霊、そしてダイモーンとはなにか？

これまで「守護霊」と訳してきたスピリトゥスと、多くの場合に「悪霊」の訳語を与えられるダイモーンについて、ここでごく簡単におさえておく必要があるだろう。[14] 元来スピリトゥスは、風や息をあらわすギリシア語の「プネウマ」pneuma に相当するラテン語であり、仏語の「エスプリ」esprit や英語の「スピリット」spirit となってゆくきわめて多義的な用語である。気息、霊気、精霊、精気、精神、はては酒精にいたる

(10)『わが人生の書』第五〇章、二五九－二六一頁。
(11)『わが人生の書』を独訳した Hermann Hefele は何もヒントを与えていないのにたいして、仏訳者 Jean Dayre と伊語訳者 Alfonso Ingegno はスピリトゥス説をとる。かたや、英訳者の Jean Stoner はスキピオ説を唱えた。
(12)『わが人生の書』第三七章、一四六頁。
(13) William G. Waters, *Jerome Cardan: A Biographical Study* (London: Lawrence & Bullen, 1893), 238.
(14) カルダーノは、自分についている善き霊的存在のことをスピリトゥスにさまざまな形容詞をつけて呼んでいる。spiritus assidentes, spiritus praedentes, spiritus tutelalis, spiritus bonus 等々、すべてそばにいて世話・監督・保護する霊といった意味だが、たんに spiritus としている個所もある。邦訳では単独の場合でも、形容詞つきでも文脈によって多くの場合に「守護霊」とした。古代ギリシアにおけるダイモーンの概念についてはE・ドッズ『ギリシア人と非理性』岩田靖夫・水野一訳（みすず書房、一九七二年）をみよ。

るまで多くの意味がこの一語にふくまれていた。

ルネサンス期には、フィレンツェにおけるプラトン主義の運動を牽引したフィチーノの理論が大きな影響をはなった[15]。その理論によれば、大宇宙と小宇宙たる人間のあいだには類比（アナロジー）の関係があり、人間が霊魂と身体から構成されるように、大宇宙も天上界にある「世界霊魂（アニマ・ムンディ）」anima mundi と身体の役割をはたす月下の自然界からなるとされた。そして、人間における霊魂と身体をむすぶ媒介者であるスピリトゥスに相当する「世界精気（スピリトゥス・ムンディ）」spiritus mundi が大宇宙にも与えられた。

宇宙を全体としてみるならば、すべての存在秩序の最上位にある神から最下位にある物質にいたるまで万物を貫流していると考えられる世界精気は、物体的な仕方ではとらえられない光のような存在と比されて「天使的な存在」とも呼ばれた。スピリトゥスは星辰界からの影響を地上の事物に伝達するものでもあり、医師としてのフィチーノは患者への治療にさいして各天体からのスピリトゥスをいかに体内にとり入れるか、または阻止するかという点を重視していた。

フィチーノは、しばしばスピリトゥスをダイモーンと同一視していた。あるいは、スピリトゥスはダイモーンや天使をふくむ、より広い意味をもった総称として用いられたというほうが正確かもしれない。古代ギリシアでは、ダイモーンは天上界と月下界とのあいだにおかれ、神々と人間とのあいだを取りもつ伝令ないし通訳の役目をする媒介者と考えられていた。送り手は古代ギリシアでは神々であるが、ルネサンス期の一般的な占星術においては、それらは惑星をはじめとする星辰に対応していた。

フィチーノはダイモーンに言及することを避けようとしているが、善悪両方のダイモーンが存在することや人間に影響を与えることは信じていた。ダイモーンは惑星に属し、霊魂をもち、空気のような身体をもっている。さらにフィチーノが描いた新プラトン主義的な世界観におけるダイモーンの位階は、キリスト教の天使のそれと関連しており、守護天使と惑星の使役ダイモーンたる「守り神（ゲニウス）」genius は同様のものとみなされた(16)。

前述のような全宇宙を貫流する万物の絆たる精気（スピリトゥス）そのものは、けっしてダイモーンとは呼ばれないが、双方とも天体からの影響を伝えるものと認識されていた。思想史家D・P・ウォーカーによると双方における唯一のしかも決定的な相違は、ダイモーンが固有の人格をもつのにたいして、精気は一般的で人格をもたない点である。いわく、「人格をもたない精気は天体から生じ、人間の肉体と精気に作用するが、けっしてそれ以上にはおよばないのにたいして、霊魂と人格をもつ精気たるダイモーンはおもに人間の霊魂と知性に作用する(17)」。そこから、自然魔術すなわち安全な白魔術は精気をあつかい、ダイモーンに関

---

（15）清水純一『ジョルダーノ・ブルーノの研究』（創文社、一九七〇年）、一三一－一八頁；D・P・ウォーカー『ルネサンスの魔術思想：フィチーノからカンパネッラへ』田口清一訳（平凡社、一九九三年）；伊藤博明『神々の再生』、二七三－二七七頁；Hiro Hirai, "Concepts of Seeds and Nature in the Work of Marsilio Ficino," in *Marsilio Ficino: His Theology, His Philosophy, His Legacy*, ed. Michael J.B. Allen & Valery Rees (Leiden: Brill, 2002), 257–284.

（16）個人につく「守り神」（ゲニウス）が天才を意味する英語の「ジーニアス」genius や仏語の「ジェニ」génie の語源となった。

（17）ウォーカー『ルネサンスの魔術思想』、五七－五八頁。

わるのは悪しき黒魔術であるという区別が生じるのであった。すなわち、精気はなかば星辰からくる光のようなものととらえられているのにたいして、ダイモーンは擬人化されていた。果たしてこのような区別がカルダーノの場合に当てはまるであろうか？

## 6　カルダーノにおける守護霊とダイモーン

『わが人生の書』の第二二章において守護霊は、カルダーノが授かった名誉のひとつとして、別の神的な認識能力である「神閃」とともに、諸侯との友情や著作とならんで数えあげられている[18]。また第三八章では、カルダーノ自身にそなわった驚くべき五つの特殊能力がのべられ、夢による予知の能力とともに「神閃」には言及されるが、守護霊には触れられていない[19]。それにたいして、第四七章は特別に守護霊にあてられており、つぎのようにはじまる――

守護霊もしくは保護霊（ギリシア人たちはアンゲロスと呼び、ラテン語ではスピリトゥスという）が、たとえばソクラテス、プロティノス、シュネシオス、ディオン、フラウィウス・ヨセフスそして私といった特定の人々に助けを与えたということは確かなことと認められる。…しかしながら以上のことはあきらかにダイモーンの仕業である。だが私には善良で慈悲ぶかい守護霊がついていたと信じている[20]。

守護霊の概念は難解なカルダーノの自叙伝のなかでも読者がもっとも難渋する話題であるが、この引用文ではソクラテスのダイモーンがまずあげられている。自身の守護霊たるスピリトゥスをソクラテスのダイモーンになぞらえている点をみると、カルダーノの「守護霊」とは本当のところはダイモーンではなかったのかという疑問がわく[21]。そう呼んでくれた方がわかりやすいというのが読者としての偽らざる心境だが、カルダーノは自分にかかわる霊的存在をダイモーンという名で呼ぶことを注意ぶかく意図的に避けていたように思われる。霊的な存在がついていると公表することは、社会的な評判を危うくしかねない行為であった。

一五五七年の『事物の多様性について』では、ダイモーンについての記述に第一六巻がまるごとあてられている。そのなかでカルダーノは、ダイモーンが存在するか否かについては議論しないが、ソクラテスや父親ファツィオにダイモーンが助けを与えたことは否定できないとのべている。キリスト教プラトン主義の影響が色濃いカルダーノの占星術的なコスモスでは霊的な存在が大きな役割を果たしており、自分や家族の体験がもっとも有力な証拠として引きあいに出されていた。こうした霊的な存在についてのカルダーノの見解は、「ダイモーンおよび死者の魂がそこかしこにいるということを理性によって弁護することは困難だが、経験とは合致する」というものであった[22]。

人格をもたないスピリトゥスと人格をもつダイモーンという区別によるならば『父ファツィオとの対話』

(18)『わが人生の書』第三二章、一二四―一二五頁。「神閃」は splendor のこと。
(19)『わが人生の書』第三八章、一五〇―一五三頁。
(20)『わが人生の書』第四七章、二二四頁。
(21) ソクラテスのダイモーンについてのカルダーノの見解は Ingenio, *Saggio*, 160-161 をみよ。

に登場するカルダーノの守護霊は、あきらかに人格をもったダイモーンであった。『わが人生の書』の記述にかぎっても、古代から近代の自叙伝における「個性的なるもの」の自意識を探った文化史家K・J・ウェイントローブは、第四七章にみられる守護霊の概念について考察した個所で「人格をもつ精気すなわちダイモーン」と呼んでいる(23)。天体の影響でみちたカルダーノの世界では、スピリトゥスとダイモーンは明確に区別されるものではなかったのかもしれない。

じつはカルダーノ自身にも、自分の守護霊について首尾一貫した定義をあたえることは不可能であった。長いあいだ守護霊の存在を信じてはいたものの、その本性と働きは彼には判然としなかった。「七四歳にもなって自分についての本を書くことを企てたいま、やっとつかめた」といって、守護霊による予告がどのようになされるのかを解説したさいに定義めいた説明をしている。それは守護霊も間違えるのではないかという疑念にたいしての答えであった――

守護霊は非物質的なものであり、神にしたがう良き下僕であるからして、神学者たちが守護天使と呼んでいるところのものであり、まさしく神の意志によって起こるべきことをしめすのであって、けっして間違えることはないと私はいおう(24)。

この引用からも、また守護霊自身に「神からつかわされた」と語らせていることからも、カルダーノにとって守護霊の送り手はキリスト教的な創造神であることは明確である。したがって、たとえ意味のわからない徴として予告がもたらされようとも、守護霊の訪れは神がカルダーノその人を知り、心をかけているという証拠なのであった。こうしてカルダーノは、守護霊をとおして神から送られる徴をうけとる特別な才能が自分には備わっているという信念を持ちつづけた。定義づけは困難であるが、守護霊とは受け手の高度な知覚・認識能力に関わっていること、そしてその送り手は神であることを確認しておこう。もっとも特徴的なのは、この慈悲ぶかい守護霊に亡き父親ファツィオのイメージが重ねあわされていることである。

## 7 父親ファツィオとカルダーノ

カルダーノの生き方と思想にもっとも大きな影響を与えた人物は、父親ファツィオをおいて他にない。恩師として第一に父親をあげている。九歳くらいのときから、算術の初歩やある種の秘術を父が教えてくれたことをのべているし、その後も占星術、記憶術、そして幾何学を父親から学んだ。カルダーノの経歴と多くの点で類似しているノストラダムス（Michel Nostradamus, 1503-1566）も、占星術を父親と祖父に教えてもらったという。(25)

父親ファツィオについて特記すべきことは、霊的存在との交流である。カルダーノは父親が霊的な存在と

---

（22） *Opera*, III, 329b. Cf. Siraisi, *The Clock and the Mirror*, 164-167; グラフトン『カルダーノのコスモス』、二五六－二五八頁もみよ。
（23） Weintraub, *The Value of the Individual*, 159.
（24） 『わが人生の書』第四七章、二二八頁。

三〇年以上にもわたって交流し、議論を交わしたという話を『精妙さについて』の読者に語った[26]。認識の領域における「神閃」にしろ、守護霊の介入にしろ、自分には霊的な存在との特別なつながりがあるという信念は父親からうけ継いだものであった[27]。父親のイメージは、さらにカルダーノの最愛の息子で刑死したジョヴァンニ・バッティスタとも重なりあい、「長男の容貌は若いころの私の父にそっくりだ」と懐かしんでいる[28]。かくして『わが人生の書』全編をとおして、父親のイメージは自身や長男、そして孫息子へと続いてゆくのであった。カルダーノは幼少期の教育における父親の役割について、ホラティウスの言葉「父はみずから私の教師のところへどこにでも、私についてやってきた。私の父ほど誠実な保護者はどこにもいないだろう」を引用したことがあったが[29]、保護者ないし守護者は『わが人生の書』第三七章の「月天の夢」で、父親の声が「神は私をおまえの守護者としておつかわしになった」と自らなのったときに使った言葉であった[30]。こうして守護霊は、高度の認識能力とともに人生の指針や慰めを与えるという役割にも関わっていることを確認しておこう。

## 8　守護霊の役割

守護霊による予告といっても、さまざまな様態で送られていた。音や匂い、振動、前兆や夢、誰ともしれぬ闇からの声などの非人格的なかたちで介入してくる超自然的な力を、カルダーノは『父ファツィオとの対話』においては具体的で身近な人物として設定した。先述の思想史家Ｄ・Ｐ・ウォーカーが提唱した定義でいえば、一般的で人格をもたないものから固有な人格をもつものへとカルダーノは守護霊のイメージを転換させた(31)。

死者の魂との対話という設定は、自らは関与しなかったとカルダーノが『わが人生の書』で強調している「不正で危険な学問」に数えられる「悪霊や死者の魂を呼びだす魔術」に類する行為をあえて行なったことになる(32)。死者の魂を呼びだしはしないが、魂のほうからやってきて対話するという設定は、危険な黒魔術にかかわる行為とみなされても当然であり、とうてい公表などできる性質のものではなかった。異端審問にか

---

(25) グラフトン『カルダーノのコスモス』、七一頁。ノストラダムスについては、樺山紘一他『ノストラダムスとルネサンス』(岩波書店、二〇〇〇年):田窪勇人「ノストラダムスの学術研究の動向」『ミクロコスモス:初期近代精神史研究』(月曜社、二〇一〇年)、三三〇-三四七頁を参照。
(26) *Opera*, III, 656a. Cf. グラフトン『カルダーノのコスモス』、二五六頁。
(27) グラフトン『カルダーノのコスモス』、二五五頁。
(28)『わが人生の書』第二七章、八九頁。
(29)『わが人生の書』第三三章、一二六頁。Cf. ホラティウス『風刺詩集』第一巻第六第八〇-八一行〔『ローマ文学集』鈴木一郎訳、世界文学大系五(筑摩書房、一九六六年)〕。
(30)『わが人生の書』第三七章、一四六頁。
(31) カルダーノはかつての夢のつづきを文学的な創作によって、自分のもっとも好ましい真に求める存在へと作りあげたのだろうか? 古代においては、夢に父親の姿あるいは声が現れるのは、たんなる文学的な創作ではなく、文化の一部でもあったらしい。Cf. ドッズ『ギリシア人と非理性』、一二六-一四九頁。
(32)『わが人生の書』第三九章、一五四頁。

けられて投獄されたのは、わずか数年前のことであった。ここで、『わが人生の書』と『父ファツィオとの対話』は表裏一体をなしてはいるが、まったく著述の目的も性質も違う著作であったことを忘れてはならない。カルダーノの守護霊は、敬愛する父親のイメージをとることで対話可能な人格をおびた存在として現れ、真の慰め手になりえたのであった――

守護霊についていえば、神の命により私を守護してくれる慈悲ぶかいよき助言者であり、不幸のときの援助者・慰め手である。[33]

それまでいくつもの著書のなかでモラリスト・カルダーノは、自問自答しながら考えを発展させて自己探求を行なってきたが、『父ファツィオとの対話』においては守護霊との対話という形式をとるにいたった。この時期の自分には、この著述形式がもっともふさわしかったのであろう。[34]

これら二作品を比較すると、『わが人生の書』の性格もより一層あきらかになる。『わが人生の書』は、それまでに書いたさまざまな作品を利用しながらテーマごとに少しずつ書き進めていったために、論調も多様で読みにくい。それにたいして、『父との対話』は全集版で四頁という小品であり、よどみなく一気に筆を運んでいる。前者は、多くの学問的な知識や技巧で武装しているのにたいして、後者では知的な武装のすべてをとり去り、ひたすら父親にたよる息子が浮かびあがる。

著作の目的も違っていた。『わが人生の書』は弁明のための作品であり、宛先も決まっていたという説もある。[35]第四五章にも「必要性にもせまられ、他にも多くの事情があって、書かねばならないような気がしたからである」と自叙伝を執筆した事情をのべていた。[36] これに反して『父ファツィオとの対話』は自己弁護のためでもなく、自分のために慰めとして、あるいは救いを求めて書かざるをえなくて書いたかのようだ。しかし『父ファツィオとの対話』でのアイデアが、公表してもさしつかえない範囲で『わが人生の書』の第五〇章にHとSの対話として導入されたとみることができるのではないだろうか？「月天の夢」をふまえた『父ファツィオとの対話』は、『わが人生の書』にみられる守護霊の介入を中心とした神秘的・超自然的な記述を哲学的な慰めについての議論に融合し、守護霊たる父親ファツィオとの対話という設定のもとに書かれた作品となっている。

最後に、『父ファツィオとの対話』と表裏一体のものとして読み直した『わが人生の書』の全体をふり返ってみよう。いままでみてきたように、この作品の各部にはそれ以前に書かれたさまざまな著作の内容と多様な形式がふくまれており、そこかしこにモデルとなった古代の著作家の影響がみられる。しかしこの「最

(33)『わが人生の書』第五三章、二六九頁。

(34) 近藤恒一『ペトラルカと対話体文学』(創文社、一九九七年)、一七頁をみよ。

(35) Gregori, "Rappresentazione," は、当時カルダーノは教皇グレゴリオ一三世(1502-1585)に弁明書を提出する必要に迫られており、この弁明のコードが自叙伝のメタ・コードになっていることを論じている。古代から自叙伝には「弁明」のジャンルがあった。カルダーノは自叙伝を書いた人の例としてフラウィウス・ヨセフスをあげているが、この人物の作品も自己弁護のために書かれた。モミリアーノ『伝記文学の誕生』、三〇頁参照。またヨセフスについては、ミレーヌ・アダス＝ルベル『フラフィウス・ヨセフス伝』東丸恭子訳(白水社、一九九三年)を参照。

(36)『わが人生の書』第四五章、二一八頁。

後の自叙伝」は、さまざまな断片のたんなるよせ集めではなく、それぞれの構成要素が見直され、目的を変えて織りこまれている。そして最終的には、バラバラにみえる各部を守護霊が統合しているかのようである。

本書ではここまでこの作品を三つの部分に分割して考察をすすめてきたが、その構成は単純ではなかった。各テーマはそれぞれの部分からはみ出して、重なりあい、またある部分に別のテーマが混在していた。たとえば第三部の人生論の主題は、すでに第一部におけるいくつかの短い章に見受けられる。そして、守護霊の存在は自叙伝を読みすすむにつれて大きくなってゆく。守護霊は高度な認識する能力に関与し、癒しや慰めをあたえるという役割を担っていた。この高度な能力とは、カルダーノが自己の特性としてもっとも強調する予知にかかわるものであった。この能力は、みじめな出生と身体条件や運命にもかかわらず、すでにホロスコープで読みとることができた。それが第一部から読者を守護霊へとみちびく伏線となっていた。

「彼の自叙伝は、最後にはアウグスティヌスとの対話の形式をとったペトラルカの『わが秘密』と同じような対話となった」と、占星術師カルダーノを描いた歴史家A・グラフトンは自叙伝を結論づけている[37]。本書の第三章の冒頭にのべたように、人文主義者ペトラルカはルネサンスにおける自己表現のはじまりに位置する人であった。その自己探求としての対話篇『わが秘密』は、「真理そのもの」の前で行なわれたアウグスティヌスとの対話という設定のもとに書かれていた。ルネサンスも終わりに近い一六世紀末にペトラルカと同じく自己自身をかえりみたカルダーノだったが、その方法はといえば前者が退けた大いなる自然と諸星辰の運行をもとに探求するものであり、自分自身の身体と自己の内面を観察する目は獣や魚や自然の驚異を見つめるその同じ目であった。そして、カルダーノが最後に設定した対話の相手は父親ファツィオをなのる

守護霊であった。(38)

たしかに『わが人生の書』の重層的な構造は、カルダーノの自己認識のために生まれたものであった。しかしなんという複雑で謎めいた作品だろうか。ここまですすめてきた考察は、最終的に自己認識の核心としての守護霊にたどりついたのであるが、その複雑さを単純化しすぎた末にやっとえられた結論かもしれない。残された問題はあまりに多く、カルダーノはさらなる謎解きを誘っている。

(37) グラフトン『カルダーノのコスモス』、三〇五頁。
(38) ペトラルカ『わが秘密』近藤恒一訳(岩波文庫、一九九六年)、本文および対話体文学についての解説、そして「君の霊 spiritus に耳をかたむけたまえ。霊は絶えずきみに呼びかけ、きみを励まして語りかけている…」(二六三頁)への注をみよ。

# 第Ⅲ部 『一について』の研究

# 第七章　秩序ある多様性　『一について』の考察

## 1　はじめに

カルダーノは、さまざまな分野にわたる自著四七篇をあげて読むべき順序を指定したリストを作成した。(1)それによれば、幾何学、算術、音楽につづいて四番目におかれているのが、『一について』という作品である(2)（図1）。カルダーノ自身は、この小品を自己の自然哲学および他の主要な著作に先だって読まれるべき序論として位置づけていた。(3)

当時はその百科全書的な自然学書が無数に引用された著名人でありながら、今日では自叙伝以外には忘れ

（1）一五六二年の第三版の『自著について』における「読むべき本の順序の表」Tabula ordinis librorum quo legi debent（*Opera*, I, 121b–122a）. 入門・原理的な著作から実践・実用的な著作へと進むこのリストによって、カルダーノが自分の全著作をひとつの全体的な体系と考えていたとみなすことができるとM・フィルツは述べている。Cf. Fierz, *Cardano*, 30–32.

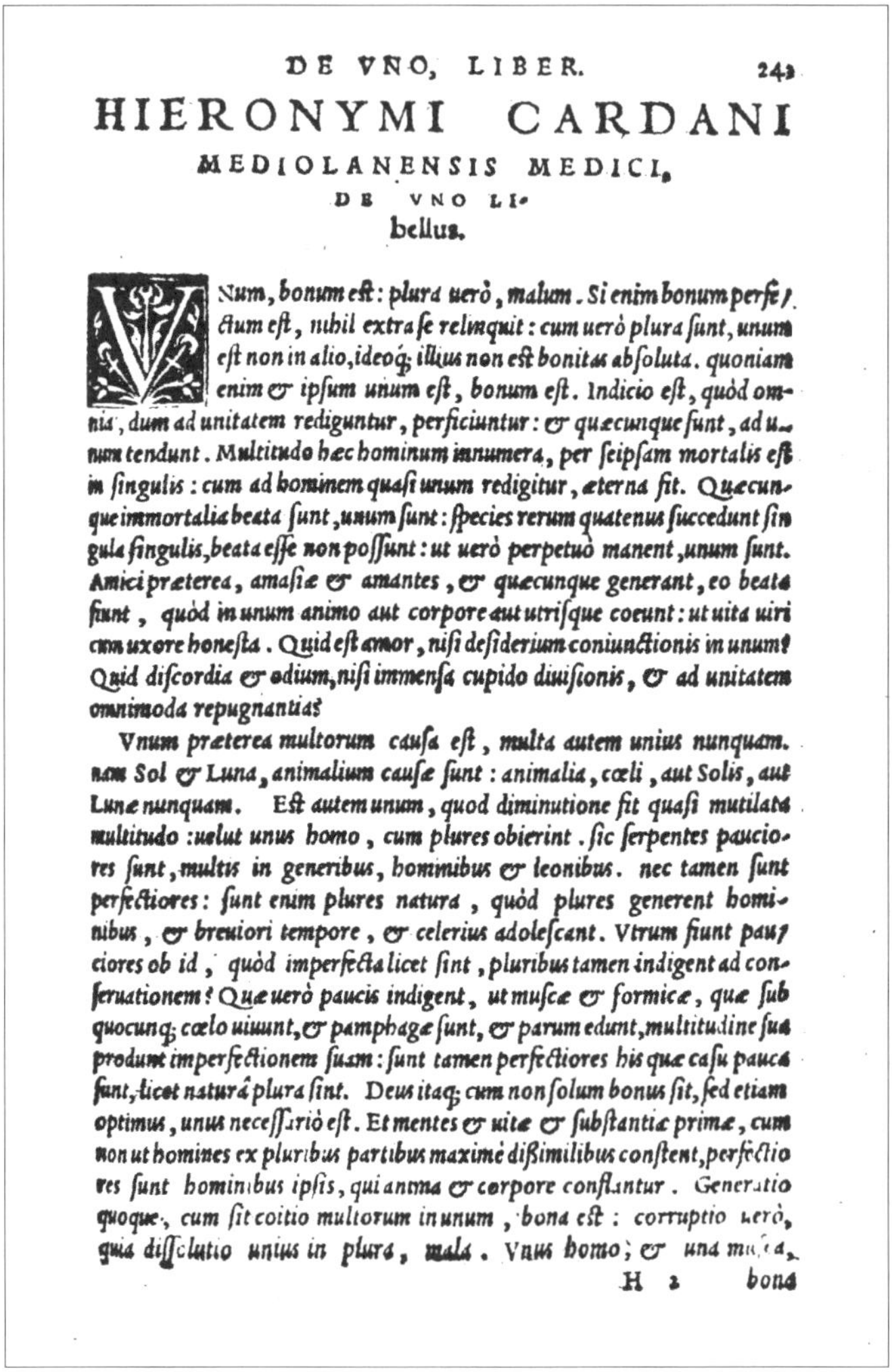

DE VNO, LIBER. 243

HIERONYMI CARDANI
MEDIOLANENSIS MEDICI,
DE VNO LI-
bellus.

VNum, bonum est: plura uerò, malum. Si enim bonum perfectum est, nihil extra se relinquit: cum uerò plura sunt, unum est non in alio, ideoq; illius non est bonitas absoluta. quoniam enim & ipsum unum est, bonum est. Indicio est, quòd omnia, dum ad unitatem rediguntur, perficiuntur: & quæcunque sunt, ad unum tendunt. Multitudo hæc hominum innumera, per seipsam mortalis est in singulis: cum ad hominem quasi unum redigitur, æterna fit. Quæcunque immortalia beata sunt, unum sunt: species rerum quatenus succedunt singula singulis, beata esse non possunt: ut uerò perpetuò manent, unum sunt. Amici præterea, amasiæ & amantes, & quæcunque generant, eo beata sunt, quòd in unum animo aut corpore aut utrisque coeunt: ut uita uiri cum uxore honesta. Quid est amor, nisi desiderium coniunctionis in unum? Quid discordia & odium, nisi immensa cupido diuisionis, & ad unitatem omnimoda repugnantia?

Vnum præterea multorum causa est, multa autem unius nunquam. nam Sol & Luna, animalium causæ sunt: animalia, cœli, aut Solis, aut Lunæ nunquam. Est autem unum, quod diminutione fit quasi mutilata multitudo: uelut unus homo, cum plures obierint. sic serpentes pauciores sunt, multis in generibus, hominibus & leonibus. nec tamen sunt perfectiores: sunt enim plures natura, quòd plures generent hominibus, & breuiori tempore, & celerius adolescant. Vtrum fiunt pauciores ob id, quòd imperfecta licet sint, pluribus tamen indigent ad conseruationem? Quæ uerò paucis indigent, ut muscæ & formicæ, quæ sub quocunq; cœlo uiuunt, & pamphagæ sunt, & parum edunt, multitudine sua produnt imperfectionem suam: sunt tamen perfectiores his quæ casu pauca sunt, licet naturâ plura sint. Deus itaq; cum non solum bonus sit, sed etiam optimus, unus necessariò est. Et mentes & uitæ & substantiæ primæ, cum non ut homines ex pluribus partibus maximè dissimilibus constent, perfectiores sunt hominibus ipsis, qui anima & corpore constantur. Generatio quoque, cum sit coitio multorum in unum, bona est: corruptio uerò, quia dissolutio unius in plura, mala. Vnus homo, & una mu[illegible]a,

H 2 bona

図1. 『一について』（バーゼル、1562年）の扉

られてしまったカルダーノではあるが、その自然哲学を解明するための第一歩として本章では短いながら完結したこの作品をとりあげたい(4)。この著作の概要を紹介するとともに、議論されているテーマについて若干の考察を加えることにしよう。

## 2 構成について

カルダーノの『全集』ではフォリオ版で七頁からなるこの作品は、二四の段落にわかれているだけで章や節の区分はなく、小見出しなども付されていない（図2）。一読したところでは、混乱を極めた矛盾だらけ

---

（2）『一について』は、『シュネシオス派の夢の書』に付された一一篇の著作のひとつとして一五六二年にバーゼルで出版され、一五八五年に再版された。テクストは *Opera*, I, 277–283 に収録されている［また近年 Girolamo Cardano, *De uno: Sobre lo uno*, ed. José Manuel García Valverde（Firenze: Olschki, 2009）というラテン語校訂テクストとそのスペイン語訳が出されている］。フォリオ版一頁は左右の欄からなり、各欄は七〇行ないし七一行からなる。以下では、左右の欄をそれぞれaとbとし、そのあとに行を数字で付す。

（3）『自著について』の別の個所（*Opera*, I, 119a–b）では六〇篇あまりの著作を数学、自然学、倫理などの分野別に分類したリストをしめしており、それによれば『一について』は「入門書」introductorii の四篇のひとつに数えられている。

（4）カルダーノの主著であるふたつの自然哲学書『精妙さについて』と『事物の多様性について』は、当時の百科全書的な知識の宝庫といわれる。

277

LIBER

DE VNO.

VNVM, bonum eſt:plura verò, malum. Si enim bonum perfectum eſt, nihil extra ſe relinquit:cùm verò plura ſunt, vnũ eſt non in alio, ideoque illius nó eſt bonitas abſoluta:quoniam enim & ipſum vnum eſt, bonum eſt. Indicio eſt, quòd omnia, dum ad vnitatem rediguntur, perficiuntur:& quæcunque ſunt,ad vnum tendũt. Multitudo hæc hominum innumera,per ſeipſam mortalis eſt in ſingulis:cùm ad hominem quaſi vnum redigitur,æterna fit. Quæcunque immortalia beata ſunt,vnum ſunt:ſpecies rerum quatenus ſuccedunt ſingula ſingulis,beata eſſe non poſſunt:vt verò perpetuò manent, vnum ſunt. Amici præterea,amaſiæ & amantes, & quæcunque generant, eo beata fiunt, quòd in vnum animo aut corpore aut vtriſq; coëunt:vt vita viri cum vxore honeſta. Quid eſt amor, niſi deſiderium coniunctionis in vnum?Quid diſcordia & odium, niſi immenſa cupido diuiſionis, & ad vnitatem omnimoda repugnantia?

Vnum præterea multorum cauſa eſt:multa autem vnius nunquam:nam Sol & Luna,animalium cauſæ ſunt:animalia Cœli, aut Solis, aut Lunæ nunquam. Eſt autem vnum, quod diminutione fit quaſi mutilata multitudo:velut vnus homo,cùm plures obierint:ſic ſerpẽtes pauciores ſunt,multis in generibus,hominibus & leonibus : nec tamen ſunt perfectiores:ſunt enim plures natura, quòd plures generent hominibus,& breuiori tempore,& celeriùs adoleſcant. Vtrum fiunt pauciores ob id,quòd imperfecta licet ſint,pluribus tamen indigent ad conſeruationem? Quæ verò paucis indigent, vt muſcæ & formicæ, quæ ſub quocunque cœlo viuunt, & pamphagæ ſunt, & parùm edunt,multitudine ſua produnt imperfectionem ſuam : ſunt tamen perfectiores his quæ caſu pauca ſunt, licet naturâ plura ſint. Deus itaque cùm non ſolùm bonus ſit, ſed etiam optimus, vnus neceſſariò eſt. Et mentes & vitæ & ſubſtantiæ primæ,cùm non vt homines ex pluribus partibus maximè diſſimilibus conſtent, perfectiores ſunt hominibus ipſis, qui anima & corpore conſtantur. Generatio quoque, cùm ſit coitio multorum in vnum, bona eſt:corruptio verò:quia diſſolutio vnius in plura, mala. Vnus homo, & vna muſca, bona ſunt:multitudo autem non bona:plures autem homines & plures muſcæ, plura ſunt bona, non tamen melius aliquid quàm homo vnus:ſunt enim bona, vt ſingula,non quia multa, niſi ad vnum referantur.

Omnibus igitur hominibus homo melior eſt inde plures homines,plura bona,inde ſinguli: quamobrem & gens & ciuitates & collegia meliora ſunt non ſolùm vno homine,ſed etiã hominum multitudine : quia ad vnum referuntur:& quicunque ad huiuſmodi continendas ſocietates aut congregandas apti, meliores. Vnde etiam melior eſt rex & regnum,ariſtocratia : & ariſtocratia, republica : magis enim illa ad vnum tendunt. Contra democratia peſſima eſt, inde oligarchia, minus autem tyrannis:niſi in tyrannide vigeat oligarchia, aut popularis ſtatus : cùm non ſolùm vnus eſt qui iniuſtè regit,ſed etiam per ſe miniſtris licet quicquid libet, tunc enim & diſſolutio eſt in tyrannide illa,& iniuſticia. Immortalia rurſus bona ſunt : quoniam vnum ſunt : quæ autem mortalia, cùm deſinant omninò eſſe,aut ſaltem vnum,abrupta in medio quaſi bona non ſunt : omnia tamen bona ſunt eatenus, quatenus vnum ſunt. Quapropter & quæ diuidi nó poſſunt, vt cœlũ, meliora ſunt his quæ diuidi non poſſunt, vt cœlũ, meliora ſunt his quæ diuidi poſſunt, vt terra: & quæ nec imaginari poſſunt diuiſa,vt mentes, meliora ſunt quàm quæ diuiſa poſſumus imaginari,vt cœlum & illius aſtra. Et quæ diuiſa iam ſunt, vt glebæ, his quæ diuidi poſſunt,non tamen diuiſa ſunt adhuc,vt terra. Et quæ diuidi poſſunt in infinitum, minus bona ſunt, adeò vt ad potentiam ſolam redeant. Actus enim bonus eſt,potentia autem duplex: vna,quæ ſecludit actum, vt materia prima, atque hæc extremè mala eſt:alia eſt pendenda ad hunc actum,& quatenus ad actum tendit, bona eſt aliquantulum : infinitum igitur numero cùm maximè vnitati repugnet, malum eſt,& inſociabile : ordo autem & fatum quia ſunt vnum,& ſunt ad vnum, ideo bona ſunt:inordinata autem & fortuna,mala : non enim ad vnum tendunt.

Rurſus illud idem videmus in ſenſilibus. Quæ conſonant, bona ſunt, & auditui grata : quia in vnum coëunt:vt diapaſon,quæ omninò diſſident,abſona, & auditui ingrata : quæ autem aliquo modo coëunt,non perfectè grata, non tamen adeò ſuauia:vt diapente : quæ autem diſſident,nec in vnum coëunt niſi parum, parum etiam ſuauia, vt diatriton & diaecton.

Similiter in his quæ videntur, columnæ paribus ſpaciis diſtinctæ : quia interuallum vnum eſt,iucundum efficiunt ſpectaculum:& quæ ita collocata ſunt vt vnum efficere videantur,vt ad imitationem collium, vel ve-

Tom. I. A a preti

図 2.　全集版の『一について』（リヨン、1663 年）の扉

の論述という印象をうける。だが、全篇をつうじて同じ一連の話題が幾度かくり返されている点に注目して内容のまとまりを検討すると、以下のような五つの部分に大別することができるだろう。またこのように区分することによって、この作品が表題に掲げられた「一あるいは一なること」unum をめぐっての討論を主要な柱としていることがわかる。矛盾しているとみえたのは、じつは異なった立場にもとづく主張が試みられていたからなのである。

第一部 [277a1–278a20]：一は善であり多は悪であるという命題を支持する一般的な主張。そのあと再三議論の対象となる事例が論拠として提出される。

第二部 [278a21–279b36]：この命題についてのより個別的な論述。とりわけ人間と世界について語られる。

第三部 [279b37–280a43]：最初の命題への反論。第一部であげられた諸例を検討し、多は悪でなく善であると主張しうることがしめされる。(5)

第四部 [280a43–282a62]：第一部の立場も第三部の立場も批判されて両方の主張が調停される。「秩序づけられた多」こそ善であり、秩序は「多のなかの一」であるという結論がしめされる。新たに別の論拠も出されて、この綜合的な見解が確証される。一と多に関する議論にとっては結論的な部分をなす。

第五部 [282a63–283b63]：最後に付記のようなかたちで、これまでの議論から派生する事象として「共感」

---

（5）なお、第二部と第三部、そして第四部の区分は全集版の段落わけとは一致していない。

sympathia と「反感」antipathia をしめすさまざまな事例があげられ説明される。

『一について』の前半を分析して紹介したカルダーノ研究者M・フィルツは、この討論の形式に気づかなかったと思われる。当作品および同じく序論として位置づけられる『自然について』における論述を「全体の印象はなるほど生き生きしてはいるが、脈絡がなく、混乱していて不明瞭である」と評している。そして、この点をカルダーノが思いつくままに書く習性をもっていたこと、また、最初の前提が不適当だとわかると「以前の発言を取り消さずに新しい立場からさらに議論した」ことに帰している。(6) これらの点を再吟味するために以下では、『一について』第一部から第四部までを主要部とみなし、各部をさらにいくつかに細分して内容を概観していきたい。

## 3　内容の概観

第一部では「一は善であり、反対に多は悪である」(277a1-2) という基本的な命題が冒頭に提出されて議論がはじまり、このあとに幾度もくり返される主張が述べられる。また、「すべてのものは「一性」unitas へと帰着されるかぎりにおいて完成される」(277a8-9) や「何であれ存在するものは一へと向かう傾向がある」(277a9) ともいわれる。たとえば人は、ひとりひとりでは死すべきものであり、死すべきものは存在することをやめるか、一であることをやめてしまう。しかし無数の人々が、あたかもひとりの人間のようにみなされるならば永遠であり、一なるものである。諸事物の「形象」species も同様である。

つぎに多の原因としての一と動物の数について語られるが、これによって一と多が少数と多数をも意味し、より少数のものの方がより善であると主張されることがわかる。さらに「数の減少によって生じる一」の例がだされる。たとえばヘビは「本性上は多」だが「偶然的に少数」であるにすぎず、ハエやアリ同様に不完全なのである。なお、神はたんに善であるだけでなく、最善であり、ゆえに必然的に一である。生成は多の一への合一であるから善であり、反対に消滅は一の多への解体である。

また多くの人々の集まりを見るならば、ひとりひとりでは善であるが、多であるかぎりにおいては善ではない。しかし一に関係づけられるならば、ひとりの人間よりも善である。種族、国家、団体のように集団へと結合されたものがそれである。国家のうちでは、より一層一へと向かう王制が貴族制よりも善であり、民衆政治は最悪である。また、数における無限は一性に反対するからして悪しき非友好的なものである。そして、「秩序」ordo および「運命」fatum は一であり、さらに一へと向かうから善であるとされる。反対に「無秩序なるもの」inordinata および「運」fortuna は一へと向かわないので善ではない。

感覚的な事柄においても同じことが見られるとカルダーノはいう。協和音は一へと和合するからして善であり、耳に心地よい。また等しい間隔で区切られた列柱は心地よく、喜ばしい光景をもたらす。一を構成すべく配置された庭園なども、すべて心地よい。あまり優秀でなくとも、ひとりの職人の手によって製作されたものは、たとえもっと優秀であっても多数の職人によって、かわるがわる製作されたものよりも美しくみ

(6) Cf. Fierz, *Cardano*, 57.

える。カルダーノはいう――

すなわち、一はそれ自体において考察されるかぎり善であり、感覚に対置されたならば美である…心地よいとよんでもいい（278a8-13）。

さらに、一は善や美、現実態とほとんど同一であるとされ、反対に多は悪や醜およびたんに可能態において存在するものと同一視される。

第二部では「これまでのところは一について一般的に述べられたが、今度はより個別的にその本性が探究されるべきである」（278a21-23）とされ、あいまいな一の本性を解明するために、いったい幾通りの仕方で一であるといわれるのかが、事物に則して探究される。いわく、「道理はそれ自身におけるよりも、事物においてよりよく知られるのだから」（278a46-48）。

かくして一〇種類の一である様態があげられる。最初に、もっとも高貴な仕方で一であり、端的に一といわれる神、つぎに「世界」orbis, そして人間の順である。そして、類あるいは種、白さ、白さという偶有性が付されている実体としての牛乳とカベへと議論はつづく。とくに牛乳とカベは連続体としての一であるが、前者は類似した諸部分からなり、後者は連続した諸部分からなるという点で異なる。また穀物が積みあげられてできたような堆積物も一であり、接触した諸部分からなる。これらに、さらに秩序と運命についての議論が加えられる。

以上の分類のうち霊魂を有する一である世界と人間の様態が、第二部の主要なテーマとなる。また肉体との関連で見るならば、人間もカベや堆積物の様態をもしめすことがやがて述べられる。秩序としての一は、この作品のもっとも包括的なテーマとなっているのである。

それ以後の「個別的な探究」はもっぱら人間についてなされ、人間との類比によって世界についても言及される。なぜなら「人間において観察する方が容易である」（279a28–29）からだ。ここで問題にされる人間とは種としての人間でも、霊魂のみが問題にされる存在でもなく、生活者としての現実の人間である――

つまり、知解し、感じ、消化し、歩きまわる同一の人間は一にして不可分である。まさしく、一であるゆえに。不死なる霊魂がかくも多くのものを自らのうちに包括し、排泄物のように自然のもっとも劣等な作品をも都合がいいとして［体内に］保持したり、ひどく不快なものとして［体外に］押し出すことも困難であるので、肉体の構造が注目される（278b38–41）。

肉体との関連でみるならば人間は連続性、接触性、秩序および原理において一である。すべてのものを知覚する原理は一である。すべてのものは一のためにあることが、人間の諸器官をみてもわかる。だが相互間では、かならずしもすべてが秩序づけられているわけではない。だからして、ハエが人間のためにつくられたのでないことは、手が足のためにつくられたのでないことと同様に驚くにはあたらないのである。

生活者である人間の活動と知覚の原理としての一、そして身体の諸部分や諸器官を統合する一とは、すなわち人間の霊魂である。ここから議論は人体における霊魂の様態へと移り、世界の霊魂の様態と対応させて語られる。さらに、人間の霊魂と生命との相違があきらかにされる。カルダーノによると、霊魂は身体のなかに「拡散」diffusa してはいない。したがって霊魂の原理的な一である様態は連続的でもなく、接触的でもなく、それ自身によってある。場所においても、時間においてでもない。手のなかにも足のなかにもないのだから、心臓のなかにもないだろう。心臓は生命を受けとる第一のものではあるが、霊魂の座ではない。霊魂は、世界のなかにあるごとくに人間のなかにある。そして世界におけると同様、人間のなかにもある種の共感と反感があるとされる。

ところで生命は拡散しており、身体の各部分にある。生命によって人間はすべての活動を遂行する。しかし生命は原理ではない。一方、世界についていうならば、世界にあるものは何であれ、ひとつの世界とその活動のためにある。人間には回虫や損なわれた部分のように、なぜ存在するのかわからないものもあるが、世界はすべてをふくむのですべてはひとつのもののためにある。だが世界の諸活動とそれらの秩序を、いったい誰が理解していようか？　そして、またあらゆる部分が何のためにつくられたかを？　しかし人間においては、あきらかにすることができるとされる。

おわりに「運命によって継続に向かうように秩序づけられたものもまた一である」（279b33-35）といわれるが、これは別に運命についての書のなかで詳述されるとして述べられていない。

第三部でカルダーノは、もう一度出発点にもどって根本的に事柄を再考しなおし、疑問を検討しようと提案する。すなわち、冒頭に掲げられた命題「一は善であり、多は悪である」自体が改めて検討され、第一部で述べられた諸々の例についての反論が、多は悪ではなく善であるという立場からなされる。第三部は全体でもっとも短い部分である。

じつは第一部で議論された諸例の一である様態は、どれもなんらかのかたちで多をふくんでいたと主張される。たとえば、「端的に一である」といわれた神でさえも三つのペルソナからなるように。だが、この「多数性」multitudo はひとつの本質において一致するからして悪ではないとされる。国家の例をみると、よく制度づけられた共和制と貴族制は、人民がよく統治されて過ちが少ないのではないだろうか？　王ひとりではあまりに多くの仕事を監視できず、不正が見逃されやすいであろう。また、恒星天の星辰は、ある種の惑星より輝かしくより善であるが、多からなっている。そしてカルダーノはいう——

「かざり」ornamentum,「美」pulchritudo,「装飾」decor, 心地よさも一からではなく相互に組みあわされた多に由来する。もし一においてあるならば、数多くの部分の比例性によって、その一にふさわしいものとなるのである（280a4–8）。

同様に、顔は目や額、鼻や口からなり、協和音も多数の音からなる。そこから、「一はこれらのうち何ひとつひきおこすことはできない」（280a9–10）と結論される。

さらに「もし一がそれだけでそれほどまでに善であれば、何のためにこれほど多くのものがつくられたのであろうか」（280a10–12）という疑問が提出される。「これほど多くのものが…もし必然的につくられたのであれば、その必然性はいわば創り手に由来するように善に由来し、目的に向かうように善に向かうだろう。

したがって多数性は善である」(280a12–15)。

つぎに、動物の数の多少と完全さの度合いの関係がとりあげられる。ロバとゾウは人間より少数だが、より不完全である。レグルスのような蛇は、何世紀かにやっと一匹うまれるほど稀少であるが下等である。このように、数が少ないからといって、より善いとかより不完全ということはない。最後に、息子たち、肥沃な耕地、貨幣などもそれぞれひとつずつしか持たないよりも、多数所有するほうがよいとされる。

第四部は、第三部で出された見解にたいしての反論が、ふたたび「一は善である」の立場を批判的にとり入れながらなされ、両者はやがて統合の道へと導かれる。まず、多の善は原理的な善、あるいは第一善ではないことが確認されるが、やはり「多が善であることは必然的であった」(280a65–66)とされる。なぜなら「もし一だけが善であったとするならば、装飾、美、および善の形象が存在しないことになっただろう。というのも、美は善の「似像」imago であるからだ。そしてその善は、貪欲な、あるいは嫉妬ぶかいものになってしまっただろうから」(280a62–65)。

ついで、神や国家、恒星、美、協和音の例のそれぞれについて結論的な見解がしめされる。すなわち、多は多であるゆえに善なのではなく、「秩序づけられた多」という限定においてのみ善となるという結論が「多は無秩序ではありえず、秩序づけられていた」(280a68–70)という言葉とともにしめされる。国家について考えるならば、多くの人々は一から秩序にしたがって導かれたのでないかぎり善ではありえない。だから、貴族制においては、ひとりの場合よりもより多くの人々がより多くのものを見ることになるが、それはひとりの王がいるからであり、王はより多数の善なる民をもつことになるのである。最良の君主の例は神に似ている。多数の人々は一へと向かい、一に依存する。「それゆえ、秩序づけられた多数性は善である」（280b38–39）とされる。さらにカルダーノはいう——

同様にして、より多い星々がさまよう星々よりも高貴であることを、何ものも妨げない。というのは、すでにいわれたように、それら〔恒星〕は秩序づけられているからである。つまりそれらは多であるゆえに秩序づけられているのではなく、秩序づけられているゆえに多なのである。多数性が装飾やかざり、美の原因なのではなく、秩序が〔原因なのだ〕。そしてそれは多における一であり、ちょうど一であるごとくに端的にそうなのである（280b49–55）。

そして、「しかし秩序は多のあいだにしか存在しえない。したがって、装飾も美も多において生ずるのである。なぜなら秩序から成り立つからである」（280b56–58）と結論される。秩序は多における一である。協和音についても同様であり、秩序が協和音の原因であるとされる。さきに、多が必然的であるといわれたのは、「なぜなら秩序づけられた多数性は、神の慈悲、善、および知恵の「似姿」effigiesであったからである。なにか堂々とした建物をたてる建築家は、何もつくらない場合よりももっとすぐれた仕方で行動しないだろうか？」（280b67–71）と結ばれる。

さらに第三部への反論が順をおって続けられる。ここでのおもなテーマは多なるものの必然性である。そしてある種の動物の数の多少の問題にも、ついに結論的な見解がしめされる。それによれば、ゾウやロバについても、もし自然が多数を生じるならば、それは種が滅びないようにするためである。すなわち、自然は、あまりにも完全なひとりの人間が、つまりきわめて賢く、強く、長命であるような、たとえば最初の父アダムについて聖書が述べているような完全な人間が生ずるということを欲しなかったのである。もし自然が誤って、それらすべてのものを完全なる一へとまとめあげてしまっていたなら、何ひとつ永続しなかっただろう。また、「さらに息子たち、耕地、貨幣についても多数性は必要性に由来する…ひとり息子がもし死んでしまったなら子孫は滅びる」（281a62-65）とされる。

だが一でできることと、多くのものでできることが同じならば、多くのものは必要がない。その証拠に、神においては息子はただひとりである。なぜなら神はひとりの子を失う恐れがないのだから。しかしわれわれの息子たちは無数の災難に襲われるので、多数いるならば安心して暮らすことができる。「したがって多数性は悪ではない」（281b3-4）と結論される。こうして、第三部への反論と最終見解の表明はおわる。

このあと、ふたたび多数性は悪ではないが「秩序づけられていないならば、しばしば多数性であるかぎりにおいて悪である」（281b5-6）ということが確認されたのち、今までの議論になかった新たな話題が提出されて、結論部の「秩序」のテーマが論じられる。すなわち、個人の人生の活動や人間の集団のなかで見いだされるべき秩序と一について、また記憶や、真に知るということが一に関連していることが述べられる。

さらに、秩序と目的との考察がつづく。三種類の作用、すなわち技術による作用、自然による作用、偶然による作用があげられ、すべてのものは目的があってはじめて秩序づけられるとされる。また「偶然にもとづく事柄は運命へと還元されねばならない」（282a47-48）とされるが、これは運命についての書において述べたのでこれ以上は触れないとされる。この目的と秩序についての論述のなかに霊魂についての議論が挿入されている。そこでは哲学者アヴェロエス（Averroes, 1126–1198）に帰される普遍理性の理論が否定され、さらに普遍的な存在そのものさえも否定され、個別的な存在のみを認める立場の表明へとつづく。

これらの議論のあと話題は変わって、諸元素とその混合物も一に還元されることが述べられる。そして最後に、知識と記憶の分類法とでもいうべき問題が論じられて、一と多についての議論はこれで終結する。

第五部は「共感と反感は以上のことから起源を発するのである」（282a63–64）という言葉にはじまり、もっぱら共感と反感をしめす具体的な事例がプリニウスの『博物誌』以来のおなじみの話題や伝聞、そして自分の観察などをとりまぜて報告される。採用されたおもな例は、鉄と「ヘラクレスの石」あるいは「マグネス」とよばれた磁石のあいだの吸引と反撥や弦の共鳴、アダマスとコハクによる吸引、そしてある種の動物や植物のあいだ、あるいはそれらと人間のあいだにみられる一致と反撥の関係などである。事例を詳述したあと、「これらすべてのことの一般的な原因は類似性である」（283a64–65）として「類似性」similitudo による説明を試みようとしている。そして最後に、この著作が執筆された年である一五六〇年に処刑されたカルダーノの長男ジョヴァンニ・バッティスタの著書の話が、雷の話題に関連して持ち出されて全篇がおわる。

## 4　主要テーマについて

この『一について』という作品は以上見てきたように、一をめぐる討論を主要な柱にしている。まずこの主流のみに注目し、他の要素を捨象して討論の内容を中世の大学の授業形式のひとつであり、また著作形式でもあった「討論形式」disputatio にあてはめるならば、次のように整理することができよう。(7)

主題　　　　　　一について
異論　　第一部　一は善である
反対異論　第三部　多は善である
確定　　第四部　秩序づけられた多は善であり、多のなかの一である

秩序の概念が提起された第四部は、討論形式のなかでは「確定」determinatio とよばれ、主題についての自分の見解の表明にあたる。このことからみて、これがカルダーノ自身の見解であり、与えられた問題への解答であるとみなされる。したがってここでは、第一部、第三部、そして第四部をとおして三度くり返された事例のなかから、意見の対立と綜合を典型的にあらわしていた「美」pulchritudo の規定をとりあげて議論の展開をたどり、この秩序の概念を考えてみたい。

はじめに第一部では、「一はそれ自身において考察されるかぎり善であり、感覚に対置されたならば美で

ある」といわれ、一と善と美とが同一であることが明示されている。つぎに第三部では、美は「一からではなく相互に組みあわされた多に由来する」と反論されている。そして第四部では、まず第一部と第三部の意見の両方ともが否定される。一だけが善であるなら、美は存在しないことになってしまう。だが多数性が美の原因でもない。では何がその原因なのか？　ここで一と多を媒介する概念として、新たに「秩序」が提起される。そして美の原因は一でも多でもなく、秩序であり、秩序はまさしく多における一であるという結論が表明されるのである。

美とは何かについては、古来ふたつの異なった見解があり、たえず論争の的になってきた。古代の新プラトン主義者プロティノスが「美について」のなかでいっているように、ひとつは「美とは部分の部分にたいする、また部分の全体にたいする均衡」であるという見解であり、もうひとつはプロティノス自身の「感性界にあるものは『形（エイドス）』に関与することによって美しくなる」というものである。(8)

ルネサンス期においては、マルシリオ・フィチーノが完全にプロティノスの側に立っていた。彼は美をあるときは「イデアとのより明瞭な類似」あるいは「質料にたいする神的な理性の勝利」と定義し、またある

（7）　討論形式の各部の名称は、稲垣良典『トマス・アクィナス』人類の知的遺産二〇（講談社、一九七九年）、一一一－一一二頁によった。ほかに山田晶責任編集『トマス・アクィナス』世界の名著続五（中央公論社、一九七五年）および横山雅彦編『中世科学論集』科学の名著五（朝日出版社、一九八一年）の各解説を参照。

（8）　プロティノス「美について」『エネアデス』第一巻第六論文［田中美知太郎編訳『プロティノス・ポルピュリオス・プロクロス』世界の名著続二（中央公論社、一九七六年）、二三九頁と二四一頁］。

ときは「神の顔からほとばしる光」とよんだ。[9] フィチーノにとって感性界の美は霊魂が神の美にまで上昇するための手段であり、究極の目的はあらゆる美の源泉であり光である一者としての神との合一なのであった。

これにたいして、ルネサンス盛期の芸術理論を基礎づけたレオン＝バッティスタ・アルベルティ（Leon Battista Alberti, 1404-1472）は美の形而上学的な解釈を排除して、ギリシア古典期の純粋に現象的な定義を主張した。「美とは、自然の絶対的かつ第一の原理である均整が要求するように、一定の数、境界、配置に整えられた、全体のなかでの諸部分のある合致および共鳴である」というものである。[10]

これらふたつの定義に比較すると、秩序を美の原因とするカルダーノはアルベルティの均衡としての美という古典主義的な美の解釈をとっているようにみえる。すでに第三部において、美は「もし一においてあるならば、数多くの諸部分の比例性によってその一にふさわしいものとなるのである」（280a4-8）といわれ、均衡としての美の方向がしめされている。また第一部の立場においても、美の原因としては「一へと和合する」in unum coeunt（277b44）、あるいは「一へと関係づけられる」in unum referuntur（278a2）という表現しかされていない。すなわち、少なくともこの討論のなかでは、感性界の美の背後にイデア的なるものについては言及されていないのである。したがって、ここまで見てきた討論のふたつの対立する意見は、「イデアの美」と「均衡の美」の論争ほど鋭く対立しておらず、はやくも第一部においてさえ綜合への準備がなされていたとみることができよう。この点に留意しながら、さらに、この討論の意図が何であるのか、カルダーノのいう一とはいかなるものであるのかを考えたい。

プロティノスのいう万物に先だつ「一者」は、一個の石やひとりの兵士のように個物に一体感を与え、そのものにする一とか、軍隊や合唱隊を一団のものにするような多を統一する一ではない。それらは一つの何かであって、一そのものではなく、一にあずかっているのだといわれる。(11)究極の始原である一者は多を超える一なのであるが、カルダーノはこの「多を超える一」を考えずに、多の集まりを統一する原理としての一を問題にしていたのではないだろうか？「秩序は多における一である」というとき、その一は「一者」ではなく「統一性」とよんでよいものであろう。

「一は善である」というプロティノス風の命題から出発しながら、カルダーノは多がそこから派生する起源としての一は問題にせず、いきなり「多は善である」という反対意見を対置させる。また多の起源を論じることは目下の議論には属していないと言明し（280b20–22）、意識的に避けて両者の調停をはかっている。すなわち、多なるものははじめから前提とされているのである。「諸部分の調和」を善とする場合には諸部分が前提とされるように、秩序が成立するためには多が前提とされるからである。カルダーノはいう――

しかし秩序は多のあいだにしか存在しえない。したがって、装飾も美も多において生ずるのである（280b56–58）。

さらに――

(9) E・パノフスキー『イデア』伊藤博明・富松保文訳（平凡社ライブラリー、二〇〇四年）、八一―八二頁。
(10) パノフスキー『イデア』、八三頁。
(11) プロティノス「善なるもの一なるもの」『エネアデス』第四巻第九論文、一一二―一四六頁。

より多い星々がさまよう星々よりも高貴であるのは…秩序づけられているからである。…秩序づけられているゆえに多なのである（280b49–55）。

こうして秩序を成立させる条件として多が要請されるとき、関心の焦点も一にでなく多に移っていることがわかる。カルダーノの『一について』においては、一と多についての問題の長い歴史のなかで流出説によって実在性において劣るものとして貶められていた多なるものの地位が、秩序の概念の媒介によって引きあげられ、その価値が高められているのである。[12] かくして「一に関係づけられる」などの冒頭から唱えられた主張は議論の展開をへて、多が「秩序づけられる」ことであると理解されるにいたる。

カルダーノの考察の対象は、じつは現に目の前にあって彼の興味をひいてやまない雑多な個物や諸現象であったのではないだろうか？　つまり、もともと個物を出発点としていたのではないだろうか？　ただし、事物の個別性や多様性に目を奪われているうちは、それらは無秩序な多なるものでしかなく、美しさも意味もそこに見出すことはできない。この討論の目的は、諸事物や諸部分を統一する原理として人間に認識可能な一としての多のなかの秩序をしめすことであったといえるだろう。哲学史家E・ガレンによれば、「経験の礼讃者であり、自然探究の徹底的な弁護者」であるカルダーノは、同時に数学的な理性の権利を主張し、一から多へ下っていく行程のみが確実であることを強調した。だが物理的な現実の認識に関しては数学の有効性をまったく認めない。また万物の秩序については固い確信をもっており、『万物は結合されて一に還元される』といたるところで語っているにもかかわらず、その結び目をみつけることができずに「理性の要求する統一と経験の分裂のあいだでぐずついていた」のである。[13]この評価たいして、一と多のひとつの「結び目」として、これまでの分析でえられた媒介としての「秩序」の概念を提出することができるのではないだろうか？

## 5　世界観へ

『一について』という作品は、しかしながら、以上のような討論形式の枠内での解釈では汲みつくすことのできない多くの問題をふくんでいる。討論とするならば、第二部における世界と人間についての類比的な考察がなぜまったく反論されず、結論たる第四部でも論じられていないのか？　各部において執拗にくり返された動物の数と完全性についての議論の意味は何なのか？　後者の問題には秩序による統一という考えは導入されていない。また最後に独立して、共感と反感について述べられているのはなぜか？

これらの残された問題を解決するためには、カルダーノがしたようにもう一度もとに戻って、この作品で扱われた多くの話題にあてはまるような、より包括的な見地から見直さなければならないだろう。すなわち、当時の人々にとって多かれ少なかれ共通の了解事項となっていた世界観のなかで、この作品全体をとらえなおす必要があるだろう。そして前節までに主要なテーマとして分析したものが、他の問題とどのように関連

(12)　一と多の問題史としては、三宅剛一『学の形成と自然的世界』（みすず書房、一九七三年）を参照。
(13)　ガレン『イタリアのヒューマニズム』、二〇三–二〇四頁。

するのかを探ることにしたい。

当時の世界観としては、E・カッシーラーが一五・一六世紀の自然学の核としてあげている「世界有機体」Weltorganismus の概念が手がかりを与えてくれるだろう。[14] プラトンの『ティマイオス』のなかに描かれているような、霊魂をもったそれ自体で完結したひとつの生きものとして世界をみる世界観は、フィレンツェのプラトン主義運動のなかでふたたび開花するころには、ストア派やアリストテレス、さらに『ヘルメス文書』にみられる思想をもとりこんで、きわめて複雑な様相を呈していた。体系的にも整っていない。だがここで、その世界観のいくつかの主要な特色とカルダーノがさまざまな意味あいで用いている「秩序」の概念を関連づけるならば、つぎのような相互に対応しあう三つの秩序が現れるだろう[15]――

1 最高位の一者から最下位の質料にいたるまで連続的につづく存在の系列としての秩序

2 それぞれの存在物が各自においてしめす秩序

3 ひとつの生き物としての世界の秩序

これらの対応しあう三つの秩序について順をおってみていくことによって、諸々のテーマとの関連があきらかになるだろう。まず第一のタイプについていえば、流出説にみられるように、究極の始原から質料まで、直知界から感性界まで分断されることなく存在の鎖が連なって長い系列がつくられる。万物が共通の始原からの同じ流れであるからして、世界はまとまりをもったひとつの全体としてとらえられる。そして、一列という秩序で多なるものを結びつけているといえる。序列のなかでは下位にある存在物も、すぐ上の存在物のためにあるのではなく、系列全体がひとつの目的のためにあり、どれほど無益にみえる昆虫であれ、世界全体の完全性の実現のために一役買っているのである。[16] カルダーノが動物の数について、最終的には世界の完全性にとっての必然性という見地から結論を出したのはすでに確認したとおりである。さらに、物体の系列には霊魂の系列が対応している。

つぎに第二のタイプでは、それぞれの存在物に各自の秩序がみられる。諸部分や諸器官を適切に配置づけ、統合し、ひとつの目的のために用いるのは、その身体にやどる霊魂である。それはちょうど、世界が万物を自己の完全性という目的のために用いるのに似ている。それゆえ、一輪の野の花でさえも、霊魂によってそ

（14）『認識問題』第一巻、一八五頁以下でカッシーラーは、多種多様で各著作家に固有な形態をとりつつも一世紀以上にもわたってくりひろげた自然哲学の歴史のなかで「いたるところで基礎になっている確固たる客観的な核を描き出すために」、世界有機体の概念をもとにしてアグリッパ、パトリッツィ、テレジオ、カルダーノらを論じている。

（15）この分類については、E・カッシーラーの前掲書のほかにE・M・W・ティリヤード『エリザベス時代の世界像』磯田光一訳（研究社、一九六三年）およびA・O・ラヴジョイ『存在の大いなる連鎖』内藤健二訳（晶文社、一九七五年）から示唆をえた。

（16）カッシーラー『認識問題』第一巻、一九四頁で「世界有機体という概念は、ある個別的な種をもっぱらより高次の種の目的のための手段としてのみ考えることを禁ずる。この概念は、たとえばどれほど限定された存在のうちにも全体的な法則が完全に体現されていることを要求する。目的の外的な考察にかわって、すべての生命体の構成と発達における一貫した調和の認識が登場する」と主張して、第二のタイプの秩序から第三のタイプの秩序への橋渡しをしている。

の諸部分を統一するという点では世界に対応している。ただそれは、不十分であいまいな仕方でしかないのであるが。一方、ミクロコスモスたる人間はあらゆる面で世界を反映し、その知性によって神と合一する道まで開かれている。したがって、人間の研究は世界の研究の手がかりとなり、世界の秩序を知ることは人間について知ることになるだろう(17)。このような考え方が、『一について』の第二部における人間と世界についての考察の背景をなしている。そして、霊魂が秩序をあたえる原理であることは「多が善なり」の立場から反論されず、また本論でも問題にされていないのである。第二部は議論の展開の過程からは遊離しており、有機体的世界観という点では、あとにのべるように第五部の共感と反感のテーマにかえってより密接に関連づけられるかもしれない。つまり第二部の論述は、第一部や第三部、そして第四部のいずれの立場にとっても了解しうる共通の基盤なのではないだろうか？

さきに、カルダーノが感性的な美の背後に形而上学的なものを想定せず、美の原因として秩序を提起するにとどまったことを確認した。しかしながらもう一歩踏みこんで、あるいは別のレベルで、秩序の原因は何かが問われるならば、霊魂にいきつかざるをえないであろう。自然哲学においてしめした重要事項として彼自身が晩年に、「秩序づけられたさまざまな諸部分を有するものは、すべて霊魂と生命を有すること」をあげている(18)。

最後の第三のタイプでは、世界全体をひとつの秩序体、すなわち「コスモス」とみなす考え方は自然世界だけでなく、国家や都市にも、音や数の関係にも、また人間の生き方にも秩序をみて、秩序づけられていることを善であり美であると考えた。秩序が世界の統一原理であるとみなされたのである。コスモスの概念のなかで注目すべきことは、均衡としての美の定義の考察において検討したように、はじめから多なるものあるいは諸部分を前提としており、それらのあいだの調和によって統一がもたらされるとすることである。[19] 秩序を多のなかの一とみて善とする考え方は、このような伝統から生じている。ひとつの生きものとしての世界観には、コスモスの思想とともに、共感と反感の概念が共存している。文字どおり、世界をひとつの身体とみるならば、ほんの一部の動きが他の部分の動きを生じさせるのが当然であるように、遠く離れた星が地

(17) カルダーノは『事物の多様性について』第八巻第四〇章（*Opera*, III, 146a）のなかで、人間のもつ三つの高貴な特性として「知性」mens,「理性」ratio,「手」manus をあげている。同書の第八巻第四二章（*Opera*, III, p. 160a）では、知性によって人間が自分自身を超えて、ついには奇跡をみるという可能性がしめされている。また『わが人生の書』では、神の知性と人間の知性をむすぶ「媒介者」vinculum や「運搬者」vehiculum として理解された精気・霊気（スピリトゥス）が主要なテーマになっている。それに比べるならば、『一について』はおもに理性の領域を扱っているようだ。

(18) 『わが人生の書』第四四章、一九九頁。

(19) 坂本賢三「コスモロジー再興」『自然とコスモス』（岩波書店、一九八五年）を参照。さらにこの巻の他の諸論文を参照。

(20) フィチーノ『饗宴註解』第六話第一〇章［フィチーノ『恋の形而上学』左近司祥子訳（国文社、一九八五年）、一六三頁］において、有機体的世界観と共感の概念の結びつきが如実に語られている。さらにF・A・イェイツ『ジョルダーノ・ブルーノとヘルメス教の伝統』前野佳彦訳（工作舎、二〇一〇年）、一二七頁：伊藤博明「マルシリオ・フィチーノの魔術論」『哲学の探究』（第一一回全国若手哲学者研究ゼミナール報告・論文集、一九八三年）、四四－五六頁を参照。

上の人間に影響を与えることも可能となり、磁石が鉄を引きつけ、一本の弦が他の弦を共鳴させることも説明されるのである。[20]『一について』第五部の共感と反感のテーマは、世界がひとつのまとまった全体であることから、すなわち全篇をとおして主張されたことから派生した事柄であり、作品を締めくくるにふさわしいテーマとなっている。またこの作品そのものを、本章のはじめに述べたようにカルダーノの世界観の序論として考えるならば、これから自然哲学の著作群へと橋渡しをするためにも必要なテーマであったことがわかる。というのは、共感と反感こそは超自然的な諸力の介入を排除して自燃現象を説明するための原理とみなされていたからである。

さて以上のように、秩序の概念をより大きな世界観のなかでみると、討論の主要テーマとして見出した結論はごく一部にしかあてはまらないことがわかる。この作品の構成からみても、中世の討論形式はルネサンス的世界観の論述のなかに、主要な部分ではあるがやはり一部として組みこまれているにすぎない。『一について』という作品のなかでカルダーノは、当時の世界像のなかの対応しあう諸相のそれぞれにおいて、一なることがみられることを説こうとしたのであろう。以上の考察をへて、カルダーノが諸々の秩序を統一する究極の原因としての一をも遠くの視野に入れていたことを認めるにいたる。

このような結果は、カルダーノの『一について』にだけみられる特殊なものであろうか？　ここにおいて顕著に現れてはいても、おそらくこうした特徴は時代精神の一般的な傾向をもあらわしていたと思われる。[21]一六世紀の自然哲学の著述のなかに経験主義的な方向を読みとることができたとしても、その同じフォリオのなかには異なった要素もまた混在しており、それらはすべてより大きな世界観のなかに包括されていたのである。だがそれにもかかわらず、自然には秩序が存在するはずであるという信念のもとに、諸々の現象のなかに秩序を見出そうという態度は、やがて確実に主流になってゆくであろう。

(21) Margolin, "Analogie et causalité," 71-72 を参照。さらに Garin, *Storia*, II, 627- およびガレン『イタリアのヒューマニズム』、二〇五頁を参照。

# 第八章　翻訳　カルダーノ『一について』

## テクストと翻訳について

この形而上学的な小品は、一五六二年に『シュネシオス派の夢の書』をはじめ一二篇をふくむ作品集のなかの一篇としてバーゼルで出版された。翻訳の底本としたテクストは、『全集』（*Opera*, I, 277–283）におさめられている。テクストは二四の段落からなり、翻訳では1から24の数字をふった。翻訳文の第一部から第五部の区別と段落は、内容の分析から訳者が加えたものである。『全集』のフォリオ版一頁は左右の欄からなり、各欄は七〇行ないし七一行からなっている。参照を容易にするため、翻訳文の各段落の冒頭には全集の頁数のあと左右の欄をそれぞれａとｂとし、そのあとに行を数字でしめした。たとえば、［277a1］は二七七頁の左欄の一行目をしめす。［…］のなかは訳者の補足である。

# 『一について』

## 第一部

1　[277a1]「一」unum は善であり、反対に「多」multa は悪である。というのは、もし善が完全であるならば自らの外には何も残さないからである。ところが多が〔完全で〕あるときには、一は他のもののなかには存在せず、したがってその善性は絶対的ではない。というのは、それ自身が一であるので善であるからだ。その証拠となるのは、すべてのものが「一性」unitas へと帰着されるかぎりにおいて完成されるということ、何であれ存在するものは一へと向かう傾向があるということである。

[277a10] 人間には無数の「多数性」multitudo があり、ひとりひとりでは死すべきものであるが、あたかもひとりの人間のようにみなされるならば永遠である。不死にしてかつ祝福されたものは何であれ一である。諸物の「形象」species は個々のものが個々のものに引き続いて〔生じる〕かぎりにおいては祝福されたものではありえない。だが反対に永久に持続するときには一である。さらに友人たち、女の愛人たち、男の愛人たち、および生むものたちは何であれ、霊魂によってか、肉体によってか、あるいは両方によってひとつになることにより祝福されたものとなる。たとえば貞節な妻をもった男の生涯のように。ひとつに結ばれることの願望でないとすれば、愛とは何であろうか？　分割へのはかり知れない欲求および統一へのありとあ

らゆる反発でないとすれば、「不一致」discordia および嫌悪とはいったい何であろうか？

2 [277a24] さらに一は多の原因である。これに反し、多はけっして一の原因ではない。たとえば太陽と月は諸々の生き物の原因であるが、諸々の生き物は天や太陽や月の原因でないのと同様である。これに反して、いわば多が切減された場合のごとく［数の］減少によって生じる一がある。たとえば、ほかの多くの人々が死んでしまった場合のひとりの人間のように。また、たとえばヘビは多くの類において人間やライオンより数は少ないが、しかし少ないからといってより完全なのではない。というのは、人間よりも多くの子供を生み、より短時間にかつより速やかに成長するからして、本性上はより多いからである。数の少ないものたちは不完全であるにもかかわらず、「保存」conservatio のために多数のものを［食料として］必要とすることから生ずるのであろうか？　反対に、ハエとかアリのように少数のものを必要とするもの、天の下どこにでも生きているものたちは何でも食べ、しかもわずかのものを食べるので自己の多数さによって自己の不完全さをしめす。だがこれらのものは本性上では多であっても、偶然的に少数であるものよりもより完全なのである。

[277a42] それゆえに神は、たんに善であるだけでなく最善であるがゆえに、必然的に一なのである。諸々の「知性」mens も、諸々の生命も、諸々の第一実体も人間のようにきわめて異質な多くの諸部位からなってはいないので、霊魂と肉体が合体している人間そのものよりも完全である。また生成も多の一への合一であるからして善である。一方、消滅は一の多への解体であるからして［悪である］。

[277a50] ひとりの人間、そして一匹のハエは善であるが、多数性は善ではない。しかるに、より多くの人間たちとより多くのハエは複数の善ではあるが、それにもかかわらず、ひとりの人間よりもより善である何かではない。すなわち［それらは］個々のものとして善なのであって、多であるがゆえに善なのではない。一へと還元されないかぎりは。したがってすべての人間たちよりも、ひとりの人間のほうが善である。それゆえ、多くの人間たちは多くの善である。つまり個々の［ものとして］。だから、［一へと還元されるとすれば］種族も、国家も、団体も、たんにひとりの人間より善であるばかりでなく、多数の人間たちよりも善であることになる。なぜならそれは一へと還元されるからであり、なんであれ、このように団体へと結合されたり集合されたりするものにふさわしいものは、より善であるからだ。

[277b8] それゆえさらに、王と王制は貴族制よりも善であるし、貴族制は共和制よりも善である。なぜなら前者はよりいっそう一へと向かうからである。一方、「民衆政治」democratia は最悪である。したがって、「少数支配」oligarchia も［悪であるのだが］、しかし「僭主政治」tyrannis はまだましである。僭主政治において、少数者かあるいは民衆の地位が勢力をふるっているのでないかぎり。というのは、不正に支配する人がひとりいるだけでなく、従者たちにも好きなことは何であれ許されるのであれば、そのときにはその僭主政治において解体と不正がおこるからである。

[277b16] また、不死なるものは善である。それらは一であるからだ。しかるに死すべきものは、まったく存在することを止めるか、あるいはいわば途中で断ち切られて少なくとも一であることを止めるのだから善ではない。だがすべてのものは、［それぞれが］一であるかぎりにおいて善である。それゆえに天のように

分割できないものは、地のように分割できるものより善である。そして諸々の知性のように分割されたものを想定できないものは、天および天の星々のように分割されたものを想像しうるものよりも善である。そして土塊のようにすでに分割されているものは、地のようにこれまで分割されていなくても分割されうるものよりも善である。さらに、無限に分割されうるものは、たんなる可能態へと回帰するのであるから、より少なく善である。すなわち現実態は善であるが、可能態は二通りである。ひとつは「第一質料」prima materia のように現実態を許さないもので、これは極端に悪である。もうひとつは、この現実態に依存すべきものであり、現実態に向かうかぎりにおいて少しは善である。したがって、数における無限はまさしく一性に反対するのであるからして悪であり、非友好的である。一方、「秩序」ordo および「運命」fatum は一であり、さらに一へと向かうので善である。しかるに「無秩序なるもの」inordinata および「運」fortuna は悪である。なぜなら一へと向かわないからである。

3 [277b42] また同じことが可感なものにおいてもみられる。協和音は善であり耳に心地よい。なぜなら、ちょうど「八度音程」diapason のように一へと和合するからである。［一方］まったく不調和な不協和音は、調子はずれで耳ざわりである。だが他の仕方で調和する音は完全には心地よくないし、［完全な］「五度音程」diapente ほど心地よくはない。しかるに、まったく不調和な音は不十分にしか一へと和合しない。つまり、「三度音程」diatriton と「六度音程」diaecton のようにあまり心地よくないのである。

4 [277b51] 以下の見られるものにおいても同様に、等しい間隔で区分された列柱は［善である］。なぜなら間隔がひとつなので、喜ばしい光景をもたらすからである。このように、一を形成するように見えるよう配置されたもの、丘やイバラの茂みや泉の模倣を目的として配置されたものは、すべて善である。一へと還元されるからである。そればかりか、あまり優秀でない職人でも、ひとりの職人の手によって製作されたものは、たとえもっと優秀な職人にしろ、多くの職人によってかわるがわる製作されたものよりも美しく見えるのである。したがって現実態も「美」pulchrum も一に関係していることがあきらかである。同様に、現実態に相反する可能態および醜さは多に関係している。すなわち、一はそれ自身において考察されるかぎり善であり、感覚にたいしてならば美である。つまり匂いも味も協和音も感覚を喜ばす場合に美しいといわれるからである。もし言葉が気に入らなければ、心地よいとよんでもよい。

[278a13] 同様にして、一が「有」adesse へと還元されるときに現実態がある。したがって、一や善、美、そして現実態はほとんど同じものになるだろう。他方、多や悪、醜さ、そしてたんに可能態において存在するものどもも［ほとんど同じものになるだろう］。しかるに、過ぎ去ってしまったものは最大限にこの種の可能態において存在する。それゆえ、善であるものどもが過ぎ去ってしまったことは悪である。つまりそれらは、自分の現実態を放棄してしまったのである。そのために、一および善は別々に呼ばれているのである。

## 第二部

5 [278a21] さてこれまでのところは一について一般的に述べられたが、今度はもっと個別的にその本性が探究されるべきである。たとえば周知のごとく人間の諸部位や手足は多であるが、しかるに人間それ自身は一である。多くのさまざまな部位からだけでなく、まずは諸々の肉体的な部位、つぎに霊魂と身体、そして実体的なものとそうでないもの、さらに複数の「力能」facultates と「機能」functiones からなっている。それにもかかわらず人間全体ではひとつなのである。数において一であるといわれるが、それは何ものでもない。千もまたひとつの千なるものである。小麦や裸麦の堆積物も一である。数における一を、私は二の半分であるという。数は知性が思い描くものであり、そのはじまりが一であるときにはいつでも、数における一も霊魂によってつくられるであろう。

[278a35] だが、私が探究するのは一がどのようにして一といわれ、どのようにして一であるのかという道理である。したがって、数の「はじまり」principium が一であるといえようが、内部にさまざまな諸部分を想像しうる水のようなものも一である。だから、一の本性はまったく曖昧であり、誰にもはっきりとは解明されていない。それゆえ、いったいいくつの「様態」modus のもとに一であるといわれるのかを探究することにしよう。

[278a42] ところで、あらゆる一は不可分である。いいかえれば、一であるかぎりにおいて不可分である。「連続体」continuum は、一であるかぎりにおいて不可分である。連続体であるかぎりにおいて不可分なのではない。では、いったい何種類の一があるかを事物にそくして探究しよう。道理はそれ自身におけるよりも、事物においてよりよく知られるのだから。

[278a48] そしてつぎのことを主張しよう。神はひとつであり、諸部分からはなっていないこと。人間もカ

べも別の仕方で一であるのと同様に、「全世界」orbis totus も一であること。カベの白さも、動物も人間も「種として」in species 一であり、さらには堆積物も［一である］。したがって、同じ「形相」forma を有するものは何であれ、類によってか、種によってか、あるいは偶有性によって一といわれる。たとえば動物、人間、白さのように。しかしながら白さの一性は人間の一性とは異なる。というのは、白さは分割しうる量をもっているが、人間はもっていないからである。一方、堆積物はたがいに接触した諸部分を有し、カベは連続した［諸部分を］有するが、両方とも異なった［諸部分を有するのである］。他方、牛乳は一であり、しかも類似した諸部分を有する。ところが人間と世界は連続性をこえた何かを有する。というのは、霊魂は連続しておらず、連続体の部分や限界ではないからだ。

[278a63] 経験によれば、人間はカベや堆積物より、まして牛乳よりも一であることはあきらかである。というのは、牛乳の一部分が作用を受けたとしても、全体がそのことによって作用を受けることは決してないが、人間の一部分が作用を受けると必然的に全体も作用を受けるからである。だが、世界は人間よりも一であると考えるべきである。というのも、人間が［一である］のだから馬も［一で］ある。そして、馬が一であるのだから世界はより以上に一であるのだ。なぜなら［世界は］神の最初の製作物であるから。それゆえ世界は人間よりも一なのである。そこから「共感」sympathia や「反感」antipathia をはじめこの種のものが［生ずる］。

[278b4] したがって神も数えあげるとすれば、一には八つの様態がある。すなわち神はすべてのものよりも高貴な仕方で一である。というのは、堆積物やカベや牛乳のようにさまざまな諸部分からはなっておらず、

また類や種のようにさまざまなものへと区分されもしない。しかも白さのように性質だけが他のものに付随している一でもない。また人間における一にくらべ、異なったものをふくんでいないので［神］は端的に一といわれねばならない。

[278b12] 一方、君は牛乳も白さも同じ仕方で一といいうるのではないかと疑うだろう。これらは連続的なものであり、さらに本性はひとつであるのだから。だがそうではない。というのは、白さはたしかに一なのではあるが、いわば無限な諸々の白さを自らのうちにふくんでいるのである。だが牛乳はこのような仕方で一なのではない。さらに、白さは集められうる。色は木から引き出されるが、実体は［引き出され］ないのだから。つまり、このことは実体と偶有性の差異がいわれていると解される。

6 [278b22] したがって一は何らかのものであり、かつ自分自身であるのだからして、「一」と「何らかのもの」と「もの」とは同一のものであろう。さらにはまさに善も美も、現実態も［同一のものとなるであろう］。ところで、現実態はあらわれてくる。「有」ens もあらわれてくる。したがって、これらはみなほとんど同一である。一方、自然は一性を尊んだということをチョウの羽、魚のヒレ、鳥の翼の例がしめしている。というのも、それぞれの部分において等しく模写されたものが認められるからである。ある原理がそれらすべてに属しているから。

7 [278b32] それでは人間と世界について、どのようにしてそれらが一であるかを述べることが試みられるべきである。そうすれば秩序も運命も認められるだろう。たとえ運命の「理」ratio, 人間の理、さらに秩序の理がそれぞれ別であろうとも。というのは、秩序は時間を要求しないが、運命は要求するからである。かくしてすでに一〇種類の一性が数えあげられた。

[278b37] それゆえ一性は人間に属し、一性は原理に属する。つまり、知解し、感じ、消化し、歩きまわる同一の人間は一にして不可分である。まさしく、一であるゆえに。不死なる霊魂がかくも多くのものを自らのうちに包括し、排泄物のように自然のもっとも劣等な作品をも都合がいいとして［体内に］保持したり、ひどく不快なものとして［体外に］押し出すことも困難であるので、肉体の構造が注目される。

8 [278b46] だが他方では、不可分な実体へとこれらすべてのものが還元される場合には、不死なる原理は肉体を用いるのと同じ力によって、その同じものをつくりあげたことが明らかである。すなわち霊魂はまず心臓から拡散する熱によって固体に命令し、つぎに精気によって四肢を動かす。一方、［霊魂］は四肢自体の力によって諸体液を導き、さらにまだ凝集していない場合には諸分泌物をも導く。だがそれらが凝集してしまったときには、四肢自体によって導くのであり、それらの力によるのではない。ちょうど膀胱が尿をしぼり出すときのように。さらに、身体全体がすべてのものをひとつにまとめることは、一なるものから受け入れたのでないかぎり不条理だし、可能でもないと思われる。したがって、一なるものこそその原理なのである。ちょうど殻のなかにいるカタツムリだけが生き物ではなく、殻も、たとえ動かされても動くことはないにせよ［生き物であるように］。それと同様に、人間は霊魂と肉体からなる一であり、霊魂だけからなるのではない。たとえ肉体が霊魂によって動かされるとしても。

[278b63] したがって［人間は］連続性、接触性、秩序、および原理において一なのである。すなわちすべてのものを知覚する原理は一である。だが原理がひとつであるならば、なぜわれわれは栄養を摂取したり、消化したりすることを知覚しないのだろうか？ おそらくこの原理は、結合している部分では知覚しないが、切り離される部分では知覚するのだろうか？ だがもし原理が不可分であるのなら、どのような仕方で諸部分は［原理］をもっているのか？ ［原理が］知覚し、理解し、想像することは明らかであるが。そしてまた、これらすべてのことは不可分であるにもかかわらず、多である。ちょうど肉体のさまざまな諸部分がさまざまな仕方で結びつけられているのと同様に、諸活動の理もさまざまなのである。たとえば凹面鏡、平面鏡、水面、泥、ローソクに当たった太陽光線の［反射の］ように。

[279a6] したがって、このように栄養に関する部位に結びついている霊魂は感覚を欠いている。というのも、その諸部位は感覚のための道具とはふさわしく結びついていないからである。つまり神経は栄養を受ける場合に感じない。これに反して、霊魂と知性の本性はひとつのものとしてあるが、どこか［特定の場所］にあるというものでもない。

[279a11] 同じ理が世界においてもある。じつに、人間もハエも、ちょうど回虫が人体のなかにあるように世界のなかにある。それゆえあきらかに、すべてのものは一のためにあり、あるものは別のもののためにある。たとえば、胃は肝臓のために、肝臓は心臓のために、食道は胃のために、胃はノドのために、歯は口のために、唇は歯のためにあるように。こうして君はまさに七つの秩序を知る。［それら］すべては人間のた

めにあるのだ。

[279a18] したがって、どれほど多くのものと多くの秩序が世界自体のなかにあろうとも、すべてのものは一のためにある。だが相互のあいだでは、かならずしもすべてが秩序づけられているわけではない。だからして、ハエがわれわれのためにつくられているのでないことに驚いても、手が足のためにつくられているのではないこと、また膀胱が肛門のためにつくられているのではないことに、われわれは驚かない。したがって、すべてのものがすべてのもののためにつくられたのではなく、すべてのものは一のためにつくられたのである。

[279a26] 互いに異なる多くの秩序が最終目標にしているところの一が存在することが、どのようにして可能かという点が検討されなければならない。すでに述べたように、このことは宇宙においてよりも人間において観察する方が容易である。足は歩くためにつくられているし、手は握るためにつくられている。しかし手は足のためにつくられてはいないし、足は手のためにつくられてもいない。これらがしめしているのは、霊魂は体内に拡散してはいないということである。というのも、もし霊魂が体内に拡散しているとすれば、感じる足によって手が感じることになってしまうだろう。なにしろ霊魂全体が感じるのだろうから。これに反して、われわれは手によってか足によって感じるのであって、感じる手によって足が感じることはないからだ。

[279a38] それゆえ霊魂は原理的な一であるからして、連続的にでもなく、接触的にでもなく、それ自身によって存在する。そして場所においてでも、時間においてでもない。つまり［霊魂が］手のなかにも足のな

かにもないならば、心臓のなかにもないだろう。たとえ心臓が生命を受けとる第一のものであっても、霊魂が心臓のなかにあると考えるのは不条理である。それはどこにも存在しないのだ。

[279a44] 一方、生命は［体内に］拡散している。その生命によって、われわれが働きかけるすべてのことを、あるいは受け入れることによってわれわれを完成するすべてのことを遂行するのである。だが生命は原理ではない。なぜなら生命は肉体の各部分にあるが、霊魂はないからだ。したがって、もし多が一へと向かったとしても、それは偶然であろうし、いつかは離れてしまうだろう。したがって［それらは］一へと向かうのではなく、一に由来するのである。そうであればこそ、離れることができないのである。だから、すべてのものは霊魂に由来している。だがもし、霊魂が延長をもっているとするならば部分において部分をもち、かくして人間全体は感じたり見たりしなくなってしまうか、それとも全体において部分をもち、それゆえある部分が感じているために他［の部分］が感じるということになってしまうだろう。したがって必然的に霊魂は不可分であるがゆえに、どこにもないか、あるいは心臓が霊魂の座であって、微小な霊魂が心臓のなかにあるかである。だがもし霊魂が心臓のなかにあるとすると、人が熱や老衰で死にかかっている場合には、彼のあらゆる活動はほとんど同時に弱まるであろう。だがそうはならない。したがって、霊魂は心臓のなかにはない。また、霊魂は「世界のなかにあるごとくに」ut in mundo われわれのなかにある。しかるに世界のなかの霊魂はどこにもないが、永遠で不死である。したがってわれわれのなかにある霊魂も同様に［不死］なのである。

[279a65] それゆえ、われわれのなかには、あらゆる部分のある種の「一致」consensus がある。そしてす

でに述べたように、共感と反感がある。さらにわれわれのなかで霊魂はひとつではあるが、力能と機能は多数なのだ。つまり、心臓、肝臓、手、足にそれぞれ別の霊魂があるのではない。それゆえ世界においても、そのようにはなっていないのである。

[279a70] ではどのようにして空気は上昇し、土は下降するのだろうか？ そして、一なるものよ、汝に尋ねよう。どのようにして肝臓は尿を押しやり、腎臓が引きよせるのか？ 肝臓が腹部からひきよせ、心臓へと送るのだろうか？ そのことのために、多数の霊魂があるのか？ 霊魂はひとつであるが、引きよせる力能、押しやる力能は［多数なのだ］。また、重いものが下へ、軽いものが上へ動かされるように、生き物の種におけるように、秩序をなすものたちにおいても実際に［そうである］。あるものは必ずしも他のもののためにあるわけではないからだ。すなわち［これらは］一なる原理でなく、秩序にのみ還元されるのであるから、これらから一が生ずるということは必然的ではないのである。これにたいして、一へと向かうものは何であれ、かの一に匹敵したものがひき起こされる。

[279b14] それゆえ、諸々の知性と生命が一へと還元される場合には、すなわち神へと還元される。というのは、秩序が完全であるために、そのために［それらは］秩序によって一になるからである。したがって、馬と犬が人間のために存在するということが可能である。たとえ何であれ、他のものにとってはいわば食料のようなものである。したがって、真にひとつの秩序があるのは［それが］一へと向かうときであって、それ以外はありえない。だから世界にあるものは何であれ、ひとつの世界とその活動のためにある。さらにそのうえ、人間においてはどのようにして損なわれたものが存在するのだろうか？ たとえば人間のなかの回

虫のように。ところが世界においては、［それが］すべてのものをふくんでいるので、人間におけるように
もうひとつのもののためにあるものは何もない。

［279b26］ところでわれわれは、世界においてはこのことを知らない。というのは、世界のすべての諸活動を知らず、それらがどのようにして一へと秩序づけられているかを認識しないからである。たとえば人間のうち、いったい誰が世界の主要な諸活動とそれらの秩序を知解していようか？　そしてまたあらゆる部分が何のためにつくられたかを［知解していようか］？　すなわち人間においては、すべての［部分あるいは活動］が知解されていることはあきらかである。また何のためにということも。

［279b33］これにたいして、運命によって継続へと向かうように秩序づけられたものも、また一である。だがこのことについては、運命についての書のなかで述べられているからして、これらについてはもう十分である。

## 第三部

［279b37］残ることは、最初からより根本的に事柄を再考して、すでに述べられたことにたいして、［それらが］提起する疑問を検討することである。第一に、一は善であり、多は悪であるとした。すなわちもし多が善であるならば、多なるものは悪ではなく善になるだろう。たとえば、多数の原理は相互に一致しあうことがないからして悪である。だがまず神々についてはそのことは心配ない。すなわち、神々は相互に一致しあうだろうし、一よりもより善になるだろう。いやそれどころか、われわれの法と哲学は、多数のそれら

［神々］をおいている。法は神が多数であることを欲しないにもかかわらず。というのは［神々は］ひとつの本質において一致するからである。しかし［それは］知恵においても愛においても両方の優れた力をつくるので、明確に「神格」personaを区別するのである。だが、われわれはすでに述べたように、祈願において一致することを望む。これにたいして哲学者たちは、それほど諸感覚から遠くには達しなかったので、三つの神をたてているのである。したがって多数性は悪ではない。

［279b54］さらには、よく制度づけられた共和制［国家］および貴族制［国家］においても同様である。というのは、それらのもとでは人民がよりよく統治されるからである。つまり［彼らは］王［制］に等しい正義をとり戻し、過ちが犯されることが少ないからである。そして是正されない行為が黙認されることは、王制におけるよりももっとずっと少ない。王制では、ひとりの王があまりに多くの仕事を監視することができないので、むしろ騙されるのが必然的であり、またたとえ［王が］正しく振る舞ったとしても、悪である従者たちが多くのものを破壊するだろう。このことはあまりにもしばしば善なる君主たちのもとで生じるので、私はそのような状態を望まない。

9　［279b65］さてもし君が、従者が善良であることを望むというのなら、かくしてその善は一にでなく、多に由来しており、しかも多数性によって支えられている。さらに恒星天の星辰は惑星、少なくとも火星や土星よりもはるかに輝かしい。そしてすでにいわれたように、ある種の惑星よりも、それ自体でも、人間と比較して考えてみてもより大きいし、より白く輝き、最高の装飾により近づいており、より善である。ところがそれらは多であり、多からなる。さらに、かざりも、美も、装飾も、心地よさも一からではなく、相互に組みあわされた多に由来する。もし一においてあるならば、数多くの諸部分の比例性によってその一にふさわしいものとなるのである。たとえば顔においては目、額、鼻、口のゆえであるし、協和音においては多数の音のゆえである。一はこれらのうちの何ひとつ引き起こすことはできない。さらにそのうえ、もし一がそれだけで、それほどまでに善であれば、何のためにこれほど多くのものがつくられたのだろうか？　もし必然的につくられたのであれば、その必然性はいわば創り手に由来するように善に由来し、ちょうど目的へと向かうように善へと向かうだろう。したがって多数性は善である。

[280a15] ところで質料はひとつであるが、悪である。もし自然のなかで何かあるものが悪であるといわれるにふさわしいならば。

[280a17] さてこの多数性は、もし悪だとすると何になるのだろうか？　なにしろ善は「有」ens と同一なのだから。ということは、多数性は「無」nihil になるのだろうか？　ロバとゾウは人間より数が少ないし、生まれる数も少ない。というのも、ゾウもロバもたまには二頭生まれることがあるが、三頭のゾウやロバが生れるのを見たり聞いたり読んだりしたことはない。しかし、人間はしばしば双子を生み、ときには三つ子を生む。私も一度の出産で三つ子の男子が生まれたのを見た。そして［このことは］たがいに争いあった［古代ローマの］ホラティウス Horatius とクリアティウス Curiatius［の物語］で読むことができる。さらにエジプトでは、ときとして五つの生命が同時に生まれたことが報告されている。にもかかわらず、ロバやゾウは

人間よりも完全ではない。なぜなら、それらには他のものは欠けていないとしても、少なくとも理性そのものが欠けているからである。

［280a31］さらに、レグルス regulus のようなある種のヘビは非常に珍しい。何世紀かにやっと一匹生まれるくらいである。その発生のためにはあまりに多くのものが必要なので、多数が生まれることができないのである。ところが、それらは人間よりもあきらかに下等である。では何のために自分たちよりも優れた人間を滅ぼすように生まれついたのであろうか？　それに一の方が多よりももっと善であるのではなかっただろうか？　反対に、もし［それらが人間よりも］より善であるとしたなら、知性をもっているものよりも善であるものが、理性を欠いているということがあるだろうか？　というのも、世界に関するかぎり、しかも端的に、より善であるものが知解されることを今われわれは欲するからである。

［280a41］さらに大勢の息子たち、多くの豊かな耕地、多くの貨幣をもつことは、ひとり息子、ひとつの耕地、一枚の貨幣をもつことよりも善である。

## 第四部

［280a43］したがって、いまいわれるべきことは、以上のような種類のことである。というのも、これら［の話題をとりあげること］なしには騙されていて納得できないと思うだろうが、これらをとりあげるなら、教えられたことを確実に考え、よりよく知解するだろう。そのようなわけで残りのもののなかでもっとも困難である第一のものから出発して、まず最初になぜ多が原理ではありえないか、そして多が善ではありえな

いかを明示しよう。一方、真の証明にとって固有なることは、事物に関してしめされるあらゆる疑念がその証明によって解消されるということである。まさしくアヴェロエスがいうとおりに。したがって、もし多が善でありえたとするならば、完全な一へと集められたものである多が、何かを引き起こしたことになってしまうだろう。しかるに、完全な一が善であることの方が、不完全な多［が善であること］よりも勝っている。したがって多は第一の善ではありえなかった。

[280a59] ところで、もし君が多と一が同一であるかのように想像するならば、それらの多なる善は無駄であろう。多と一は同一でありうるからして。というのは、もっと少ないものによって可能なことが、より多くのものによって生じるのは無駄であるからだ。また、もし一だけが善であったとするならば、装飾、美、および善の形象が存在しないことになっただろう。というのも、美は善の似姿であるからだ。そしてその善は貪欲であったり、妬みぶかいものであっただろう。したがって、多が善であることが必然的であった。いや、互いに反発しあわないものがいかに多くありえようと［それらが善であることは必然的であったのだ］。

[280a68] それゆえ多は第一善であるか、第一善でないかである。だが多は無秩序ではありえず、秩序づけられていた。いかに多くのものがありえたとしても、それらが存在することは必然的であった。これらのことが知られれば、これらの神々すなわちペルソナは、たとえ多数であっても互いに依存しあっているので、一へと集まり、秩序づけられているのである。一方、これらの多なる善を生み出し何者をも減らさないことは第一の製作者の最高の術に属していて、［今もなお］属している。なぜなら、もし減ぜられたならば、第一の善は無限でもなく、完全でもないことになるだろうから。だがここには正確な例はひとつもなく、正確

でない例は無数にある。

［280b8］たとえばより近い例をあげると、火は火を、人間は人間を、職人は靴を生じるが、何も減ぜられず、ただ質料から変化させることによりそれらを形成するのである。その結果として、引き出したとか、発見したとか、完成したというよりは、むしろ形成したといわれるのである。だが、この最高善［の議論］を省略する。それは物体的なものにおいては、自己に与えられた質料がもっていたといわれるものである。しかし、知恵、愛、生まれるべき諸々の知性および生命においては、それからつくることのできる何をもっていたといわれようか？　後者においては、物体的なもの［の形成］におけるほどは、生み出すことによって多く減じることはない。したがってこれは第一善だけの特権である。しかしながら、どのようにそれをなすかをしめすことは目下の議論には属していないのだ。

11　［280b23］したがって本題にもどると、多くのものは一から秩序にしたがって導かれたのでないかぎり［善で］ありえない。貴族制においては、ひとりの王の場合よりも多くの人々がより多くのものを見ることができるにもかかわらず、王はより多数の善なる人々をもつことになるだろう。というのは、王そのものが善だからだ。だが多数の人々は、そうではない。一へと向かい、一に依存するのだから。それゆえ王制には、貴族制におけると同じ善なるものがあることになろう。さらに［彼らが］一へと集まれば集まるほど、それだけ破壊されにくくなるだろう。

12　[280b32] ところで最良の王の例は神に似ている。というのは、王の善なる人々は神の模倣と愛によってつくられ、しかも何であれそのためには滅びないからである。異なっているのは、善なる人々がつくられる以前に、すでに王の従者たちがいることである。だが何であれつくることは能力を減ずることでなく行使することである。

[280b38] それゆえ、秩序づけられた多数性は善である。なぜなら一へと向かっており一から発しているからである。一方、恒星天の星々は宇宙への、すなわち諸々の生命への秩序を有する。ちょうど人間における四肢が相互に諸々の力能と機能への秩序を有することが必然的でないのと同様に。だが［星々］の多数性は、必然的に人間の多数性には類似していない。それゆえ、たとえば動物に四肢が存在するのだ。したがって、それら［恒星］のすべては、天においてどこへでもさ迷っていくもの［である惑星］よりもより完全である。たとえ太陽については疑いがあるとしても。というのも、あらゆる天体の軌道は理そのものへと［向かう秩序を］有するからである。同様にして、より多い星々がさまよう星々よりも高貴であることを何ものも妨げない。というのは、すでにいわれたように、それら［恒星］は秩序づけられているからである。つまり、それらは多であるゆえに秩序づけられているのではなく、秩序づけられているゆえに多なのである。多数性が装飾やかざり、美の原因なのではなく、秩序が［原因なのだ］。そしてそれは多における一であり、ちょうど一であるごとくに、端的にそうなのである。

13　[280b56] しかし、秩序は多のあいだにしか存在しえない。したがって装飾も美も多において生ずるのである。なぜなら、秩序から成り立つからである。同様に協和音については、秩序が原因であることの証拠としては、つぎのとおりである。ひとつの甘く美しい声はユニゾンで斉唱する多くの声よりも善であるが、八度音程と（完全）五度音程においてはそうではない。いやむしろ、完全四度音程も、三度音程や六度音程も入ったほうがよく調和する。したがって秩序が協和音の原因であり、多数性［が原因］ではない。

14　[280b66]　ところでなぜ以前、多は必然的であるといわれたのであろうか？　なぜなら秩序づけられた多数性は神の慈悲、善、および知恵の似姿であったからである。何か堂々とした建物をたてる建築家は、何もつくらない場合よりももっと優れた仕方で行動するのではないだろうか？　質料は善であるが、諸々の善なるもののうちのもっとも遠いものである。というのは、可能態であるゆえにひとつではないからである。それらによって善なるものが存在することになる実体あるいは現実態を有さないからである。一方、他のものに混合されたものは善性を減ずるが、それは悪であるからではなく、善が少ないからである。ちょうど沸騰している［湯］やもっと熱いものに混ぜられた生温い水のように。

15　[281a6]　君はこう問うだろう。もし［それが］善でないとしたら、ではなぜそれはつくられたのか？　あるいはまた、もしそれが自分ではじめからあったのだとしたら、万物の原因は神ではないのか？　神的なる善は可能なかぎり配分されねばならなかった。だがすでに、それぞれのものが完成されていた。

16　[281a10]　したがって、不完全なるものもつくられねばならなかった。だが［それらは］多数性なしには保持されえなかったので多数性が必要であった。さらに、多数性が成り立つために質料がつくられたのである。だが多数性そのものは「有」ens ではなく知性によって思い描かれるのである。これに反して、多くの善であるものそれ自体は個別的なものである。しかし虚弱さと無力と悪のしるしである。

[281a16]　それゆえゾウやロバについても、もし自然が多数性を生じるならばそれは種が滅びないようにするためである。すなわち［自然は］あまりにも完全な一人の人間が、つまりきわめて賢く、きわめて強く長生きするような、たとえば最初の父アダムについて聖書が述べているような完全なひとりの人間が生ずるということを欲しなかったのである。さきほどの動物たちについては、より多くの数を［自然は］生ぜしめた。滅亡に関して最大の危険があったからである。というのは、弱くてこの世界にとって必要なものたちにおいては、［危険は］二重に大きいからである。したがって人間は弱くはないけれども、世界にとってもっとも必要であったのだ。ゾウとロバはそうではない。それらは強い生命の原理をもっているがゆえに、自然はゾウやロバよりももっと多数の人間を生ぜしめたのである。

[281a32]　一方、ヘビにおいては［生命の］原理は弱いが、それにもかかわらず滅亡する危険は大きくなかった。そのうえ、主としてそれらの多数性が他のより善である生き物たちの安全を妨げてきた。そのため少数のヘビがつくられたのである。さらにハエ、南京虫、蚊、ノミ、シラミ、アリ、クマバチ、コガネ虫の多数性は世界にとってそれほど必要であるようにも見えないが、何か他のもののために必要なのである。あるいは少なくとも、ヘビほどには危険ではない。そしてこれらすべての［生物たちの］生命は弱いので、自然

は多数性を用意したのである。したがって、もし自然が誤ってそれらのすべてのものを完全なる一へとまとめあげてしまっていたならば、永続的なるものは存在しえなかっただろう。だから、多くのものを生ずることが必要であったのだ。したがって、存在しようとしているところのものが宇宙の完全性にとって非常に必要であり、弱くて、しかもあまり有害でない場合に、たとえばハエやチョウのように〔自然は〕これらをきわめて多数生ぜしめた。だがもし必要ではあっても有害であれば、たとえ弱くても少数を生ぜしめた。たとえば害のあるヘビがそうであるように。さらにそれらの生成を荒地へと追いやった。有益であり、しかも確固たる強さをもっているものは、それほど必要でなくともほどほどに生ぜしめた。ゾウ、ロバ、イノシシのように。さらにある種のものを〔自然は〕人間の保護下に残したようだ。たとえばカイコのように。それらの生成は一匹から百匹が生ずるほどに豊富ではあるが。アリの多数性については、それらが長命であるといわれているので大きな問題である。

[281a62] さらに息子たち、耕地、金銭についていえば、多数性は必要性に由来する。ひとつの耕地は必要なものすべてを賄うことができない。ひとり息子はもし死んでしまったら子孫が滅びる。一枚の貨幣ではすべてのものを買うことはできない。だがもしひとつのものでできることと、多くのものでできることが同じだとしたら、多くのものは必要ではなくなり、これらすべてのものよりも、かの一の方が善くなってしまうだろう。その証拠は、神において息子はただ一人ということである。なぜなら〔神は〕息子を失うのではないかとか、去っていくのではないかとか気づかわないからである。ところがわれわれの息子たちは無数の災難に襲われるので、もし多数いるなら安心して暮すことができる。したがって、多数性は悪ではない。だが

悪の論証がある。その確実な証拠はこうである。〔多数性が〕秩序づけられていないならば、しばしば多数性であるかぎりにおいて悪である。だが金銭および息子たちにおけるように、不完全な一でないかぎりにおいて善である。すなわち数におけるこの一は、（前述のように）数によって一が現にあるのではなく、配置された言葉なのである。

17 [281b10] これらがこのような状態であるので、すべてのものにおいて善であるところのかのものへと、自ら駆り立てられるべきである。そして〔それは〕前述のごとく秩序である。努力さるべきことは、すべてのものが秩序そのものへと、そしてひとつの原理へと還元されることである。たとえば人間における四肢および諸部位が人間自体へと〔還元される〕ように。そして死ぬときに、われわれは一へと還元される。それゆえプロティノス（Plotinos, c. 205–270）は正しく語ったのだ。私は、私のうちにあるものを一へと戻そうと努めると。かくして、すべての活動もその諸目的へ、そして多くの目的が幸福というひとつの目的に還元される。

[281b19] 同様に、われわれが知っているすべてのものは一へと〔還元されるのである〕。このようにして、われわれはすべての記憶を容易に保つであろう。さらにまた一般に次のようなことが生じるだろう。すなわち、すべてのものをひとつの原因に帰すことを把握したとき、それらを真に知ることになるということが。かくして国家および家庭においては、すべてのものが自己の諸秩序によって結合されなければ適切に活動することができないだろう。またすべての人々が媒介なしに一人の人に従属することは善ではない。妻、息子

たち、もっとも好意的な兄弟たちのような、もっとも親密な人々がいる。つまりこのようにして家庭や国家が、もっともよく支配されるであろう。万物の創始者である一には、あらゆる感謝もまた捧げられることがふさわしい。まことに、すべてのことは、われわれが家具を整頓するような具合に扱われるべきである。

18 [281b32] さらに秩序は、もし［それが］ひとつなら容易である。ところが多数である場合は、それらがあまり異なっていないならば、より有益な［秩序］を選ぶことがしばしば非常に困難である。したがって、諸々の秩序それ自体をひとつの秩序へと移し変えねばならない。真に秩序が単一になるように気を配り、そして［秩序を］数へと戻さねばならない。

[281b37] ところで、三つの種類の作用がある。ベッドのように、たしかに技術による作用、動物の生成のように自然による作用、石の打撃や動物の欲望に由来するすべてのもののように偶然による作用。一方、人間やウサギの誕生は一部は自然に、一部は偶然によって生ずる。「はじまり」principium が偶然によっているからである。したがって諸々の技術の「はじまり」initium は目的である。そして秩序は目的そのものに由来する。というのは、目的は一種類ではないさまざまな原因を動かすからで、［それらの原因は］他の仕方では秩序づけられないのである。すなわち、諸技術における完全性は諸技術が生み出すものほどには、あるいは質料がそれ自身で秩序を構成するほどには完全ではないからである。すなわち、職人にとってのオノは、それだけでは作用因ではなく道具である。釘や木材、石材も［それだけでは］ひとつの秩序へと還元されえない。

19　[281b52] ところで自然物の原因は二種類ある。一般的なものと固有のものである。一般的な原因は天体に由来する。しかし天体の諸原理は、あるものはたしかに目的因と作用因と質料因によってそれだけで秩序づけられており、プトレマイオスによって伝えられている。だがあるものは、われわれに関連づけられる。そしてそれらは、ある種の固有な取り扱いやふたつの取り扱いを要求するだろう。そのひとつは占星術の本のなかで、もうひとつは運命についての書のなかで詳述した。

20　[281b60] 一方、自然な固有の原因、すなわち作用因と質料因は目的よりもよく知られている。というのは、目的は製作者によりよく知られているからである。一方、自然の製作者は「主」dominusである。これらの原因すべては、目的にしたがって生ずる。目的はつねに製作者によく知られており、他のものたちには作用因と質料因がよく知られている。だがすべてのものを諸々の主要な原因へと還元させねばならない。実際に［それらが］還元されるときには、多数の原因がひとつの作用に属しているように見える。したがってそれらは、目的に関してのように一へと還元されるのでもなく、［ひとつの］第一原因へと還元されるのでもなくて、多数［の原因］へと還元されるのであろう。だが第一原理は諸々の作用因における一である。人間が人間の、ウサギがウサギの［第一原理］であるように。

[282a1] したがって、霊魂は人間の外なる何ものかではない。それゆえアヴェロエスは、すべての人間のなかにひとつの霊魂があるといったのである。しかも彼は一とは何であるかを考えなかった。というのは、

一であることと、一の諸条件、つまり質料、量、形、場所、第一性質および第二性質、時間のような［諸条件を］有することとは別だからである。すなわち、個々の非物体的なるものは、それだけですべてのものにとって一であるが、一の物体的なるものの諸条件を欠いている。それゆえ霊魂と知性は各人にとってひとつであり、このことをわれわれは自らにおいて認める。そして［それらは］何であれ受け入れる。すなわち、多くのものが一によって外から照らされることを何ものも妨げないのである。

[282a14] したがってもし各人にとって霊魂がひとつであるならば、すべての人間の［霊魂］はひとつではありえない。同様に、各人に共通な普遍的なるものは存在しない。私は、人間とか馬とか動物とかは存在しないといっているのである。存在するのはソクラテスのような一なる［個人］である。実際にすべての［普遍的なるもの］は、場所、運動、時、区分を欠いている。たしかに［諸々の］第一実体、知性、および非物体的なるものは［これらを欠いている］。なぜならこれらすべてのもの以前に、［第一実体、知性、非物体的なるものは］存在するからである。さらに、種と類もそうである。なぜならそれらは各々にとって同じ基体そのものに他ならないのであって、われわれの知性によって同じ諸条件をはぎとられたものであるからだ。したがって、主として個別的なもの、一なるもの、そして多数性から遠いもの以外の何ものももっていないものが、いかに不条理に哲学者たちによって普遍的であるとよばれているかを知るのは容易である。

[282a29] ところで別の認識の仕方がある。たとえば、混合物が諸元素から生成される場合がそうである。しかし［それは］うまくいかない。というのは、虫やハエは諸元素からつくられるのではなく、虫やハエから、あるいは可能態においてそのようなものであるこの種の混合物から［生ずるからである］。反対に、泥の

ように多なるものから生ずるもの、草のように泥から生ずるものは、さらに、より少ないものへ還元される。というのは、これが混合物の自然な生成だからである。

[282a37] ところで混合物は数が多いが、元素はふたつで、空気が加えられてせいぜい三つである。実際に、諸元素は星々のように一へと還元される。というのは、［それらは］種においてではなく、完全性において相違する［だけである］からだ。すなわち［それらは］人を欺くほどには熱いものでも冷たいものでもない。きわめて多くの原理が秩序づけられていないからであろう。

[282a43] だがわれわれが証明したのは、［それが］ありえないということではなく、ちょうど数におけるように、すべてのものが一に関連して秩序づけられているということである。それゆえ、秩序のなかにふくまれている一については、［それが］第一原理へと規定されているがゆえに、同様ではないのかもしれない。また、偶然にもとづくことがらは運命へと還元されねばならない。運命については、他の場所で述べた。

[282a49] 一方、書物のように記憶に関わる事柄は、［それらが］科名、属名、種名の理で配置されうる場合には、秩序の多様性を避けることがふさわしい。したがって一を他のもののなかに閉じこめる方がよい。たとえば科名によって区分したり、科名を種名によって［区分することの方がよい］。科名は種名よりもより大きい類似性を生むからである。さらに、習慣にさからって、われわれが以上のことを注意するようならされるべきである。学説やアルファベットの順にしたがって、科名を配置するべきである。だが類の混合したものは、たとえば諸々の外国語のように、ひとつの秩序のなかにおかれるべきである。そして前者は属名にしたがって、後者は科名にしたがって区分されるべきである。

21 [282a63] さて、共感と反感は以上のことに起源をもつのである。何であれ同じ本性に属するものは不完全なるものが完全なるものへと準備され、さらに固有な同一のものへと［準備されるがゆえに］第一に共感を有する。たとえば、人間は馬に、人間たちに、子供に、そして従兄弟と息子にたいして。そして敵対するものは何であれ、オオカミとヒツジのように反感を有する。そして同じ種のなかでは人間と死体のように、破壊されたものが完全なものにたいして。

[282b2] そして何であれ、ヘラクレスの石［と呼ばれる天然磁石］がより自然な場所へ引き戻されるように最初の状態へ戻される。この石の力は、北から五度ほど離れた東の方向に向かうのである。ただし他の人々は九度といっているが。なぜなら、ヘラクレスの石はいわば男性的な地であるので不動の場所へ、すなわち地球の中心と［南北の］両極間の軸への運動を有するからである。ところがひとつの物体にふたつの運動が与えられる場合には、そのうちのひとつは必然的に不完全である。したがって平衡状態におかれたヘラクレスの石は、地球の中心へと下降しようとし、さらに軸の方に向かおうとする。その結果、天の運動からそれるのである。だが［ヘラクレスの石は］、これを東から子午円へと完全には達成しないので、その同じ方向から全円のある部分だけ［離れた］ところで停止する（図1）。

[282b16] ところで、極の下にどこにもあるはずのないあの山々の方向に［ヘラクレスの石が］向かおうとするなどということは寓話である。論証によっても同じことがしめされるだろう。子午線ａｂｃがおかれる

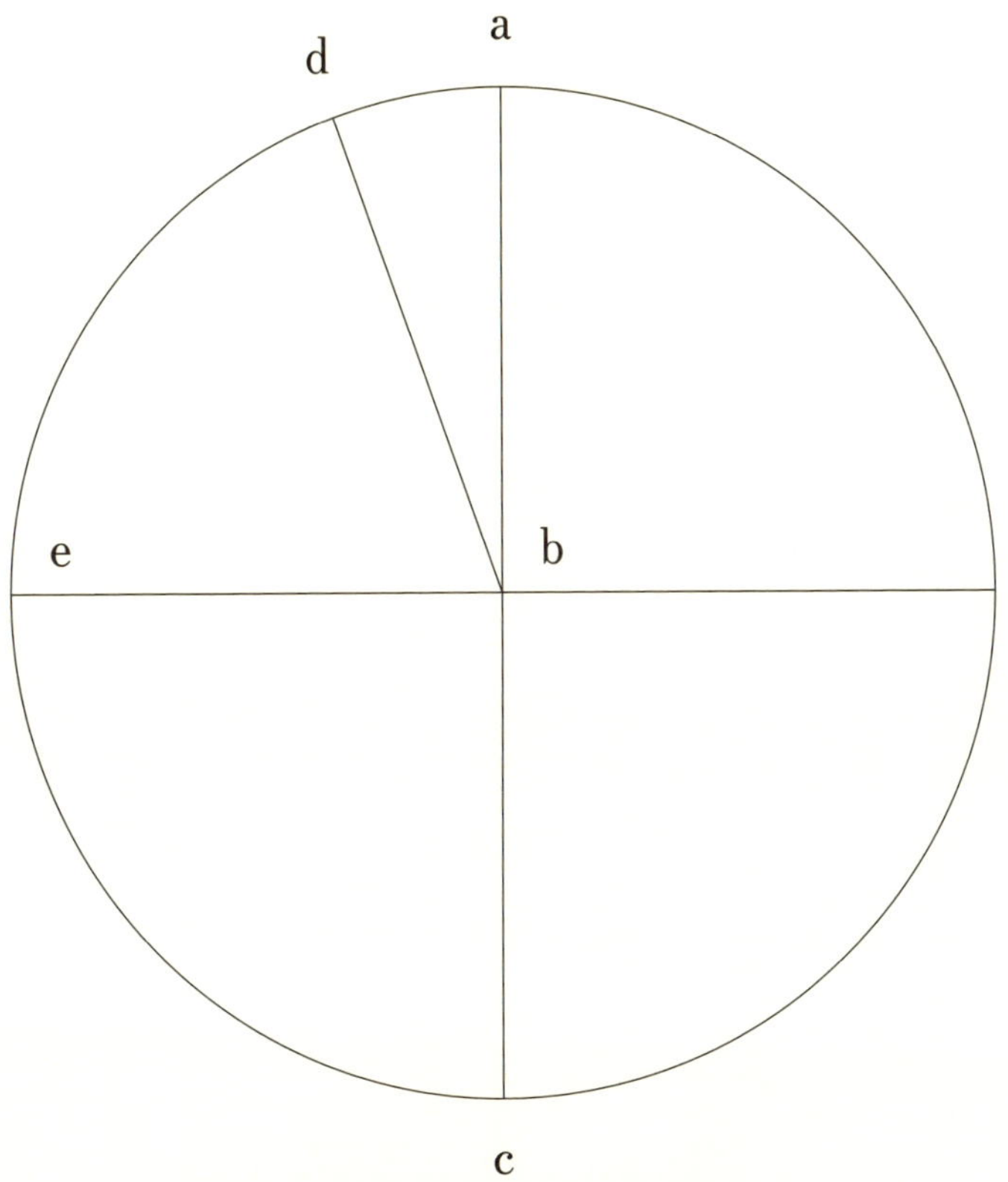


図 1.　磁石の説明（原著の図版を再構成した）

ものとする。地球上の点aは地球の中心と天の極をともにもつ一線上にあり、点dをかのヘラクレスの石の山とする。そしてヘラクレスの石が曲線adeの上のたとえば点eにおかれているものとする。したがって、子午円の線とヘラクレスの石の〔線〕とはひとつということになるだろう。だが点bにおいては、〔それらはつぎのことを〕しめすのである。すなわちbeの全線において、角abdは変化するであろう。このことは経験に矛盾する。なぜならどこでも、少なくとも昼夜平分時のあたりでは〔角度は〕同じままだからである。

[282b35] ところで、コバンザメあるいはレモラ〔と呼ばれる魚〕についてはもう十分に語られている。なぜヒヨコがトビを恐れるのかという原因についても〔説明は上記のことから得られる〕。つまり、子孫には両親や大人から得られた「習慣」habitusがあるからである。また、雷についてはどうか？ すなわち、その不調和な形相が〔われわれに〕恐怖を引き起こすからである。しかも、同じ種でなく、同じ類における場合に。つまり極度の近さや遠さが反感を高めるのである。すなわち、接近すればするほど、ますます自分より大きい部分によって感じられるので、より動揺するのである。たとえ母親の声によって注意されたとしても。

[282b46] このように、キャベツとヘンルーダ草、キュウリと油とのあいだにも反感がある。それらは本性からして相反するからだ。だが一致や有害の感覚は、固有のものでないにもかかわらず、力に属するものである。したがって、何が驚くべきことだろうか？ すなわち、たとえ〔それらが〕感じないとしても、接近によって弱められるのである。〔植物学者である〕シエナのマッティオーリ（Pietro Andrea Mattioli, 1501–1578）は、キュウリが反対の方向へと曲げられると断言している。しだれヤナギやポプラが水に向かって根を伸ばすのと同様、驚くべきことではない。つまり、一致の感覚があるところには反対の感覚もある。同じ

理由で、われわれは雷と暗闇に恐れを感じる。つまり感覚や想像力は、それが楽しみ、恐れ、好み、そして心配するものをもっているからである。

22 [282b61] 音においては、もっと驚くべきことがある。ユニゾンによってだけでなく（アリストテレスが報告しているように）最高音の弦（ネーテー）が打たれるときに、最低音の弦（ヒパテー）だけが共鳴するのである。音はけっして特殊な作用の原理ではありえず、たんに像と形象の原理である。ちょうど諸感覚におけるように（ある種の共通のものからでなく、このような例のなかに［先人たちは］探究すべきであった）。では、音を生み出し、弦を動かすものは何であるのか？ 音ではなく空気である。ではなぜ、場所だとか力において接近している弦よりも、より一致している弦を［動かすのか］？ 一方、等しい振動あるいは比率において、それにふさわしい歪みが［それだと］思われる。それゆえ、一本の弦によって動かされた空気はちょうどコダマのように類似の弦において［音を］再現するのである。というのも、疑いなくコダマのなかには、同一の形相にしたがって［生じる］空気の反射があるからだ。さもなければ、最初の声とは異なった声が戻ってきてしまうだろう。また運動も、最初の打たれた弦と同じ形相にしたがって存続する。たとえ、ある弦はもっと近くにあり、ある弦はもっと弱いとしても。しかし振動している空気は力よりも、さきに共鳴している弦の形相へと作用する。空気だけでなく、手の経験が証明するように。そこからして、フラカストロは次のように言及しているのである。聖所の周囲にロウでつくった像があったが、その像は多くの鐘の音のうち、小さな鐘の音によってのみ震えたと。

［283a15］ところで、アダマスやコハクによって［事物が］引きよせられることは明白な原因をもっており、その原因はヘラクレスの石とはまったく異なる。なぜなら、前者は軽いものを引きよせ、後者は重いものを引きよせるからである。また、ある種のものを引きよせるし、引きよせられもする。さらには斥けさえもする。こうしたことは、どれひとつとしてアダマスにもコハクにもない。つまりそれらは中間の空気を希薄にすることによって、すばやく引きよせるからである。ちょうど水が雄型のピストンでひっぱられて管をあがる場合のように、空気があまりにも膨張させられた結果、質料の連続性からして部分が部分にしたがうのである。

［283a25］だが、アダマスとコハクは異なった仕方で引きつける。つまり、コハクはそのままでも近くにある空気を暖めて薄めるが、擦られたならばさらに暖めて薄める。しかしアダマスは擦られることなしには暖めない。ところがヘラクレスの石は男として振る舞い、鉄は女として振る舞う。そしてヘラクレスの石は鉄のくぼみのなかに保存される。四種類の引きつけ方と、四種類の斥け方があることになろう——

| 引きつける | |
|---|---|
| 磁石が | 鉄を |
| 鉄が | 磁石を |
| 磁石が | 磁石を |
| 鉄が | 鉄を |

| 斥ける | |
|---|---|
| 磁石が | 鉄を |
| 鉄が | 磁石を |
| 磁石が | 磁石を |
| 鉄が | 鉄を |

これらのうち、第一［の仕方］が引きつけるものにとって本来のものである。すなわち、男性的でより強力な［磁石が］、より弱い女性的な［鉄］を引きつけるのである。つぎに第二の［仕方］。すなわち男性的な［磁石］が女性的な［鉄］を自分の方へと引きつけられないときには、つまり動物におけると同様に［男性的な磁石が］女性的な［鉄］へと近づく。第三は、より強い［磁石］が、より弱い［磁石］を引きよせているときに生じるのをみる。だが第四［の仕方］は生じない。どちらも女性だからである。

[283a45] ところで第二のグループでは磁石が鉄を斥けることを否定する人々がいる。だが［磁石は］磁石に接触した鉄を、あたかも男性を斥けるように斥ける。純粋な鉄を引きつけるために。同じ理由で鉄は鉄を斥けるだろう。磁石によって「感染させられた」delibutum 鉄を引きよせるために。第一のグループの第二の仕方から、第二のグループの第四［の仕方］が生じるだろう。磁石もまた鉄を斥けるだろう。かの磁石は鉄的であるときには、純粋な鉄よりも磁石によって感染された鉄をより多く求めるものであるから。第一のグループの第三の仕方のように。したがってふたつの無用なものが、すなわち第一のグループの第四と第二

のグループの第二［の仕方］が残ることになろう。

[283a57] それゆえ他の場所でいわれたように、ヘラクレスの石はその一部がいわば頭であり、純粋な磁石である。もう一方の反対側の部分は磁石と混合した鉄のごとくである。どちらの部分も自分によって感染された鉄を引きつけるが、異なった部分から感染させられた純粋な鉄をもっと喜んで引きつけるとするなら、反対の側から感染させられた鉄を斥ける。これと同じことを南風と北風についてわれわれはすでに論じた。

[283a64] さて、これらすべてのことの一般的な原因は類似性である。というのは、現実態はすでに可能態に結合されているからだ。すなわち、男性としてのヘラクレスの石は女性としての鉄を自分の方に力強くひきつける。だがもし鉄が大きくて、［ヘラクレスの］石のかけらがごく小さいならば、反対に石が鉄によって引きよせられるだろう。ところがもし、鉄が他の部分では感染させられているとすれば、類似性も可能態も現に存在するのであるから、石の同じ部分によって引きつけられるだろう。だが反対の部分によっては斥けられる。鉄の純粋な部分が引きつけられるために。

[283b3] 一方、鉄が鉄を引きつけると主張するのは、［鉄が］ヘラクレスの石によって感染させられたのでなければ偽りである。だがヘラクレスの石の多くの鉄を有する部分は磁石を引きつけるが、鉄を引きつけはしない。そして純粋な［部分は］鉄を強烈に、磁石をかすかに［引きつける］。等しく混合した［部分は］両方を［引きつける］。すなわち［それらは］何が現実態と可能態によっているのか、そして何が完全性と不完全性にもとづいているのかを証明しているのである。というのは、これらは相互に求めあうからである。だが可能態としては類似している。［それらは］すでに可能態そのものにおいてしめしているからである。た

とえば磁石は可能態において、まるでそれ自身磁石であるかのように、磁石によって感染させられた鉄を引きつける。だが種としては相反する。というのは、現実態が欠けているので可能態も欠けているからである。

[283b16] それゆえ磁石は鉄を、鉄は磁石を、完全な磁石は鉄を、磁石の種のもとにある鉄は磁石を引きつけるのである。だが感染させられたものにおいては、類似するものが類似するものによって引きつけられる。なぜなら鉄は可能態としてあるからだ。

[283b21] ところで、磁石は銀貨を引きつける。銀貨に鉄が混ぜられているか、あるいは銀貨に磁石が混ぜられている場合に。それゆえまた鉄が銀貨を引きつける、これらはみな同じ秩序に属する。

[283b24] 一方、同じものが同じものへの反感をしめし、また共感をしめす。たとえば、ホコリは乾いているからといって水を引きよせない。ところが石灰と布切れは、たとえ乾いていても引きつける。そのことは自然な原因に還元されるべきであり、共感や反感に還元されるべきではない。つまり石灰にとって水との共感とは何だろうか？　熱いものは水を引きつける。熱くないものは、はねつける。たとえば証拠として、ホコリ、ハコネ草、綿毛がそうである。これにたいして、灰は引きいれる。すなわち、石灰はより乾いているというよりもより熱いからである。なぜなら、粗雑なものに属しているからで、ホコリはこれに反して［そうでないからである］。

[283b35] ライオンと雄ドリについては、まずこれらにおいて同様であるか否かを知ることがよいだろう。だがもしそうだとすると、トサカの生えた動物が雄ドリのほかには、ヘビの類に由来するのでなければ、存在しないからである。一方、ライオンは［人里はなれた］荒野にすんでいるだろうし、新奇さと類似性によ

って［ライオンが雄ドリを］恐れるということは本当らしい。

［283b40］また、諸感覚によって知覚される事柄については、すでに認識のなかに美が存在するということを述べた。しかるに、認識は等しいものに属するのである。そして好ましいものは喜びによって四肢が拡げられ、膨張することさえ引き起こす。

23　［283b45］ところで以上のことは、前述のごとく本題には関係していない。同様に関係がないことだが、なぜ水が油と混合されるよりもブドウ酒は油とよく混合されるのか？　しかもブドウ酒は水とはもっとずっとよく混合されるのか？　この問題は自然な［原因による］ことが知られている。というのは、油は緻密であり、水は濃く、ブドウ酒はより微細であるからだ。したがって［ブドウ酒は］油に入りこみ、さらに水にももっとよく入りこむからである。

24　［283b52］さて本題に戻ろう。すべてのものが一へと、すなわち「保存」に関係していると思われる。ところでそれは三重である。すなわち、より高貴な部分の［保存］、全体の［保存］そして自己自身の［保存］である。動物の子供たちにおいて証拠がある。すなわち恐怖によって隠れ場へ身を隠して危険を避ける。そして遠くのものは硬直をひきおこす。その結果、捕らえられて食べられてしまうことになる。

［283b58］一方、自然との一致に由来する事柄は、あるものはたしかに類似しており、あるものは類似していない。たとえば排尿やアクビのように類似しているもの。ある人が未熟な果実を食べた場合に歯が麻痺

することのように、類似していないもの。〔また、ものを〕切っているノコギリに由来する背スジの震え、笑い、そして慈悲〔は類似していない〕。笑いは驚きと歓喜から、慈悲は驚きと悲哀から生じるのだ。

[283b65] これらすべてのことの原因は、実体の類似性においてわれわれは一であり、一へと向かっているということである。ところでなぜ船の竜骨でなくマストが雷に打たれるのか、そのことは私の息子ジョヴァンニ・バッティスタの『雷光について』という本のなかに書かれている。したがって一については以上で十分に述べられたであろう。

# 補遺

# あとがき　カルダーノを探す旅

それまで名前もしらなかったカルダーノという人物の自叙伝『わが人生の書』を読むことになったのは、故青木靖三先生が興味をおもちでいらしたからでした。私は研究生として、そのころ住んでいた淡路島から海をこえて神戸大学教養部（当時）の科学史研究室に週一日通いはじめて、すでに数年がたっていました。青木先生はブルクハルトの『イタリア・ルネサンスの文化』のなかの記述から興味をもたれたそうで、まだ日本に紹介されていなかったカルダーノの自叙伝を翻訳することを、その時点の二〇年も前から考えておられたとのことでした。研究室にはカルダーノ全集および関連の文献、数種類の現代語訳を収集しておられました。

一九七六年にはじまった読みあわせが、どうにか最後の頁までたどり着いたのは翌年一二月で、次回はもう冬休みという日でした。ところがその直後、先生は急病のため五一歳で逝去されたのです。私には訳稿を完成するという背負いきれない課題が残されましたが、幸いにも先生の同僚でいらした横山雅彦先生のご教示とご校閲によって『わが人生の書』の翻訳を完成し、一九八〇年には出版することができました。この間、自分のあまりの勉強不足を痛感して神戸大学大学院に進学しましたが、出版にいたるまでには文学研究科の故井上庄七先生はじめ多くの方々にご支援をいただきました。

こうして青木先生からいただいた宿題のように、カルダーノとはいったい何者だったのか？その自叙伝には何が書いてあったのか？という問いを探る長い旅がはじまりました。先生への責任と同時に、読者へ十分な解説を書かなければという任務を感じたのでした。というよりも、実際には『わが人生の書』が非常に面白い作品だと思い、魅せられてはいましたが、あまりにも不可解な謎めいた書物であったため、どうにかして少しでもわかりたいというのが本心だったのでしょう。しかしカルダーノ研究に着手するといっても、私のような初心者のレベルにふさわしい入門書や参考文献はほとんどありません。私自身が『わが人生の書』をたまたま手にした読者のひとりとして、不思議に思い、知りたいと思うことをテーマにして少しずつ調べながら書いていくという方針をとるほかありませんでした。その後はさまざまな専門分野の先生方のご教示とお力添えによって研究を進めることができましたことを感謝とともに思い出します。

大学院の博士課程で横山先生から、まだ翻訳のなかったカッシーラーの『認識問題』を読んでいただいたことは、ルネサンス哲学という密林に一筋の道を切り開くような経験でした。先生にはその後も論文や翻訳稿の作成のたびにご指導いただきました。同じころ、文学部の三木正之先生からはカルダーノの自叙伝とゲーテとの関係についてご教示いただき、教養部の故宮ヶ谷徳三先生からはルソーとの関係について伺いました。また宮ヶ谷先生には、自叙伝を研究するにはディルタイの高弟で女婿であるゲオルグ・ミッシュが著した空前絶後の記念碑的な自叙伝史を見なければならないと教えていただきました。その『自叙伝の歴史』における分析は、現在にいたるまでカルダーノの著した複数の自叙伝的な著作についてのもっとも詳細で頼りになる道しるべとなっています。そして『わが人生の書』を古代のお手本であるマルクス・アウレリウスから近代のデカルトにいたるまでの流れのなかで位置づけるという展望も開けました。

同じ博士課程では、当時の神戸商船大学教授の故坂本賢三先生が演習で「何でも興味のあるものを読もう」と言ってくださいましたので、『わが人生の書』はいったん封印して、まずはカルダーノ自身が哲学の入門書として薦めていた『一について』を怖いもの知らずに選びました。あらゆることに興味をもたれる坂本先生は占星術にも関心がおありで、授業のなかで各人がホロスコープを作成した楽しい時間を思い出します。翻訳の後は『一について』に関する論文を書くという難関が待っていましたが、哲学史の「一と多」の問題史のなかでカルダーノを考えるときには三宅剛一著『学の形成と自然的世界』が頼みの綱となりました。このときの翻訳稿と論文も横山先生にご指導いただきました。千葉大学へ移られた坂本先生にこの論考と完成した翻訳をお送りしたところ、科学研究費の研究会に出席するようにとお誘いいただき、そこで全国のルネサンス研究者の方々にお目にかかる機会をえました。佐藤三夫先生と伊藤博明先生の科研費の研究会にもその御縁で参加させていただくことができました。

大学院を離れてからは短期大学と専門学校の非常勤講師としてつとめていただけで、研究機関や大学に属さない私が研究を続けることができましたのは、「ルネサンス研究会」とその会誌という勉強と発表の場が存在したおかげでした。会長の根占献一先生はルネサンス研究会へ私を推薦してくださったのをはじめ、現在にいたるまで終始私のささやかな研究を励ましてくださいました。会誌の編集および研究会のあらゆる仕事をお引き受けくださいました事務局長の伊藤博明先生には、一九九八年の国際研究集会「ジョルダーノ・

ブルーノとルネサンス思想」で発表する機会を与えていただきました。また、会誌の作成と発行にご尽力くださいました伊藤和行先生のおかげで医学史関係の文献をみることができました。石坂尚武先生は毎年暮れの京都での研究会でお世話になりました。それまで御著者でしか存じ上げなかった近藤恒一先生からは親しくお話を伺い、貴重なご教示を賜りました。そして年二回の多くの会員の方々の発表から、思想史、科学史、文学史、社会史、教育史、美術史、服飾史等とさまざまな分野にわたる色彩豊かなルネサンス像を描くことができました。ほんとうに、今もルネサンス研究会は私にとって精神的な故郷のひとつであり、第三の母校のように感じられます。

国内ではとうてい見ることができない文献をもとめて、ロンドン大学のウォーバーグ研究所とブリティッシュ・ライブラリーへ通うためにロンドンでひと夏を過ごしたのは一九八九年のことです。御親切に対応してくださったウォーバーグ研究所の事務長アニータ・ポラールさんのご紹介で司書のジル・クレイ教授とお話しする機会をえて、エックハルト・ケスラー教授の主宰でカルダーノについての国際会議がその秋にドイツで開催される予定とのことをお聞きし、欧米ではカルダーノ研究の気運が高まりつつあることを知りました。

一九九七年に同研究所を再訪したときには、クレイ教授から「アンソニー・グラフトン教授がつい先ごろまでカルダーノの占星術に関する研究で滞在しておられた」と伺いました。そしてグラフトン教授と、同じくカルダーノを研究しておられるナンシー・シライシ教授に手紙を書くようにとお勧め下さいました。グラフトン教授は帰国後にお出しした手紙へお返事をくださり、自叙伝関係の有益な参考文献を教えて下さいました。同じ一九九七年には、ドイツのヴォルフェンビュッテルにあるヘルツォーク・アウグスト図書館にも足をのばしました。滞在中に偶然にも医学史関係の国際会議が開催され、『時計と鏡：カルダーノとルネサンス医学』を出版された直後のシライシ教授が出席されるという幸運にめぐりあわせました。この図書館は哲学者ライプニッツが館長を務めていたことで有名ですが、その「ライプニッツ・ハウス」でシライシ先生と直接お話しする機会をえました。書物からでなく、実際に人からカルダーノについて密度の高いお話しを伺い、また質問することができたのは初めてのことでした。ありがたいことにシライシ先生からはそれ以来ずっと、ご助言と激励をいただいております。

ルネサンス文献の宝庫のようなこれらの図書館で便宜を与えていただいたことと、お世話になった図書館職員の皆様に感謝申し上げます。ロンドンとヴォルフェンビュッテルの図書館を利用できたことで研究の世界が広がりましたし、カルダーノの著作の初版本を実際に手にとることもできました。

ところでせっかく念願の文献や初版本のコピーを入手しながらも、二〇〇〇年前後には介護という人生の大仕事をになう日々が何年もつづき、カルダーノを探す旅どころではありませんでした。実際に一〇年ほどは研究成果を発表できませんでした。けれどもその間、高齢者の医療や介護に従事する方々と接し、人が自叙伝を書くこと、自分の過去を振り返るということが現在を生き、明日へと一歩を踏み出すためにいかに重要かということを学んだ気がします。長いあいだ自叙伝という書物と、それを書くという行為が気になっていましたから。

研究を中断したころには、ちょうどモラリスト・カルダーノのテーマのために『慰めについて』を読み、また「守護霊」（スピリトゥス）に関連して『父ファツィオとの対話』についての原稿を書いていた途中でした。海辺の研究所に勤務していた夫の退官後、長年住んだ淡路島から熱海へと転居したのもそうしたさなかで、引っ越し荷物のなかには一九九九年に出版されたグラフトン教授の『カルダーノのコスモス』の手をつけはじめたばかりの翻訳稿も入っていました。少しずつ読み進むにつれ、このすぐれた書物を翻訳して出版する方が、私自身の研究をまとめるより有益だとの思いがつのりました。

『カルダーノのコスモス』の翻訳は、以前から占星術についてご教示いただいていた天文学史・占星術史家の山本啓二先生のお力添えによって完成し、勁草書房から二〇〇七年には出版することができました。同年には伊藤博明先生のお勧めで、『哲学の歴史』シリーズのルネサンスの巻にカルダーノに関する章を執筆させていただきました。この二作品によって長年の宿題も読者への責任も十分に果たせたというのが、両親を送ったあとの私の感慨でした。また二〇〇〇年前後からはミラノ大学を中心とした「カルダーノ・プロジェクト」が始動し、欧米での研究が盛んになり、国際会議からの論集やカルダーノのさまざまな著作の校訂版・現代語訳も出版されるようになり、いまやカルダーノ全集のテクストをインターネットで閲覧できるほどになりました。あれほど探しあぐねていた資料に、今度は追われるほどの状況です。いったん研究の道から遠ざかった私には、視力や体力の低下もあって新しい動向のスピードについていけないと感じられました。

そのころ、カルダーノの文献を集めたウェブサイト bibliotheca hermetica（略称 BH）をベルギー在住のヒロ・ヒライ博士が主宰しておられることを人から教えられて見ますと、驚くことに私の論文をいくつも苦労して探し出してリストにしてあります。それがきっかけで博士のお仕事を知り、学位論文をもとにした研究書『ルネサンスの物質理論における種子の概念』によってカルダーノの自然哲学のカギとなる「精妙さ」subtilitas の概念を理解する手がかりをやっとつかむことができて、『哲学の歴史』での記述に生かすことができました。

そのヒライ博士が一時帰国のさいに奥様のクレアさん、そして当時カルダーノの論敵スカリゲルについて博士論文を書いておられた坂本邦暢さんとともに熱海の自宅をお訪ねくださいましたのは、私が属していた学会やルネサンス研究会さえもすでに引退し、研究からの定年退職を宣言したあとの二〇一〇年でした。実際に私の書いたものを精読し、吟味してくださった方がこの世に存在していて、お話ができるという驚きと喜びでいっぱいの午後のひとときでしたが、その折、博士から論文集を出してはどうかというお勧めをいただきました。そのようなお話はとうてい現実的なこととは思えませんでした。第一に私の作品は最近の研究の進展ですでに時代遅れになっている危惧があり、第二に『わが人生の書』の研究は未完のまま残されていました。あれこれ一年以上迷いましたが、母校の東京女子大学哲学科の学生時代からご指導くださいました恩師・青木茂先生の叱咤激励がきめてとなって決心がつきました。同級生の英文学・ヘブライ文学者の村田靖子さんの強力な後押しもありました。カルダーノの夢よりも不可解で、すぐに覚める夢としか思えなかったその計画は、覚めることなくとうとう現実になろうとしています。

原稿のやり取りのあいだに私がもっとも感銘をうけたことは、論文の本文や引用文、翻訳文のなかの誤りや欠落したところを編者のヒライ博士が原典にもどって読み直し、高い見地から修正や補足を加えてくださったことです。意見の交換をへて完成した「編集稿」は、オリジナルよりも格段に正確な増補・改訂版になっています。さらに、雑多な論文を編者が選択し、配列してくださった章立てにしたがって読んでいきますと、私が書こうとしてやり残したままの論文の場所が、あたかもそれが来るのを待っているかのように、すっぽりと空席になっているように感じられるのでした。

それは私が中断したままの『わが人生の書』の考察の結論となる部分のための場所でした。当時はどうしても集中できず書けなかったのですが、残っていた下書きをもとに原稿を書きあげて博士に送り、ご助言をいただいてさらに修正を加え、本書の中核となる一章としてその空席の場所を埋めることができました。このとき考える手掛かりを与えてくれたのは、近藤恒一先生からいただいたご著書『ペトラルカと対話体文学』でした。

こうしてヒライ博士による責任編者以上のご尽力のおかげをもちまして、中断したままであった『わが人生の書』の研究もどうにかしめくくることができました。青木靖三先生との読みあわせが終わった一九七七年の一二月から三五年目の一二月に入ろうとしていました。カルダーノは書物の内容にしろ、体験したことにしろ、不可解なことや謎めいたことをすぐにわかろうとはせずに長いあいだ覚えていて、わかるようになる時をまたねばならないといい、実行もしましたが、最後に新しく一章を書いたことはまさにこのことを実感できる経験でした。

本書の巻末には、博士となられた若い世代の専門家の坂本邦暢さんが解説を書いてくださいました。坂本博士はカルダーノの自然哲学への関心から本書を読みこみ、ルネサンスの自然哲学という大きな流れのなかで自叙伝にこめられたカルダーノ像と『一について』を位置づけてくださいました。さらには最新の研究動向といきとどいた文献の紹介を備えることにより、本書から出発してこれからの研究への道筋を開いてくださいました。このようにして著者以上に著者の書いたものを深く理解しておられる責任編者と解説者のおかげで、広くルネサンス文化に関心をもつ読者の方々に役に立つかたちを整えて本書を送り出すことができますことを心より嬉しく思います。

以上に書きましたとおり、私の研究にご教示とお力添えを下さいました多くの方々に深く感謝申しあげます。まことにありがとうございました。人と本との出会いによって進む方向を決めながら、今までの長い旅がつづいてきました。カルダーノというひとつのテーマをもちつづけたからこそ可能であった素晴らしい出会いの旅でした。

研究の旅と本書の作成を陰で支えてくださいました方々にもお礼申し上げます。文献に関しては多くの方々にお世話になりました。苦労した語学に関していえば、友人のドイツ語講師である村田貞子さんには長年にわたって個人授業をしていただきました。本書のめずらしい図版の蒐集や文献の点検には、ＢＨのお仲間の方々もご協力くださいました。カバー・デザインの原案は編者夫人のクレアさんが担当してくださいました。大変ありがとうございました。またこの場で、東京女子大学の同窓生を中心とした読書会「流れ藻の会」の神戸と東京の会員諸姉にお礼申し上げます。四〇年以上にもわたってこの読書会では、一冊の本を皆で耕すように読み、また一人の作者の作品群を何年もかけて読んできました。本書にまとめた成果も、研究というよりは、この読書会から学んだ読書の楽しみ方の結果といえましょう。そして夫の榎本幸人博士に私の長い旅を見守り、励ましてくれたことに感謝いたします。

本書の第一章と第五章のもととなった論文を本書へ改訂・収録することを御快諾下さいました中央公論新社と東信堂、さらに最終章の『一について』の翻訳稿を本書へ収録することに賛意をお示しいただきました上智大学中世思想研究所にお礼申し上げます。そして最後に、夢をかたちにするためにお骨折りくださいました勁草書房の関戸詳子さんにお礼申し上げます。

二〇一三年一月

熱海にて

榎本恵美子

# カルダーノ研究の最前線　本書の解説にかえて

坂本邦暢

「これだけはいえると思う。どんな仕方にしろ、私の名はある期間は残るだろう。[1]」ジローラモ・カルダーノは自叙伝『わが人生の書』のなかでこう述べた。しかし予言能力に恵まれた彼とてよもや日本の地で、しかも四〇〇年以上のときを経て、自分の名が人びとの口の端にのぼることまでは予期していなかっただろう。それほどまでに日本の読者はカルダーノに親しむ機会に恵まれてきた。O・オア『カルダノの生涯：悪徳数学者の栄光と悲惨』（東京図書、一九七八年）にはじまり、一九八〇年には自叙伝の翻訳が二種類出版されている。二〇〇七年にはA・グラフトンの『カルダーノのコスモス：ルネサンスの占星術師』（勁草書房）が翻訳された。また同年に出された『哲学の歴史』シリーズ第四巻「ルネサンス（一五・一六世紀）世界と人間の再発見」（中央公論新社）には、カルダーノをあつかう章がもうけられている。このうちオアの研究書をのぞくすべてにたずさわってきたのが、本書の著者である榎本恵美子さんである。本邦においてルネサンス

（1）カルダーノ『わが人生の書』青木靖三・榎本恵美子訳（社会思想社、一九八〇年：現代教養文庫、一九八九年）、第九章、四一頁。

思想史上カルダーノに特筆すべき地位が与えられているならば、その功績はひとえに榎本さんに帰されるべきである。(2)

一般読者向けの活動と並行して、榎本さんはカルダーノ研究の成果を数多くの専門的な論文として公刊してきた。本書はそれらを大幅に増補・改訂して一書にまとめたものである。それぞれの論考を読んでまず驚かされるのは、アプローチの斬新さだ。榎本さんの着眼点は同時期に行われていた研究のそれとは一線を画している。カルダーノ研究では、彼の思想がいかに一七世紀の新哲学を予期していたかが着目されてきた。一七世紀にデカルトらによってスコラ学的アリストテレス主義が崩壊させられることを前提に、その前史としてカルダーノの自然観が検討されたのである。

このような「未来からさかのぼる」というアプローチを榎本さんはとらなかった。探求の出発点は一七世紀ではなく、カルダーノの自伝である。問われるのは、カルダーノの先にいかにデカルトがあるかではなく、『わが人生の書』という不可思議な書物がどうして成立しえたかだ。答えは、占星術師であり医師であり夢解釈者であり守護霊にまもられた人物であったカルダーノ自身のうちに求められた。そうして導きだされた自叙伝の解釈は、真に独創的なものである。『わが人生の書』の前半部はプトレマイオスの占星術書『テトラビブロス』の枠組みを援用したものであった(本書第三章を参照)。後半部はガレノスの『自著について』が叙述の基盤となっている(本書第四章)。ガレノスという強烈な個性を有した医学者をモデルとすることで、カルダーノもまた自分の特異性、あるいはこういってよければ、天才を証明しようとしていた。しかし天才の代償は高くついた。同僚には妬まれ、教会からは異端の嫌疑をかけられた。あろうことか息子は処刑された。だが過酷な運命の慰めになったのもまた彼の特異性であった。夢を解釈することができ、守護霊からの助言を受けることができたからこそ、試練に意味を見いだせたのである（本書第五章と第六章）。この特殊な能力は何に由来するのだろうか？　それは占星術、つまりプトレマイオスの領域から説明されるべきという。ここに自伝の構造は輪を描く。星辰に運命づけられた天才の肖像として『わが人生の書』は読めるのだ。

多岐にわたるカルダーノの活動を統合して、一つの知的世界を描き出すことが榎本さんの目指したところであった。近年のカルダーノ研究を見ると、あたかも榎本さんが示した方向にむかって多くの研究が深められているかのようである。そこでこの場を借りてその概要を紹介することで、本書とこれからの研究とを橋渡しすることにしたい(3)。

一九九九年から二〇一二年にかけて、カルダーノを主題とする三つの国際論集が刊行された。そのうちの二つ『ジローラモ・カルダーノ：著作、ソース、生涯』（一九九九年）、『カルダーノと知の伝統』（二〇〇三年）はイタリアで行われた会議の成果であり、残る一つはフランスで出版された『カルダーノの科学思想』（二〇一二年）である。またルネサンス哲学史の専門誌『ブルニアーナ&カンパネリアーナ』(4)も、二〇一一年に「自叙伝、自然哲学、夢：ジローラモ・カルダーノ研究」と題された特集を組んでいる。これらの論集や

（2）　C・B・シュミット、B・P・コーペンヘイヴァー『ルネサンス哲学』榎本武文訳（平凡社、二〇〇三年）、三一六－三一八頁にもカルダーノ自然哲学についての記述があるものの、信頼のおけるものではない。

（3）　一九九五年までの研究は Ingo Schütze, "Bibliografia degli studi su Girolamo Cardano dal 1850 al 1995," *Bruniana & Campanelliana* 4 (1998), 449-467 という文献リストにまとめられている。

特集では数多くの研究者がカルダーノの多面的な活動に光をあてており、そのなかには占星術、夢解釈、守護霊、自叙伝といった榎本さんがとくに深い考察をめぐらせたトピックがふくまれている。榎本さんの調査が及ばなかった領域にもたらされた新しい知見としては、教皇庁に収められていたカルダーノの異端審問に関係する史料の調査がある。U・バルディーニの論文に関連文書が収録されたことにより、本書でとりあげられている占星術や星辰による決定論、夢解釈、父ファツィオの守護霊といった主題がカトリック教会から問題視されていたことが裏付けられた(5)。

史料調査にもとづく基礎研究という点では、I・マクリーンによる書誌学的な研究が著述家としてのカルダーノの活動の全貌を明らかにしており、特筆すべき業績である(6)。『自著について』の校訂版(二〇〇四年)に付された解説では、カルダーノの諸著作が時系列で列挙されている。リストには各著作がいつごろ書かれたのか、出版されたのはいつか、もし出版にいたらず廃棄されたならばそれはいつごろと推測されるのか、最終的に全集のどの部分に収録されたのかといった情報がふくまれている。このリストは今後のあらゆるカルダーノ研究の出発点となるはずである。またマクリーンは論文「ジローラモ・カルダーノ：博学者の晩年」(二〇〇七年)のなかで、カルダーノが自分の死亡日時についての予言を成就するために断食し死亡したという逸話の信憑性を疑い、実際には一五七六年一〇月一日から七七年一〇月二五日までのどこかで死亡したのではないかと推測している(7)。

マクリーンの研究に典型的にあらわれているように、カルダーノの著作の校訂が近年飛躍的に進んでいる(8)。従来の研究は、一六六三年にリヨンで出版された全集版に依拠して行われていた。しかしこの全集は多くの問題を抱えている。図書館に草稿が残されているにもかかわらず未収録の作品があったり、偽作がふくまれていたりする。ピリオドやカンマの打ち方も不完全である。そこで信頼できる本文の整備が要請されていた。一九九九年から現在までに出されている著作の校訂と現代語訳は以下の通りである。カルダーノよろしく論述のなかにリストを挿入することを許されたい――

---

（4） Marialuisa Baldi & Guido Canziani（eds.）, *Girolamo Cardano: le opere, le fonti, la vita*（Milano: FrancoAngeli, 1999）; idem（eds.）, *Cardano e la tradizione dei saperi*（Milano: FrancoAngeli, 2003）; "Autobiografia, filosofia naturale, sogni: studi su Girolamo Cardano," *Bruniana & Campanelliana* 16（2010）, 404-525; Jean-Yves Boriaud（ed.）, *La pensée scientifique de Cardan*（Paris: Les Belles Lettres, 2012）.

（5） Ugo Baldini, "L'edizione dei documenti relativi a Cardano negli archivi del Sant'Ufficio e dell'Indice: risultati e problemi," in *Cardano e la tradizione*, 457-515. カトリック教会による自然哲学にたいする取り調べ記録の網羅的な調査として Ugo Baldini & Leen Spruit, *Catholic Church and Modern Science: Documents from the Archives of the Roman Congregations of the Holy Office and the Index*, vol. 1（Roma: Libreria editrice vaticana, 2009）がある。

（6） Girolamo Cardano, *De libris propriis: The Editions of 1544, 1550, 1557, 1562, with Supplementary Materials*, ed. Ian Maclean（Milano: FrancoAngeli, 2004）.

（7） Ian Maclean, "Girolamo Cardano: The Last Years of a Polymath," *Renaissance Studies* 21（2007）, 587-607.

（8） 校訂事業全般については Enrico I. Rambaldi, "Breve storia delle edizioni cardaniane del Consiglio Nazionale Delle Ricerche," *Rivista di storia della filosofia* 65（2010）, 745-773 を見よ。

『仲介者もしくは市民的賢明さについて』*Proxeneta, seu De prudentia civili liber*

*Il prosseneta, ovvero Della prudenza politica*, ed. Piero Cigada（Milano: Berlusconi, 2001）. ラテン語校訂版とイタリア語訳。Ａ・グラフトンによる解説付き。

『わが人生の書』

*The Book of My Life*, tr. Jean Stoner（New York: New York Review Books, 2002）. 英語訳。Ａ・グラフトンによる解説付き。

『自著について』

*De libris propriis: The Editions of 1544, 1550, 1557, 1562, with Supplementary Materials*, ed. Ian Maclean（Milano: FrancoAngeli, 2004）. ラテン語校訂版。

『精妙さについて』

*De subtilitate*, ed. Elio Nenci（Milano: FrancoAngeli, 2004）. 第一巻から第七巻までのラテン語校訂版。

Maïlis Paire, *Édition traduite et commentée des quatre premiers livres du* De subtilitate *de Jérôme Cardan*, thèse de doctorat（Université de Lyon III, 2004）. 第一巻から第四巻までの仏訳と解説をふくめた博士論文。

『占星術礼讃』*Encomium astrologiae* と『出生判断』*De iudiciis geniturarum*

*Come si interpretano gli oroscopi*, tr. Ornella Pompeo Faracovi & Teresa Delia（Pisa: Istituti editoriali e poligrafici internazionali, 2005）. イタリア語訳。

『霊魂の不死性について』

*De immortalitate animorum*, ed. José Manuel García Valverde（Milano: FrancoAngeli, 2006）. ラテン語校訂版。

『サイコロ遊びについて』

*Liber de ludo aleae*, ed. Massimo Tamborini（Milano: FrancoAngeli, 2006）. ラテン語校訂版。

『シュネシオス派の夢の書』

*Somniorum Synesiorum libri quatuor: Les quatre livres des songes de Synesios*, ed. Jean-Yves Boriaud, 2 vols.（Firenze: Olschki, 2008）. ラテン語校訂版と仏語訳。

『知恵について』

*De sapientia libri quinque*, ed. Marco Bracali（Firenze: Olschki, 2008）. ラテン語校訂版。

『ネロ礼讃』
*Elogio Nerone*, tr. Marco Di Branco（Roma: Salerno, 2008）. イタリア語訳。

『一について』
*De uno: Sobre lo uno*, ed. José Manuel García Valverde（Firenze: Olschki, 2009）. ラテン語校訂とスペイン語訳。

『大いなる術もしくは代数学の諸則』
*Artis magnae sive de regulis algebraicis liber unus*, ed. Massimo Tamborini（Milano: FrancoAngeli, 2011）. ラテン語校訂版。

『グリエルムス、あるいは死についての対話』
*Guglielmo: Dialogo sulla morte*, ed. José Manuel García Valverde & Paolo F. Raimondi（Torino: Aragno, 2011）. ラテン語校訂版とイタリア語訳。

『逆境から得られる有用さについて』の第二版
*De utilitate ex adversis capienda. Secunda editio*, ed. Marialuisa Baldi & Guido Canziani. http://www.cardano.unimi.it/testi/utilitate/deutilsec-con-intro.pdf　バーゼル大学の公文書館所蔵の手稿のＰＤＦによ

る復刻。

これらのテキスト整備事業のうちもっとも重要なのが、主著『精妙さについて』のE・ネンチによる校訂版である（二〇〇四年）。一五五〇年の初版と一五五四年の第二版の異同が分かるように組まれた本文に、詳細な注釈が付されている。現在は第一巻から第七巻までを収録した前半部のみが刊行されており、後半部の出版も予定されている。また第一巻から第四巻までのフランス語訳が、二〇〇四年にリヨン第三大学に提出された博士論文でなされている。(9)

基礎的な史料の整備だけでなく、カルダーノの哲学思想の分析も進展をみせた。まず参照されるべきはI・シェッツェの著作『ジローラモ・カルダーノの『精妙さについて』における自然哲学』（二〇〇〇年）であり、『精妙さについて』の前半部で論じられる自然哲学の基礎理論を詳細に分析している。分析成果を歴史的に意義づけることに成功しているとはいいがたいものの、『精妙さについて』への、ひいてはカルダーノの自然哲学へのよき導入となるはずである。(10) H・ヒライの『ルネサンスの物質理論における種子の概念：マルシリオ・フィチーノからピエール・ガッサンディまで』（二〇〇五年）の第六章は、『精妙さについて』第五巻から第七巻までの鉱物論の検証にあてられている。(11)

医学者としてのカルダーノに焦点を合わせた研究も生まれている。アメリカの医学史家N・シライシは

（9）以上の作品のほかに、Baldi と Canziani 編の前掲の二つの論集にもいくつかの小品の校訂版が収められている。
（10）Ingo Schütze, *Die Naturphilosophie in Girolamo Cardanos* De subtilitate (München: Fink, 2000).

『ルネサンス学芸における歴史、医学、伝統』（二〇〇七年）のなかで、一四五〇年から一六五〇年のあいだの歴史学と医学の関係性を検証した。そこではカルダーノによるヒポクラテス文書の利用および歴史を教訓譚とみなすことへの批判が扱われる[12]。本書第四章とあわせて読まれるべき著作である。カルダーノによるヒポクラテス文書の解釈をより思想史的な観点から分析したのが、H・ヒライの新著『医学人文主義と自然哲学』（二〇一一年）である。カルダーノの物質理論の源泉が、ヒポクラテス文書の『肉質について』と『食餌法について』にあることが論じられる[13]。続編にあたる論考では、カルダーノの理論がヒポクラテスを媒介にしてテレジオに受け継がれたことが示される。従来「ルネサンス自然主義者」として漠然とくくられていた哲学者たちの思想に共通の土台を見いだそうとする成果であり、今後のさらなる深化が期待される[14]。

自然哲学の各論のなかでも霊魂論の研究は集中的に進められている。本書第一章と第七章で論じられているように、「秩序づけられたさまざまな諸部分を有するものは、すべて霊魂と生命を有する」とカルダーノは考えていた[15]。秩序の源泉である霊魂とは何なのか？　J・M・ガルシア・ヴァルヴェルデの研究からは、カルダーノが『霊魂の不死性について』（一五四五年）のなかで、霊魂の輪廻転生説をアリストテレスに帰していたことが分かる[16]。カルダーノいわく、「有限の数の霊魂が身体に帰還するということをアリストテレスが認めていたことは疑えない[17]」。この見解をある程度カルダーノ本人も支持していたことは、彼の世界観全体からみて間違いない。問題はその程度であり、またその後の著作において見解の変化があったか否かである。カルダーノが霊魂論を練りあげるにあたり何を参照していたのかもより正確に確定されなくてはならない。

一なる原理である霊魂が多として現れることで世界に秩序がもたらされる。この観念がカルダーノ思想の中核をなしているということは、近年の研究でますますあきらかになりつつある。この考え方は著作『一について』でもっとも明確に打ちだされているが、本書第Ⅲ部の主題はこの書物であった。ここでも榎本さんの先駆性が光る。本書第七章のもとになった論考が発表された一九八五年の時点で、『一について』を主題としてとり扱った研究はなかった。一九九五年の日本語訳につづく現代語訳であるスペイン語訳が刊行されたのは、ようやく二〇〇九年になってからであった。

しかしその先駆性ゆえに、第Ⅲ部は歴史研究としては萌芽的な段階にとどまっている。とくに『一について』で示されている世界観を「時代精神の一般的な傾向」に帰す記述は、具体性をそなえた記述におきかえ

---

(11) Hiro Hirai, *Le concept de semence dans les théories de la matière à la Renaissance: de Marsile Ficin à Pierre Gassendi* (Turnhout: Brepols, 2005), 135–156.

(12) Nancy G. Siraisi, *History, Medicine, and the Traditions of Renaissance Learning* (Ann Arbor: University of Michigan Press, 2007), 141–167.

(13) Hiro Hirai, *Medical Humanism and Natural Philosophy: Renaissance Debates on Matter, Life and the Soul* (Leiden: Brill, 2011), 104–122.

(14) Hiro Hirai, "Il calore cosmico in Telesio fra il *De generatione animalium* di Aristotele e il *De carnibus* di Ippocrate," in *Bernardino Telesio tra filosofia naturale e scienza moderna*, ed. Giuliana Mocchi et al. (Roma: Serra, 2012), 71-83.

(15) カルダーノ『わが人生の書』第四四章、一九九頁。

られねばならないだろう。そこで本解説をしめくくるにあたり、第Ⅲ部をより深めるための補助線を引いておくことにしたい[18]。ここでその役割をになうのが、本書で二度だけ登場しているユリウス・カエサル・スカリゲルである。一五五七年にパリで出版された『顕教的演習』*Exotericae exercitationes* のなかでスカリゲルは、九〇〇頁以上にわたってカルダーノの『精妙さについて』を批判した。その批判の焦点となっているのが、まさに『一について』にあらわれている世界観である。この批判から浮かびあがるカルダーノとスカリゲルの対立軸を起点に『精妙さについて』を読み解けないだろうか？　それによりカルダーノの世界観を歴史的に位置づける手がかりをえられないだろうか？

単一の原理である霊魂が秩序を生みだすという考えをスカリゲルはいくつかの側面から批判する。それはまず聖書の記述に反する。『創世記』第一章二四節には「地は、それぞれの生き物を産み出せ。家畜、這うもの、地の獣をそれぞれに産み出せ」（新共同訳）と神が世界のはじめに命じたと書かれている。これは動物が種ごとに創造されたことを意味する。よってそれらの動物を単一の原理の発現とみなすことはできない。だがスカリゲルがなによりも問題視したのは、カルダーノのように考えては観察される経験的な事実を説明できないという点であった。世界ではいろいろな事物がそれぞれの本性にしたがって多様に活動している。この多様性を神以外の唯一の原理に還元することができないのは明らかだというのだ。

スカリゲルの批判はカルダーノだけに向けられていたのではなかった。カルダーノの背後にさらに大きな思潮が看取されていた。まずスカリゲルはカルダーノの哲学はプラトン主義の亜種であると断じた。この理解は本書第七章でも示されている。霊魂によって秩序づけられた世界という観念が、プラトンの『ティマイオス』にさかのぼるものとして解釈されるからである。スカリゲルにしてみれば、カルダーノは復興したプラトン主義を味方につけてアリストテレス主義をゆるがそうとする思想家だった。

プラトン主義はもう一つの思想潮流、しかもアリストテレス主義側のそれと同盟を結んでいるとスカリゲルはとらえていた。アヴェロエス主義である。アヴェロエスはすべての人間が一つの知性を共有すると主張

---

(16) José Manuel García Valverde, “The Arguments against the Immortality of the Soul in *De immortalitate animorum* of Girolamo Cardano,” *Bruniana & Campanelliana* 13 (2007), 57–77; idem, “Averroistic Themes in Girolamo Cardano's *De Immortalitate Animorum*,” in *Renaissance Averroism and Its Aftermath: Arabic Philosophy in Early Modern Europe*, ed. Ann Akasoy & Guido Giglioni (Dordrecht: Springer, 2013), 145–171. 霊魂論を扱った近年の研究としては以下がある：Guido Canziani, “L'anima, la *mens*, la palingenesi: appunti sul terzo libro del *Theonoston*,” in *Cardano e la tradizione*, 209–248; Ian Maclean, “Cardano on the Immortality of the Soul,” in *Cardano e la tradizione*, 191–208; Guido Giglioni, “The Eternal Return of the Same Intellects: A New Edition of Girolamo Cardano's *De immortalitate animorum*,” *Bruniana & Campanelliana* 13 (2007), 177–183; Maclean, “Cardano's Eclectic Psychology and Its Critique by Julius Caesar Scaliger,” *Vivarium* 46 (2008), 392–417; Giglioni, “*Mens* in Girolamo Cardano,” in *Per una storia del concetto di mente*, ed. Eugenio Canone, 2 vols. (Firenze: Olschki, 2005–2007), II, 83–122; Guido Canziani, “La resurrezione secondo la ragione naturale: Gerolamo Cardano e la palingenesi,” *Nuova rivista storica* 94 (2010), 15–52; idem, “L'immortalité de l'âme chez Cardan, entre histoire naturelle et vision de Dieu,” in *La pensée scientifique de Cardan*, 161–184.

(17) Girolamo Cardano, *De immortalitate animorum*, ed. José Manuel García Valverde (Milano: FrancoAngeli, 2006), 334.

していた。この学説は人間霊魂の個別性を否定するため、死後に各個人に裁きがくだされるという神学教義の否定につながる。そのため知性単一説はカトリック教会から反発をまねいていた。しかし神学部を当初そなえていなかったイタリアの大学では、学芸学部を中心にアヴェロエス学説が真正なアリストテレスの解釈として支持をあつめるにいたる。これにスカリゲルは反発していたのである。彼にいわせれば、アヴェロエスはプラトンと同じ過ちをおかしている。世界霊魂論にせよイデア論にせよ知性単一論にせよ、個々の種別性をこえつつも神とは別個の普遍的な原理に個物が従属すると考えるからである。世界はそのようには説明できない。

もっとも強くスカリゲルが反発したのが、カルダーノによる霊魂の物質主義的な解釈であった。じつはカルダーノは霊魂を熱と同一視する。熱としての霊魂が世界に浸透することで多様性のなかに秩序が生まれるというのだ。この熱が天に由来するから、秩序の起源は天上に求められ、それゆえ人間の運命も星辰の支配下におかれることになる。カルダーノ本人はこの熱が非物質的な原理であることを強調していたものの、スカリゲルにしてみれば元素的な四性質のひとつである熱は物質的なものでしかなかった。霊魂を物質として理解し、その不死性を剥奪することはポンポナッツィによるアリストテレス解釈と重なる。スカリゲルは霊魂を物質に還元する論者のことを「霊魂の死刑執行人」と呼び激しく非難していた。

以上からわかる通り、スカリゲル自身もまた榎本さんと同じく、カルダーノ哲学の特徴を「時代精神の一般的な傾向」のあらわれとみなしていた。プラトン主義が復興し、アヴェロエスの学説が支持を集め、ポンポナッツィの論考が議論の的となる時代状況のなかで、カルダーノの哲学はこれらの思潮すべての集大成とうつったのだ。よってスカリゲルはカルダーノとは鋭く対立する世界観を提示していく。すべてのものはその種類ごとに異なる本性を持っている。これらの本性は世界のはじめに神によって非物質的な原理として創造された。こう考えることで『創世記』の記述の正しさは確証され、霊魂の不滅性も保証される。そうでなければ世界にみられる多様な活動の存在を説明できない。

スカリゲルは事物のいろいろな本性の総体を「自然」natura と呼んだ。アリストテレスに忠実なこのような立論をカルダーノがどう評価していたかは、『わが人生の書』にある文言が雄弁に語る。「自然とは、それ自体では何者でもない、空虚な想像上の産物であり、アリストテレスによって導入された数多くの誤謬のはじまりである」[19]。多元性から成り立つ自然を追放し、霊魂により世界の秩序を一元論に把握せねばならない。そのうえに「自然の事物の観察を実用的な目的のために利用」するという自分の功績は確立されたとカルダーノは考えていた。

こうしてスカリゲルの視点から『精妙さについて』をみることで、榎本さんが本書第Ⅲ部で与えた見通しに具体性をあたえ、そこから以後の探究課題を示すことができるだろう。スカリゲルのカルダーノ理解には当然バイアスがかかっている。ではたしてカルダーノはプラトン主義、アヴェロエス主義、ポンポナッツィの諸文献のうち何を手にとり、それらをどう解釈していたのだろうか? またカルダーノとスカリゲルの

(18) 以下は、H・ヒライ編『ミクロコスモス：初期近代精神史研究　第二集』に収録予定の拙稿「ルネサンスの世界霊魂論争：カルダーノとスカリゲル」に依拠する。

(19) カルダーノ『わが人生の書』第四四章、一九九頁。

あいだにある世界の一元論的な理解と多元論的な理解という対立の軸は、つづく一七世紀にはどう変奏されるのだろうか？　これらの問いに答えていくなかで、カルダーノをより精密に同時代の知的状況のうちに位置づけながら、同時に知の歴史におけるその意義をより長い射程のなかで探ることができるだろう。

もちろんスカリゲルを通じてカルダーノのすべてが汲みつくされるわけでない。守護霊や夢解釈といった主題はスカリゲルからはこぼれ落ちてしまう。自叙伝の研究における榎本さんの到達点から先に進むためには、また別の角度からカルダーノに光があてられなければならない。そのような研究もあらわれはじめてはいるものの、今後いかなるカルダーノ像が浮かびあがるかはいまだ明らかではない。カルダーノを知ろうとする者は本書に立ち戻りながら、新たな探究の道を探し求めることになる。

A・グラフトンは今後のカルダーノ研究について次のように述べている。「これからあと何年も、彼の著作を研究する学徒は、途方もなく広大な花園のほんの小さな部分を探索する青虫の役割に甘んじなくてはならないだろう。解決するものより謎の方が数多いし、暗い領域がそれぞれの明るい領域を取り囲んでいる」[20]。榎本さんの著作は広大な「暗い領域」を探索するためのまたとない灯火となるはずである。

(20)　グラフトン『カルダーノのコスモス』二七頁。

## 著者略歴

### 榎本恵美子（えのもと・えみこ）

旧姓熊本。哲学史、ルネサンス思想史。東京女子大学文理学部哲学科卒業。神戸大学大学院文化学研究科博士課程単位取得退学。共著（分担執筆）に渡辺正雄編『ケプラーと世界の調和』（共立出版株式会社、1991 年）、佐藤三夫編『ルネサンスの知の饗宴：ヒューマニズムとプラトン主義』（東信堂、1994 年）、伊藤博明編『哲学の歴史 4：ルネサンス』（中央公論新社、2007 年）。共訳書にケプラー『ケプラーの夢』（講談社学術文庫、1988 年）、カルダーノ『わが人生の書』（社会思想社現代教養文庫、1989 年）、アンソニー・グラフトン『カルダーノのコスモス：ルネサンスの占星術師』（勁草書房、2007 年）、ドナルド・R・ケリー『ルネサンス・ヒューマニズム』（東信堂より近刊予定）ほか。

### ヒロ・ヒライ（ひらい・ひろ）

ルネサンス思想史。*Early Science and Medicine* 誌副編集長。1999 年より学術ウェブ・サイト bibliotheca hermetica（略称ＢＨ）を主宰。同年にフランスのリール第三大学にて博士号（哲学・科学史）取得。その後、欧米各国の重要な研究機関における研究員を歴任。現在、オランダ・ナイメーヘン大学研究員。著作に *Le concept de semence dans les théories de la matière à la Renaissance: de Marsile Ficin à Pierre Gassendi*（Brepols, 2005）; *Medical Humanism and Natural Philosophy: Renaissance Debates on Matter, Life and the Soul*（Brill, 2011）。編著に『ミクロコスモス：初期近代精神史研究』（月曜社、2010 年）。ほかに英仏伊語による共著・論文多数。2012 年に第九回日本学術振興会賞受賞。

### 坂本邦暢（さかもと・くにのぶ）

科学史、思想史。日本学術振興会特別研究員。2011 年に東京大学大学院総合文化研究科博士課程単位取得満期退学、2012 年に博士号（学術）取得。論文に "The German Hercules's Heir: Pierre Gassendi's Reception of Keplerian Ideas," *Journal of the History of Ideas* 70（2009）, 69–91; "Julius Caesar Scaliger, Reformer of Renaissance Aristotelianism: A Study of *Exotericae Exercitationes*"（東京大学学位請求論文、2012 年）ほか。

*Self-Portrait of a Genius*
*Girolamo Cardano and Renaissance Autobiography, Astrology and Dream Interpretation*
by Emiko Enomoto (edited by Hiro Hirai)

# 人名索引

や 行



ら 行

# 初出一覧

第一章　「カルダーノ」伊藤博明編『哲学の歴史（第四巻）ルネサンス』（中央公論新社、2007 年）、482-497 頁。

第二章　「訳者解説」カルダーノ『わが人生の書』青木靖三・榎本恵美子訳（社会思想社現代教養文庫、1989 年）、298-312 頁。

第三章　「カルダーノ『わが人生の書』をめぐって：占星術の枠組みと作品の構成」伊藤博明編『ルネサンスにおける異教的伝統の再検討』平成 6 年度科研費補助金（総合研究 A）研究成果報告書、1995 年、146-167 頁。

第四章　「カルダーノ『わが人生の書』第二部分の考察：ガレノスの影響を中心に」『ルネサンス研究』第 4 号（1997 年）、30-69 頁。

第五章　「カルダーノと夢解釈」佐藤三夫編『ルネサンスの知の饗宴：ヒューマニズムとプラトン主義』（東信堂、1994 年）、185-199 頁。

第六章　本書のための書き下ろし

第七章　「カルダーノ *De uno*『一について』：概要と考察」『愛知』第 3 号（1985 年）、95-110 頁。

第八章　「翻訳　カルダーノ『一について』」『ルネサンス研究』第 2 号（1995 年）、168-210 頁。

# 図版一覧

### 第一章


### 第二章


### 第三章


### 第四章


### 第五章

**第六章**



**第七章**



**第八章**

# 参考文献一覧

各章のもとになった諸論考の執筆時に引用ないし参照した文献については各章に注記した。ここではそれらに加えて、いくつか近年に出版されたものをふくめて、本書の理解のたすけとなる文献も収録したが、網羅的なものではない。翻訳については、邦訳が刊行されているものは邦訳を、英訳のあるものは英訳をあげた。最新の校訂版や海外の研究文献等については坂本邦暢による本書収録の「解説」を参照のこと。

## 1. カルダーノの著作


『全集』

*Hieronymi Cardani Opera Omnia*（Lyon, 1663; repr. Hildesheim: Olms, 1967）.

『わが人生の書』

Hefele, Hermann, *Des Girolamo Cardano von Mailand eigene Lebensbeschreibung*（Jena: Diederichs, 1914; repr. Tübingen, 2013）.

Stoner, Jean, *Jerome Cardan: The Book of My Life*（New York: Dutton, 1930; repr. New York: Dover, 1962）.

Dayre, Jean, *Jérôme Cardan: Ma vie*（Paris: Champion, 1936）.

——, *Cardan, 1501-1576, Ma vie*（Paris: Belin, 1991）.

Franchetti, Paola, *Gerolamo Cardano: Autobiografia*（Torino: Einaudi, 1945）.

Ingegno, Alfonso, *Gerolamo Cardano: Della mia vita*（Milano: Serra e Riva, 1982）.

青木靖三・榎本恵美子訳『わが人生の書』（社会思想社、1980 年：現代教養文庫、1989 年）.

清瀬卓・澤井繁男訳『カルダーノ自伝』（海鳴社、1980 年：平凡社ライブラリー、1995 年）.

『自著について』

Maclean, Ian, *Girolamo Cardano,* De libris propriis: *The Editions of 1544, 1550, 1557, 1562, with Supplementary Materials*（Milano: FrancoAngeli, 2004）.

『シュネシオス派の夢の書』

Mancia, Mauro, & Agnese Grieco, *Gerolamo Cardano: Sul sonno e sul*

*sognare* (Venezia: Marsilio, 1989).
Boriaud, Jean-Yves, *Girolamo Cardano, Somniorum Synesiorum libri quatuor: Les quatre livres des songes de Synesios*, 2 vols. (Firenze: Olschki, 2008).

『精妙さについて』
Cass, Myrtle Marguerite, *The First Book of Jerome Cardan's* De subtilitate (Williamsport: Bayard, 1934).
Nenci, Elio, *Girolamo Cardano: De subtilitate* (Milano: Franco Angeli, 2004).
Paire, Maïlis, *Édition traduite et commentée des quatre premiers livres du* De subtilitate *de Jérôme Cardan*, thèse de doctorat (Université de Lyon III, 2004).

『慰めについて』
*Cardanus Comforte* (London, 1576; repr. New York: Da Capo Press, 1969).
*Cardan His Tree Books of Consolation English'd* (London, 1683).

## 2. 欧語による研究文献（著者アルファベット順）

Baldi, Marialuisa, "Il *De consolatione*: l'opera e il manoscritto," in *Girolamo Cardano: le opere, le fonti, la vita*, ed. Marialuisa Baldi & Guido Canziani (Milano: FrancoAngeli, 1999), 35-59.
Bellini, Angelo, *Gerolamo Cardano e il suo tempo* (*sec. XVI*) (Milano: Ulrico Hoepli, 1947).
Bregman, Jay, *Synesius of Cyrene, Philosopher-Bishop* (Berkeley: University of California Press, 1982).
Browne, Alice, "Girolamo Cardano's *Somniorum Synesiorum Libri IIII,*" *Bibliothèque d'Humanisme et Renaissance* 41 (1979), 123-135.
Buck, August, "Das Lebensgefühl der Renaissance im Spiegel der Selbstdarstellungen Petrarcas und Cardanos," in *Formen der Selbstdarstellung: Analekten zu einer Geschichte des literarischen Selbstportraits*, ed. Günter Reichenkron (Berlin: Duncker, 1956), 35-52.
——, "Cardanos Wissenschaftsverständnis in seiner Autobiographie *De vita propria,*" *Sudhoffs Archiv* 60 (1976), 1-12.
——, "Girolamo Cardano's *De propria vita,*" in *Studien zu Humanismus und Renaissance*, ed. August Buck (Wiesbaden: Harrassowitz, 1991),

202–216.
——, "Krisenbewusstsein und Fortschrittsgläubigkeit in Cardanos *De vita propria*," in *Girolamo Cardano: Philosoph, Naturforscher, Arzt*, ed. Eckhard Kessler (Wiesbaden: Harrassowitz, 1994), 1–10.
Campbell, Lily B., *Shakespeare's Tragic Heroes, Slaves of Passion* (London: University Paperbacks, 1930).
Caspari-Rosen, Beate, & George Rosen, "Autobiography in Medicine or the Doctor in Search of Himself," *Journal of the History of Medicine* 4 (1946), 290–299.
Charbonnel, J.-Roger, *La pensée italienne au XVI*$^{e}$ *siècle et le courant libertin* (Paris: Champion, 1917), 274–299.
Copenhaver, Brian P., "Astrology and Magic," in *The Cambridge History of Renaissance Philosophy*, ed. Charles B. Schmitt et al. (Cambridge: Cambridge University Press, 1988), 264–300.
——, "Did Science Have a Renaissance?," *Isis* 83 (1992), 387–407.
Corsano, Antonio, "Jérôme Cardan et l'Utopie," in *Les Utopies à la Renaissance* (Paris: PUF, 1963), 89–98.
Craig, Hardin, "Hamlet's Book," *Huntington Library Bulletin* 6 (1934), 17–37.
Duhem, Pierre, *Étude sur Léonard de Vinci* (Paris: Hermann, 1906; repr. Paris: Archives contemporaines, 1984), I, 223–253.
Ernst, Germana, "*Veritas amor dulcissimus*: Aspects of Cardano's Astrology," in *Secrets of Nature: Astrology and Alchemy in Early Modern Europe*, ed. Anthony Grafton & William R. Newman (Cambridge MA: MIT Press, 2001), 39–68.
Fierz, Markus, *Girolamo Cardano, 1501–1576: Physician, Natural Philosopher, Mathematician, Astrologer, and Interpreter of Dreams* (Boston: Birkhäuser, 1983).
Garin, Eugenio, *Storia della filosofia italiana* (Torino: Einaudi, 1966).
——, *Lo zodiaco della vita: la polemica sull'astrologia dal Trecento al Cinquecento* (Roma: Laterza, 1976).
Grafton, Anthony, "The Availability of Ancient Works," in *The Cambridge History of Renaissance Philosophy*, ed. Charles B. Schmitt et al. (Cambridge: Cambridge University Press, 1988), 767–791.
——, "From Apotheosis to Analysis: Some Late Renaissance History of Classical Astronomy," in *History and the Disciplines: The Reclassification of Knowledge in Early Modern Europe*, ed. Donald R.

Kelley (Rochester: Rochester University Press, 1997), 261-276.
——, & Nancy G. Siraisi, "Between the Election and My Hopes: Girolamo Cardano and Medical Astrology," in *Secrets of Nature: Astrology and Alchemy in Early Modern Europe*, ed. Anthony Grafton & William R. Newman (Cambridge MA: MIT Press, 2001), 70-131.
Gregori, Carlo, "Rappresentazione e difesa: osservazione sul *De vita propria* di Gerolamo Cardano," *Quaderni Storici* 73 (1990), 225-234.
Hirai, Hiro, "Concepts of Seeds and Nature in the Work of Marsilio Ficino," in *Marsilio Ficino: His Theology, His Philosophy, His Legacy*, ed. Michael J.B. Allen & Valery Rees (Boston-Leiden: Brill, 2002), 257-284.
——, *Le concept de semence dans les théories de la matière à la Renaissance: de Marsile Ficin à Pierre Gassendi* (Turnhout: Brepols, 2005).
——, *Medical Humanism and Natural Philosophy: Renaissance Debates on Matter, Life and the Soul* (Boston-Leiden: Brill, 2011).
Ingegno, Alfonso, *Saggio sulla filosofia di Cardano* (Firenze: La Nuova Italia, 1980).
——, "The New Philosophy of Nature," in *The Cambridge History of Renaissance Philosophy*, ed. Charles B. Schmitt et al. (Cambridge: Cambridge University Press, 1988), 236-263.
Jensen, Kristian, "Cardanus and His Readers in the Sixteenth Century," in *Girolamo Cardano: Philosoph, Naturforscher, Arzt*, ed. Eckhard Kessler (Wiesbaden: Harrassowitz, 1994), 226-308.
Kessler, Eckhard, "Alles ist Eines wie der Mensch und das Pferd: Zu Cardanos Naturbegriff," in *Girolamo Cardano: Philosoph, Naturforscher, Arzt*, ed. Eckhard Kessler (Wiesbaden: Harrassowitz, 1994), 91-114.
——, ed., *Girolamo Cardano: Philosoph, Naturforscher, Arzt* (Wiesbaden: Harrassowitz, 1994).
Kraye, Jill, "Moral Philosophy," in *The Cambridge History of Renaissance Philosophy*, ed. Charles B. Schmitt et al. (Cambridge: Cambridge University Press, 1988), 303-386.
Kristeller, Paul Oskar, "Between the Italian Renaissance and the French Enlightenment: Gabriel Naudé as an Editor," *Renaissance Quarterly* 32 (1979), 41-72.
Kümmel, Werner Friedrich, "Aspekte ärztlichen Selbstverständnisses im Spiegel von Autobiographien des 16. Jahrhunderts," in *Biographie und*

*Autobiographie in der Renaissance*, ed. August Buck (Wiesbaden: Harrassowitz, 1983), 103-120.

Le Brun, Jacques, "Jérôme Cardan et l'interprétation des songes," in *Girolamo Cardano: Philosoph, Naturforscher*, Arzt, ed. Eckhard Kessler (Wiesbaden: Harrassowitz, 1994), 185-205.

Maclean, Ian, "The Interpretation of Natural Signs: Cardano's *De subtilitate* versus Scaliger's *Exercitationes*," in *Occult and Scientific Mentalities in the Renaissance*, ed. Brian Vickers (Cambridge: Cambridge University Press, 1984), 231-252.

——, "Montaigne, Cardano: The Reading of Subtlety/The Subtlety of Reading," *French Studies* 37 (1983), 143-156.

——, "Cardano and His Publishers, 1534-1663," in *Girolamo Cardano: Philosoph, Naturforscher, Arzt*, ed. Eckhard Kessler (Wiesbaden: Harrassowitz, 1994), 309-338.

Margolin, Jean-Claude, "Rationalisme et irrationalisme dans la pensée de Jérôme Cardan," *Revue de l'Université de Bruxelles* 21 (1969), 1-40.

——, "Analogie et causalité chez Jérôme Cardan," in *Science de la Renaissance*, ed. Jacques Roger (Paris: Vrin, 1973), 67-81.

——, "Cardan, interprète d'Aristote," in *Platon et Aristote à la Renaissance*, ed. Jean-Claude Margolin (Paris: Vrin, 1976), 307-333.

Misch, Georg, *A History of Autobiography in Antiquity*, 2 vols. (London: Routledge, 1949-1950; repr. Westport: Greenwood, 1973).

——, *Geschichte der Autobiographie IV-2: Von der Renaissance bis zu den autobiographischen Hauptwerken des 18. und 19. Jahrhunderts* (Frankfurt: Schulte-Bulmke, 1969).

Morley, Henry, *The Life of Girolamo Cardano of Milan, Physician*, 2 vols. (London: Chapman, 1854; Whitefish: Kessinger, 2010).

Nutton, Vivian, "Galen and Medical Autobiography," *Proceedings of the Cambridge Philological Society*, n.s. 18 (1972), 50-62.

——, ed. *Galen: Problems and Prospects* (London: The Wellcome Institute for the History of Medicine, 1981).

——, "Roman Medicine, 250 BC to AD 200," in *The Western Medical Tradition 800 BC to AD 1800*, ed. Lawrence I. Conrad et al. (Cambridge: Cambridge University Press, 1995).

Pascal, Roy, *Design and Truth in Autobiography* (Cambridge MA: Harvard University Press, 1960).

Pfeiffer, Helmut, "Girolamo Cardano and the Melancholy of Writing," in

*Materialities of Communication*, ed. Hans Ulrich Gumbrecht & K. Ludwig Pfeiffer (Stanford: Stanford University Press, 1994), 227–241.
Pfeiffer, Rudolf, *History of Classical Scholarship: From the Beginnings to the End of the Hellenistic Age* (Oxford: Clarendon, 1968).
Rousseau, Jean-Jacques, "Ébauches des *Confessions*," in *Œuvres complètes*, I (Paris: Gallimard, 1959), 1148–1164.
Schmitt, Charles B., et al. (eds.), *The Cambridge History of Renaissance Philosophy* (Cambridge: Cambridge University Press, 1988).
Siraisi, Nancy G., "Cardano and the Art of Medical Narrative," *Journal of the History of Ideas* 52 (1991), 581–602.
——, "Cardano, Hippocrates and Criticism of Galen," in *Girolamo Cardano: Philosoph, Naturforscher, Arzt*, ed. Eckhard Kessler (Wiesbaden: Harrassowitz, 1994), 131–155.
——, *The Clock and the Mirror: Girolamo Cardano and Renaissance Medicine* (Princeton: Princeton University Press, 1997).
——, *History, Medicine, and the Traditions of Renaissance Learning* (Ann Arbor: University of Michigan Press, 2007).
——, *Communities of Learned Experience: Epistolary Medicine in the Renaissance* (Baltimore: Johns Hopkins University Press, 2013).
Thorndike, Lynn, *A History of Magic and Experimental Science*, 8 vols. (New York: Columbia University Press, 1923–1958).
Veith, Ilza, "Galen, the First Medical Autobiographer," *Modern Medicine* 27 (1959), 232–245.
Waters, William George, *Jerome Cardan: A Biographycal Study* (London: Lawrence & Bullen, 1893).
Wear, Andrew, "Early Modern Europe, 1500–1700," in *The Western Medical Tradition 800 BC to AD 1800*, ed. Conrad Lawrence et al. (Cambridge: Cambridge University Press, 1995), 215–361.
Weintraub, Karl Joachim, *The Value of the Individual: Self and Circumstance in Autobiography* (Chicago: University of Chicago Press, 1978).

## 3. 邦語文献（著者アイウエオ順）

### 3-1. 古代から近代まで

アウレーリウス（マルクス）『自省録』神谷美恵子訳（岩波文庫、1956年）.
アリストテレス『霊魂論、自然学小論集、気息について』副島民雄訳、アリ

ストテレス全集 6（岩波書店、1968 年).
オウィディウス『変身物語』中村善也訳（岩波文庫、1981 年).
カンパネッラ『太陽の都』近藤恒一訳（岩波文庫、1992 年).
グイッチャルディーニ（フランチェスコ）『フィレンツェ名門貴族の処世術：リコルディ』永井三明訳（講談社、1998 年).
ゲーテ『色彩論：色彩学の歴史』菊池栄一訳（岩波文庫、1952 年).
――『詩と真実　ゲーテ全集 9・10』山崎章甫・河原忠彦訳（潮出版社、1979 年).
スエトニウス『ローマ皇帝伝』国原吉之助訳（岩波文庫、1986 年).
チェッリーニ（ベンヴェヌート）『チェッリーニ自伝』黒田正利訳（現代思潮社、1967 年).
――『チェッリーニ　わが生涯』大空幸子訳（新評論、1983 年).
――『チェッリーニ　自伝：フィレンツェ彫金師一代記』古賀弘人訳（岩波文庫、1993 年).
ヒポクラテス『ヒポクラテス全集』大槻真一郎編（エンタプライズ、1985 年～).
フィチーノ（マルシーリオ）『恋の形而上学：フィレンツェの人マルシーリオ・フィチーノによるプラトーン『饗宴』注釈』左近司祥子訳（国文社、1985 年).
プロティノス『エネアデス』田中美知太郎訳『プロティノス・ポルピュリオス・プロクロス』世界の名著続 2（中央公論社、1976 年).
ペトラルカ『ルネサンス書簡集』近藤恒一編訳（岩波文庫、1989 年).
――『わが秘密』近藤恒一訳（岩波文庫、1996 年).
ボエティウス『哲学の慰め』畠中尚志訳（岩波文庫、1938 年).
ホラティウス『風刺詩集』鈴木一郎訳『ローマ文学集』世界文学大系 67（筑摩書房、1966 年).
モンテーニュ『エセー』原二郎訳（岩波文庫、1965 年-1968 年).

### 3-2. 邦語による研究文献

アダス＝ルベル（ミレーユ）『フラウィウス・ヨセフス伝』東丸恭子訳（白水社、1993 年).
荒木俊馬『西洋占星術』（恒星社厚生閣、1987 年).
イェイツ（フランシス A.）『ジョルダーノ・ブルーノとヘルメス教の伝統』前野佳彦訳（工作舎、2010 年).
池上俊一『万能人とメディチ家の世紀：ルネサンス再考』（講談社、2000 年).
伊藤和行「人文主義・芸術・科学：イタリア・ルネサンス科学新考」『思想』1989 年 11 月号、99-125 頁.

伊藤博明「マルシリオ・フィチーノの魔術論」『哲学の探究』(第11回全国若手哲学者研究ゼミナール報告・論文集、1983年)、44-56頁.
——『神々の再生：ルネサンスの神秘思想』(東京書籍、1996年);『ルネサンスの神秘思想』(講談社学術文庫、2012年).
—— ___編『哲学の歴史4：ルネサンス』(中央公論新社、2007年).
稲垣良典『トマス・アクィナス』人類の知的遺産20(講談社、1979年).
猪俣浩「断片としての人間：転回期の人間像と世界像」『ルネサンスの文学と思想：平井正穂教授還暦記念論文集』(筑摩書房、1977年)、141-162頁.
ヴァールブルク(アビ)『ルターの時代の言葉と図像における異教的＝古代的予言』伊藤博明監訳、富松保文訳(ありな書房、2006年).
ウォーカー(クリストファー)編『望遠鏡以前の天文学：古代からケプラーまで』山本啓二・川和田晶子訳(恒星社厚生閣、2008年).
ウォーカー(ダニエル P.)『ルネサンスの魔術思想：フィチーノからカンパネッラへ』田口清一訳(平凡社、1993年).
内山勝利責任編集『哲学の歴史2：帝国と賢者』(中央公論新社、2007年).
オア(オイステイン)『カルダノの生涯：悪徳数学者の栄光と悲惨』安藤洋美訳(東京図書、1978年).
カッシーラー(エルンスト)『個と宇宙：ルネサンス精神史』薗田担訳(名古屋大学出版会、1991年).
——『シンボルとスキエンティア：近代ヨーロッパの科学と哲学』佐藤三夫他訳(ありな書房、1995年).
——『認識問題1：近代の哲学と科学における』須田朗他訳(みすず書房、2010年).
樺山紘一他編『ノストラダムスとルネサンス』(岩波書店、2000年).
ガレン(エウジェニオ)『イタリアのヒューマニズム』清水純一訳(創文社、1960年).
——『イタリア・ルネサンスにおける市民生活と科学・魔術』清水純一・斎藤泰弘訳(岩波書店、1975年).
—— 編『ルネサンス人』近藤恒一・高階秀爾他訳(岩波書店、1988年).
川喜田愛郎『近代医学の史的基盤』(岩波書店、1977年).
クリステラー(ポール・オスカー)『イタリア・ルネサンスの哲学者』佐藤三夫監訳(みすず書房、1993年).
グラフトン(アンソニー)『カルダーノのコスモス：ルネサンスの占星術師』榎本恵美子・山本啓二訳(勁草書房、2007年).
——『アルベルティ：イタリア・ルネサンスの構築者』森雅彦他訳(白水社、2012年).

小松進「ディルタイと自叙伝」『筑波学院大学紀要』第3集（2008年）、141-148頁.
——「ゲオルク・ミッシュの自叙伝史研究（1）」『筑波学院大学紀要』第5集（2010年）、149-156頁.
グレーヴィッチ（アーロン）『中世文化のカテゴリー』川端香男里・栗原成郎訳（岩波書店、1999年）.
近藤恒一『ルネサンス論の試み』（創文社、1985年）.
——『ペトラルカと対話体文学』（創文社、1997年）.
坂本賢三他編『自然とコスモス』新・岩波講座哲学5（岩波書店、1985年）.
佐藤三夫編『ルネサンスの知の饗宴：ヒューマニズムとプラトン主義』（東信堂、1994年）.
澤井繁男「『カルダーノ自伝』の研究」『イタリア学会誌』第31号（1982年）、171-181頁.
清水純一『ジョルダーノ・ブルーノの研究』（創文社、1970年）.
シューメイカー（ウェイン）『ルネサンスのオカルト学』田口清一訳（平凡社、1987年）.
スペンジマン（ウィリアム C.）『自伝のかたち：一文学ジャンル史における出来事』船倉正憲訳（法政大学出版局、1991年）.
田窪勇人「ノストラダムスの学術研究の動向」ヒロ・ヒライ編『ミクロコスモス：初期近代精神史研究』（月曜社、2010年）、330-347頁.
ウド・ベッカー編　種村季弘監修『図説・占星術事典』（同学社、1986年）.
ティリャード（ユーストゥス M.W.）『エリザベス時代の世界像』磯田光一訳（研究社出版、1963年）.
テスター（S. ジム）『西洋占星術の歴史』山本啓二訳（恒星社厚生閣、1997年）.
ドッズ（エリック R.）『ギリシア人と非理性』岩田靖夫・水野一訳（みすず書房、1972年）.
中山茂『西洋占星術：科学と魔術のあいだ』（講談社、1992年）.
二宮敬『エラスムス』人類の知的遺産23（講談社、1984年）.
二宮陸雄『ガレノス：霊魂の解剖学』（平河出版社、1993年）.
根占献一『ルネサンス精神への旅：ジョアッキーノ・ダ・フィオーレからカッシーラーまで』（創文社、2009年）.
—— 伊藤博明・伊藤和行・加藤守通『イタリア・ルネサンスの霊魂論：フィチーノ・ポンポナッツィ・ブルーノ』（三元社、1995年）.
野田又夫『ルネサンスの思想家たち』（岩波新書、1963年）.
パノフスキー（エルヴィン）『イデア：美と芸術の理論のために』伊藤博明・富松保文訳（平凡社ライブラリー、2004年）.

フィンドレン（ポーラ）『自然の占有：ミュージアム、蒐集、そして初期近代イタリアの科学文化』伊藤博明・石井朗訳（ありな書房、2005年).
フォン・レーヴェニヒ（ヴァルター）『アウグスティヌス：生涯と業績』宮谷宣史・森泰男訳（日本基督教団出版局、1984年).
フレンチ（ピーター J.）『ジョン・ディー：エリザベス朝の魔術師』高橋誠訳（平凡社、1989年).
ブルクハルト（ヤーコプ）『イタリア・ルネサンスの文化』柴田治三郎訳、世界の名著45（中央公論社、1966年).
マイヤー（C.A.）『夢の意味』ユング心理学概説2　河合俊雄訳（創元社、1989年).
三宅剛一『学の形成と自然的世界』（みすず書房、1973年).
モミリアーノ（アルナルド）『伝記文学の誕生』柳沼重剛訳（東海大学出版会、1982年).
ラヴジョイ（アーサー O.）『存在の大いなる連鎖』内藤健二訳（晶文社、1975年).
ル＝ゴフ（ジャック）『中世の夢』池上俊一訳（名古屋大学出版会、1992年).
ルジュンヌ（フィリップ）『フランスの自伝：自伝文学の主題と構造』小倉孝誠訳（法政大学出版局、1995年).
ロッシ（パオロ）『魔術から科学へ』前田達郎訳（みすず書房、1999年).
山田晶責任編集『トマス・アクィナス』世界の名著続5（中央公論社、1975年).
横山雅彦編『中世科学論集』科学の名著5（朝日出版社、1981年).

bibliotheca hermetica叢書
天才カルダーノの肖像
ルネサンスの自叙伝、占星術、夢解釈

2013年7月25日　第1版第1刷発行

著　者　榎《えの》本《もと》恵《え》美《み》子《こ》
編　集　ヒロ・ヒライ
解　説　坂《さか》本《もと》邦《くに》暢《のぶ》
発行者　井　村　寿　人

発行所　株式会社　勁《けい》草《そう》書　房
112-0005 東京都文京区水道2-1-1　振替　00150-2-175253
（編集）電話 03-3815-5277／FAX 03-3814-6968
（営業）電話 03-3814-6861／FAX 03-3814-6854
本文組版 プログレス・日本フィニッシュ・青木製本所



ISBN978-4-326-14826-4　Printed in Japan

A・グラフトン　榎本恵美子・山本啓二訳

## カルダーノのコスモス

ルネサンスの占星術師

ルネサンスの科学と文化を映す鏡とも言える博学の天才カルダーノ。その占星術師としての活躍に焦点を当て、彼の生きた時代と社会のなかで占星術が持っていた意味を探る。

定価四二〇〇円（本体四〇〇〇円）／Ａ５判／三六八頁　（２００７・12）

ISBN978-4-326-10175-7

D・グタス　山本啓二訳

## ギリシア思想とアラビア文化

初期アッバース朝の翻訳運動

アッバース朝はギリシアの科学・哲学をなぜ、どのようにしてアラビア世界に導入したのか。社会的・イデオロギー的要因から解明する。

定価三九九〇円（本体三八〇〇円）／Ａ５判／二八〇頁　（２００２・12）

ISBN978-4-326-20045-0

J・マレンボン　中村　治訳

## 初期中世の哲学

480-1150

西欧文明の起源をたずね、プラトン、アリストテレスの受容を契機とする中世初期、ボエティウス、スコトゥス、アベラルドゥスの論理学／自然学／文法学／神学をさぐる。

定価四二〇〇円（本体四〇〇〇円）／Ａ５判／二九六頁　（１９９２・５）

ISBN978-4-326-10094-1

J・マレンボン　加藤雅人訳

## 後期中世の哲学

1150-1350

中世大学の制度、学問の方法（論理学）、テキスト（アリストテレスやギリシャ、アラビア、ユダヤの哲学）の分析から入り、トマス、スコトゥス、オッカムの知識認識に迫る。

定価四二〇〇円（本体四〇〇〇円）／Ａ５判／二九六頁　（１９８９・７）

ISBN978-4-326-10080-4

A・ケニー　川添信介訳

## トマス・アクィナスの心の哲学

13世紀の神学者トマスの『神学大全』第一部七五－一一九問の注釈という形をとる。ライルやウィトゲンシュタインの議論をふまえた現代的な解釈が新鮮である。

定価三九九〇円（本体三八〇〇円）／四六判／三一二頁　（１９９７・８）

ISBN978-4-326-15325-1

勁草書房刊

＊表示価格は2013年7月現在。消費税は含まれております。